上海教育丛书

胡 卫 / 主编

特色之路

—— 上海民办中小学发展历程

上海教育出版社

前　言

建设一流城市,需要一流教育。办好教育,最根本的是要建设好教师队伍和学校管理干部队伍。

在长期的教育实践中,上海市涌现了一大批长期耕耘在教育第一线呕心沥血、努力探索,积累了丰富经验的优秀教师;涌现了一批领导学校卓有成效,有思想、有作为的优秀教育管理工作者。广大优秀教育工作者教育教学和管理工作的经验,凝聚着他们辛勤劳动的心血乃至毕生精力。为了帮助他们在立业、立德的基础上立言,确立他们的学术地位,使他们的经验能成为社会的共同财富,1994年上海市领导决定,委托教育部门负责整理这些经验。为此,上海市教育局、上海市中小学幼儿教师奖励基金会组织成立《上海教育丛书》编辑委员会,并由吕型伟同志任主编,自当年起出版《上海教育丛书》(以下称《丛书》)。1995年上海市教育委员会成立后,要求继续做好《丛书》的编辑出版工作。2008年初,经上海市教育委员会领导同意,调整和充实了《丛书》编委会,并确定夏秀蓉同志任执行主编,协助主编工作。2014年底,经上海市教育委员会领导同意,调整和充实了《丛书》编委会,确定尹后庆同志担任主编。至2017年11月,先后共编辑出版《丛书》117册。《丛书》的内容涵盖了基础教育和中等职业教育的各个方面,包含有较高理论水平和学术价值的著作,涉及中小学教育、学前教育、师范教育、职业教育、校外教育和特殊教育,以及学校的领导管理与团队工作,还有弘扬祖国优秀文化、促进国际教育交流等方面的著作,体现了上海市中小学教育改革与发展的轨迹,体现了上海市中小学教育办学的水平与质量,体现了优秀教师和教育工作者的先进教育思想与丰富的实践经验。《丛书》出版后,受到广大教师、教育工作者及社会的欢迎。

为进一步搞好《丛书》的出版、宣传和推广工作,对今后继续出版的《丛书》,我们将结合上海教育进入优质均衡、转型发展新时期的特点,更加注重反映教育改革前沿的生动实践,更加注重典型性、实用性和可读性。希望《丛书》反映的教育思想、理念和观点能起到抛砖引玉的作用,引发大家的思考、议论和争鸣;更希望在超前理念、先进思想的统领下创造出的扎实行动和鲜活经验,能引领当前的教育教学改革工作,使《丛书》成为记录上海教育改革历程和成果的历史篇章,成为广大教师和教育工作者的良师益友。限于我们的认识和水平,《丛书》会有疏漏和不尽如人意之处,诚恳地希望广大读者提出宝贵意见,帮助我们共同把《丛书》编好。

《上海教育丛书》编委会

2017 年 11 月

序　一

　　教育是时代的产物,在适应社会发展的过程中,会面临许多新问题,特别是在社会的转型期,原有的理念、体制、方式等培养出来的人往往难以适应社会转型的需求,这就必然促使教育的转型,进而要求创新。而一旦教育创新,就会跟继承原来的传统产生矛盾。创新跟继承之间存在着一种张力,这种张力往两头拉,这边希望创新,那边希望守旧,这种情况就形成当代教育多元、多样、多变的特点,同样,教育价值趋向也呈现出多元性。

　　民办教育是教育价值多元化的必然产物。在多个场合,我都坚持认为,民办教育是我国教育事业拓展规模,实现各级各类教育发展目标的一个重要推动力量,也是进一步推动我们国家迈向教育强国的不可或缺的力量。民办教育增加了社会的教育投入,扩大了教育资源总量,节约了公共教育资源,为政府利用公共教育资源实现基本公共服务均等化,促进教育公平创造了条件。同样,民办教育在上海整个教育事业中也发挥着重要作用,涌现出一大批优秀的民办中小学,其中不少已成为上海基础教育的名片。

　　我曾多次来沪考察和观摩上海基础教育改革发展的做法及经验,收获很大,感受很多。尤其是近几年,上海在连续两次 PISA 测试中取得优异成绩,再一次震惊了我。某种意义上说,这是上海基础教育领域的整体性胜利,其中,就有我们基础教育阶段民办学校所作出的重要贡献。

　　《特色之路——上海民办中小学发展历程》是对上海民办中小学在过去二十年中的探索历程、改革经验和发展成就的系统回溯与全面总结,汇聚了上海民办基础教育领域办学体制机制创新、教育教学改革以及教育现代化、信息化、国际化方面的诸多好做法、好经验、好典型和好模式。其中,既有政府扶持和促进民办学校特色优质发展方面的做法和经验,也有学校自身不断深化改革、创新发展、优化治理方面的做法和经验,同时还反映了社会组织、行业协会和第三方力量对民办教育的支持和推动情况。此书是过去二十多年上海民办基础教育改革发展的历史缩影,总结和回顾了上海民办基础教育所取得的成就与经验,不仅有利于在新的起点上更好地谋划上海民办教育事业的长远发展,也必将对全国民办教育事业的良性发展起到辐射和带动作用。尤其是在我国民办教育新法、新政实施的关键时期,各级各类民办学校都面临类型选择及转型发展的重要时刻,此书的出版可谓时机恰当,意义重大。

作为社会主义现代化国际大都市,上海是全国的上海,也是世界的上海。我们要从全国视野、世界维度来观察上海的经验。上海民办中小学的发展是一部跌宕起伏、多姿多彩的历史,它在曲折中不断前行,如今取得了举世瞩目的发展成就。上海民办教育的发展离不开上海大环境的支持。上海拥有得天独厚的优势,作为改革开放的排头兵和改革发展的先行者,上海海纳百川,追求卓越,易于吸收国外先进的教育理念,与国际接轨,善于与本土传统和现实需求进行深度融合,形成了具有中国特色、上海特点的发展道路。

总体来看,在过去二十多年中,上海民办基础教育大致呈现以下三大特征:一是在顶层设计上,由公办教育一家独大到逐步向民办教育开放,并形成了公办、民办教育共同发展的良性格局;二是在资源配置上,实现了从"效率优先、兼顾公平"到"公平优先、兼顾效率"的转变;三是在学校发展上,从过去以升学、应试为导向,已转型到当下更加强调素质教育和能力本位,形成了以质量求生存、以特色求发展的健康态势。国际化办学是上海民办基础教育最有色彩的一部分。有人说,世界就是一个圆,每一个人都是圆心,所以圆心无处不在。但是这个圆的大小是不一样的,半径就是教育,所受的教育越多,心中的世界就越大。教育的国际化实际上是拉长教育半径的很重要的一个方式,也就是通过教育的国际化来扩大每一个人心中的视野。

过去较长一段时期,上海顺应世界教育发展潮流,积极探索"走出去、引进来"的路子,在教育国际交流与合作方面也一直走在全国前列。上海民办中小学校从20世纪90年代就迈出了探索国际教育的步伐,以其敏锐的市场嗅觉,迅捷的反应速度,与国际教育产生物理接触并发生化学反应,较好满足了本土居民及在沪居住的外籍人士在不同时期对多元化、高水平国际教育的选择性需求。一些先锋民办中小学在国际化上的实践与探索,也同时激发和促进了上海整个民办基础教育事业开放的办学格局的形成。

从更为宏观的角度看,无论是现在还是未来,上海在教育上的很多探索,的确是推动我国教育改革发展的重要力量。目前,上海民办教育综合改革试验已取得重要进展,很多成功经验也体现在这本书中。这些经验在我国新的《民办教育促进法》即将实施,各地正在致力落实民办教育新政的背景下,颇具价值,尤为珍贵。谈起民办教育的改革发展,我认为当前民办教育已步入一个新里程,目前最重要的任务就是全面落实新的《民办教育促进法》和国家层面一系列新的制度安排。如何落实,值得思考,希望借助此书出版的良机,与广大民办教育工作者对这个重要命题做点交流和分享。我认为,落实新法新政,贵在"全面",重在"促进"。

一是要全面贯彻立法宗旨。我们要注意到《民办教育促进法》第一章"总则"里第一条的立法宗旨并没有修改,即"为实施科教兴国战略,促进民办教育事业的健康发展,维护民办学校和受教育者的合法权益,根据宪法和教育法制定本法"。所以立法宗旨在于:更好地实施科教兴国战略,促进民办教育事业的健康发展,维护民办学校和受教育者的合法权益,三者不可偏废,更不能对立法宗旨做片面的解读和片面的落实。

二是要全面落实依法治教。民办教育的政策制定者、管理者、举办者、办学者、教师和学生都应该强化法治观念,落实并遵守法律的规范。要依法行政,管理规定必须合法,法规和规章以及部门和地方行政规定必须有法律依据,管理行为必须合法,不得有超越法律的随意性。要依法办学,民办教育举办者要按法律规定办学校,要全面贯彻党的教育方针,坚持社会主义的办学方向,全面落实立德树人的根本任务,并都要依照规定规则接受监督。要依法督导,督导要以法律为准绳,既要督导学校依法办学,更应该对各级政府依法行政进行督导,督导其管理规则和行为的合法性。要依法维权,政府要保护举办者、办学者、工作者的合法权益,民办学校和民办教育社会团体以及所有民办教育的利益相关者,也应当依法维护自身的权益。

三是全面加强党的建设。新《民办教育促进法》第九条明确规定,民办学校中的中国共产党基层组织,按照中国共产党章程的规定开展党的活动,加强党的建设。民办学校应当做到党的基层组织的全覆盖,有效发挥基层党组织的战斗堡垒作用和党员的先锋模范作用。要把深化民办学校改革和全面从严治党结合起来,确保民办教育事业始终沿着正确的方向健康发展。基层党组织应当成为落实党的使命、法律要求,促进民办教育健康发展的核心力量。面对修改后的法律的实行,我们都应当自觉地以法律为准绳来规范自身的行为,共同做好法律实行的各种准备。

我一直相信,我国民办教育将会迎来大变革,获得大发展。同样,我也深信,承载厚重的历史使命,面临难得的发展机遇,上海民办教育的明天也一定会更加美好。在过去二十多年中,上海民办中小学改革发展所取得的成就及经验,肯定不止我上面提到的这些,限于篇幅,此序只能起到抛砖引玉的作用。幸运的是,各级各类教育工作者或许都可以从本书的阅读中,汲取更多的智慧,获得更大的启迪。最后,祝此书出版顺利!

2017 年 8 月 20 日于北京

序　二

　　在历届市委市政府的高度重视下，上海基础教育的改革和发展战略构想是前瞻的，制度和政策设计是富有创意而务实的，推进的策略和步骤也始终是坚实的。民办中小学作为上海基础教育的重要组成部分，在过去的岁月里，特别是在 20 世纪 90 年代以来的改革和发展历程中，在满足多元需求，提供特色服务，激发教育活力等方面，作出了重要贡献。我既为上海民办中小学的长足进步颇感欣慰，又对上海民办教育事业更上层楼寄予厚望。

　　回顾过往，上海民办中小学二十多年的发展成绩斐然。从发展定位上看，民办中小学已经从公办教育的"有益补充"蜕变为上海教育事业的重要组成部分。截至 2016 年，与全市相应学段在校生数相比，民办小学、初中、高中分别占比达 6.25％、15.23％、10.43％。从发展方式上看，上海民办中小学发展在整体上已经成功实现了从规模扩张和粗放发展到特色多样、错位竞争的重要转变。特色学校创建校的数量不断增多，从第一轮的 34 所发展到第二轮的 47 所。从满足需求来看，历经了人民群众的质疑观望、犹豫不决到趋之若鹜。2016 年上海市民办小学、初中报名录取比例平均为 3.3：1 和 1.7：1，热门民办学校录取比例更低。上海民办中小学不但完成了量的扩张，更为难得的是还实现了质的飞跃。二十多年来，在有关政策的鼓励和引领下，广大民办教育从业者艰苦创业、开拓奋进、追求卓越，成功开辟并实践了社会力量参与办学的多元渠道和有效路径，在提高教育供给能力，构建多元化教育格局，推进上海义务教育在更高水平和更高质量意义上的均衡发展方面作出了有目共睹的贡献。二十多年里成长起来的民办中小学校，有二十余万人的在校生容量，不但替政府分担了可观的教育经费，而且为老百姓提供了更加丰富多样的入学机会，有效满足了多样化选择性教育需求。不少民办中小学已经成为广大老百姓"择校"的首选。

上海民办中小学的异军突起得益于政府主动寻求办学体制变革。由于有着较为充裕的财力支撑和深厚的资源积淀,上海民办中小学产生和发展的动因及动力,一开始就有别于国内多数省区,其发展初衷不仅仅是为了满足教育的阶段性需求,亦即弥补教育经费不足和教育资源短缺,更是着眼于体制机制创新,旨在满足人民群众日益增长的选择性教育需求。正是因为有了这样的高起点,上海民办中小学才能在政策倡导和财政扶持下,着力于破解公办教育体制僵化、办学活力缺乏等弊端,较早步入了特色创建和内涵发展的良性轨道。多年来,在国家鼓励社会力量参与办学的总方针指引下,上海教育体制总体上不断向社会力量开放,社会资本以建设租赁运营民办学校、政府购买教育服务、公民办学校相互委托管理、混合所有制等多种形式参与民办中小学办学。上海市教育主管部门也通过实施教育综合改革,探索民办学校分类管理,实行基金奖励和融资服务制度,完善政府补贴和购买服务制度,鼓励多种形式的中外合作办学等举措,有效激活了上海民办基础教育办学体制,最大程度地调动了社会力量多元参与办学的积极性。

上海民办中小学的健康发展得益于政府部门的良善治理及精准扶持。在推进教育体制变革,鼓励社会力量多元参与办学的同时,上海市政府及教育行政部门逐步确立了鼓励与规范相并举、扶持与监管相结合的民办教育治理思路。在财政扶持上,2005 年第一次民办教育工作会议召开后,上海市在全国各省市中率先设立了政府专项资金,市政府每年用于民办基础教育的财政拨款从2000 万元增至 4000 万元;自 2010 年第二次民办教育工作会议开始,上海按照本市义务教育阶段公办学校生均公用经费基本定额给予民办中小学补助,小学生均补助为 1600 元,初中生均补助为 1800 元。这些扶持措施既在政府与社会合作治理教育的机制上有突破,同时也极大地缓解了民办中小学的经费紧张和资金压力。在加大财政扶持力度的同时,上海教育主管部门还加强了民办中小学财务监管,颁布《上海市促进民办教育发展专项资金管理办法》,开设民办教育专项资金专用存款账户;颁布《上海市民办中小学校财务管理办法》和《上海市民办中小学校会计核算办法》,规范民办中小学资金使用等。在机构设置上,2009 年 6 月,上海市教委民办教育管理处正式成立,这使民办中小学在市级教育行政职能部门中有了专门的管理和服务机构,并在制度构建和政策体系完善方面充分发挥了应有作用。在政策制定上,上海市教委先后颁布了《关于开展上海市民办中小学特色学校(项目)创建工作的通知》(沪教委民〔2012〕14号)、《关于印发〈上海市民办中小学特色学校(项目)、民办优质幼儿园第二轮创建实施方案〉的通知》(沪教委民〔2015〕7号)、《关于进一步做好民办中小学(幼儿园)管理工作的指导意见》(沪教委民〔2015〕5号)等政策文件,有力推动了上海民办中小学优质特色发展。可以说,过去一段时间,通过政策引领、财政扶持和有效监管"三驾马车"并驾齐驱、共同作用,上海民办中小学改革发展已经走上了一条康庄大道。

上海民办中小学的多样发展得益于广大办学者励精图治和锐意创新。上海民办中小学是在校舍缺乏、资金短缺、师资明显不足、社会尚未完全认可的困难情况下逐步发展起来的。在政府部门的引导和支持下,众多民办学校办学者胸怀教育理想,发挥机制优势,在课程设置、教材选用、教师招聘、学生招生等方面锐意创新,不断适应市场变化,日益突出"以学生为中心"的教育理念,大胆探索个性化教学新模式,逐步走出了一条具有上海区域风格,适应自身特点的民办基础教育发展新路。随着企业、个人、党派、社会团体等不同主体的参与,上海民办基础教育逐渐形成多元办学格局。各个办学者在"以质量求生存,以特色求发展"方略引导下,在长期发展过程中励精图治,注重学校内涵建设和质量提升,逐步形成了符合自身优势和办学特点的特色课程或特色项目,成为人们眼中的特色学校和品牌学校。据统计,在上海市教委主导实施的上海民办中小学特色学校(项目)两轮创建过程中,共有140个学校和项目参与。不同特色学校、不同特色项目、不同特色品牌,开创了上海民办中小学"百家争鸣,百花齐放"的良好发展局面,激发了民办中小学校乃至上海整体基础教育的办学活力,较好地满足了人民群众对教育服务的多样化选择性需求。

着眼未来,上海民办中小学的发展既面临机遇也充满挑战。《民办教育促进法》的修订以及非营利办学制度的确立,为政府加大公共资源投入,更好地支持民办中小学发展,提供了重要的制度保障,这将为上海民办中小学的深入发展开拓更为广阔的空间。但同时也要看到,在分类管理新形势下,如何进一步端正办学理念,完善法人治理,加大教学投入,深化教育改革,从而提高办学质量,彰显办学特色,更好地满足多元个性需求,切实承担起时代赋予的光荣使命,已经成为摆在全体上海民办中小学管理者和办学者面前的全新课题,亟待新理念、新思维、新举措去解决和应对。应该说，本书的编写，较好地回应了二十多年来上海民办中小学改革发展的实践与探索。全书有重点地选取了上海民办中小学的创办背景、发展路径、变革特征、政府扶持、社会参与、内部管理、国际合作、品牌建设等方面内容，采用多个维度和全新视角，对上海民办中小学二十余年的发展历程进行了全面回顾和系统梳理。既肯定成绩，又不回避问题；既总结经验，又客观分析不足；既回顾历史直面当下，又立足未来着眼长远。本书的编写及出版，将有利于我们从历史经验中汲取营养和启迪，从而更好地在新的起点上谋划未来。

在以习近平同志为核心的党中央坚强领导下，我们有理由相信，未来一个时期，富有创见而又崇尚务实的上海，一定会在依法治国、依法治教的轨道上，在民办教育新法新政框架内，坚持用发展的眼光看待民办教育发展过程中出现的问题，继续秉持扶持与规范有机结合的治理思路，切实采取更多更有效的政策措施，促进和推动上海民办中小学更好更快地发展！

是为序。

上海市教育学会会长

尹后庆

2017 年 9 月

目录

引　言

历史是一面镜子。

上海民办中小学的发展史是一部跌宕起伏、多姿多彩的历史。在中国改革开放洪流中,在上海海纳百川、追求卓越的精神鼓舞下,上海民办中小学得以在曲折中不断前行,并取得了如今举世瞩目的发展成就。二十余年间,上海民办教育总体呈现了在顶层制度设计上,逐步向民办教育开放;在资源配置上,从主要关注效率到效率与公平兼顾;在学校发展上,以质量求生存、以特色求发展的三大特征。其中,公、民办体制改革和中小学特色发展是贯穿始终的两条主线;体制变化是外因,特色发展是内因,内外因相互激荡,政府、社会、家庭、学校等利益主体不断博弈、交织碰撞,共同勾勒了上海民办中小学二十年发展的恢宏画卷。

一、制度设计:民办教育空间逐步开放

中华人民共和国成立伊始,我国在教育管理方面存在"包得过多,统得过死"的弊端。虽然政府已经意识到其危害并试图打破,如教育部1957年6月3日发出通知,强调我国地广人多,经济落后,中小学教育不可能完全由国家包下来,当前必须采取多种多样的办学形式,才能适当满足儿童入学和升学的要求[①],但结果却不得不以失败告终。

改革开放后,随着国家政治体制逐步民主化、社会主义市场经济体制改革步伐的加快,我国教育体制也逐渐打破公办一统天下的僵局,开始向民办教育逐步放开。从1982年《中华人民共和国宪法》规定"国家鼓励集体经济组织、国家企业事业组织和其他社会力量依照法律规定举办各种教育事业",到1986年《中华人民共和国义务教育法》提出"国家鼓励企业、事业单位和其他社会力量,在当地人民政府统一管理下,按照国家规定的基本要求,举办本法规定的各类学校",基础教育领域禁止民间办学的桎梏在制度层面终被打破。然而,这种尝

---

① 陈桂生.中国民办教育问题[M].北京:教育科学出版社,2001:12.

试是谨小慎微、小心翼翼的,"仿佛偷偷地承认私人办学的合法性"①。值得一提的是,1985 年,《中共中央关于教育体制改革的决定》明确规定"地方要鼓励和指导国营企业、社会团体和个人办学,并在自愿的基础上,鼓励单位、集体和个人捐资助学"。这份教育体制改革的里程碑式文件奠定了此后我国教育体制改革开放、搞活和创新的基调。1987 年,新中国第一部较为全面的民办教育领域的法规《关于社会力量办学的若干暂行规定》颁布,它在《社会力量办学条例》出台前的 10 年中,一直发挥着重要的指导、规范民办教育的作用。

1992 年,邓小平南方谈话解放了思想,为我国民办教育发展注入了强大动力。各地纷纷举办民办学校,如北京当年就举办了五百余所,上海的步伐虽没有那么大,但最初的"五朵金花"在同年也相继成立了。此后,我国教育领域向民营资本展现了更加开放的姿态,多元主体办学格局初步形成。期间,中央和上海出台的重要法律、规章包括:1993 年,《中国教育改革和发展纲要》提出"改变政府包揽办学的格局,逐步建立政府办学为主体、社会各界共同参与、公办学校和民办学校共同发展的办学体制"。各地根据自身情况,纷纷出台了当地有关民办学校的管理办法,上海也不例外。1994 年,上海市人民政府出台《上海市民办学校管理办法》,就市和区、县两级教育主管部门对民办学校的审批权限、基本设置条件和内部管理等作出了原则规定,对规范民办学校发挥了积极作用。1997 年,《社会力量办学条例》作出了"社会力量办学事业是社会主义教育事业的组成部分"论断,提出"国家对社会力量办学实行积极鼓励、大力支持、正确引导、加强管理的方针",并承认了"举办者的投入"。1999 年,全国第三次教育工作会议召开,会议第一次将民办教育的发展放到与公办教育同等重要的地位;同年 6 月,《中共中央、国务院关于深化教育改革,全面推进素质教育的决定》指出:"进一步解放思想、转变观念,积极鼓励和支持社会力量以多种形式办学,满足人民群众日益增长的教育需求,形成以政府办学为主体、公办学校和民办学校共同发展的格局。"

进入 21 世纪,2002 年,我国第一部民办教育专门法《中华人民共和国民办教育促进法》,其不以营利为目的、学校法人财产权、合理回报、税收优惠等规定影响了此后十余年我国民办教育的发展走向。虽然民促法存在不少问题,引起

---

① 陈桂生.中国民办教育问题[M].北京:教育科学出版社,2001:14.

了很多争议,但它的确为我国民办教育发展拓展了政策空间,使得更多民营资本进入了民办中小学教育领域。2010年,随着《国家中长期教育改革和发展规划纲要(2010—2020年)》及《上海市中长期教育改革和发展规划纲要(2010—2020)》颁布,为解决民办教育领域长期以来存在的深层次矛盾所作出的诸如明晰产权、清理歧视政策、加大扶持与加强规范、进行分类管理试点等规定进一步提振了民办教育办学者的信心,同时也奏响了我国民办教育分类管理时代的强音。上海实施的"十大工程"如学生健康促进工程、教育国际化工程、教师专业发展工程等对民办教育全覆盖。民办教育体制改革试点也在上海等城市开展,作为推进分类管理、清理歧视政策、加强政府扶持、完善法人治理等方面的试点城市,上海取得了丰富经验和良好成效,为完善国家顶层制度设计、稳妥推进分类管理政策作出了贡献。2016年11月7日,经过长久酝酿、反复研讨、各方博弈后,全国人大常委会最终通过了修改《中华人民共和国民办教育促进法》的决定,民办教育分类管理时代来临,营利性民办学校在我国终获合法地位。

纵观二十余年我国和上海教育体制变迁,民办基础教育从开始时小心翼翼,到20世纪90年代的快速扩张,再到新世纪获得法律地位、谋求地位平等、迎来分类管理,其间虽然有所反复、多有挫折,但总体是朝着更加开放、有序、完善的方向不断前进。

二、资源配置:效率与公平相互交替

上海民办中小学的发展史是效率与公平相互交替的历史。在创办之初及之后相当长时间内,上海民办基础教育的资源配置主要以效率为导向。与我国其他地方不同,在很多省市财政资金不能完全满足学生"有学上"而发展民办教育以资补充的情况下,上海民办中小学的发轫却是为了满足人民群众多样化、个性化需求。因此,无论是作为推动者的政府还是学校创办者,都力图证明民办教育体制比起公办体制资源使用效率更高、学校教育质量更强、教育效果更好。

最初的五所民办学校,都带有民办公助特征,校长由公办校或教育行政部门退休校长、领导担任,并得到了所在地政府和教育行政部门办学经费、办学场地和设备的大力支持。校长和教师富有理想和教育情怀,呈现出了与公办学校不同的风貌和热情,无论是头发花白的老校长,还是一般的教职员工,大多处于一种干大事业的亢奋状态。

此后，由个人、企业、社会团体自愿举办的学校，虽或多或少带有营利动机，但更是以资源配置的高效率为导向。如上海民办侨华中学虽然只是租借华东师范大学数学系两间教室办学，但当年升学率超越了公办高中，从这之后，生源再也不用发愁了！1997年前后，政策上可以允许民办收取大概3万元的赞助费。当时，有的家长为了让孩子来读书，提着满满一包现金来学校！

1993年问世的转制学校是上海民办基础教育资源配置在效率与公平间博弈的典型。转制学校创办的初衷是在保持政府对学校所有权不变的前提下，教育行政部门将一些公立学校交由企业事业组织、社会团体或公民个人来承办，同时允许学校在招生、收费、校长和教师选聘及学校内部管理等方面参照民办学校的政策，享有较大的办学自主权，教育行政部门通过一定的形式（如签署协议等）规定学校承办者的权利和义务，学校承办者按规定办学并实施管理。① 这与美国以特许学校为代表的公校私营教育体系异曲同工。据世界银行研究表明，在公共资金资助但私人运营的教育系统中，学生表现得更好，比如美国特许学校的学生在基础教育结束时倾向于比公立学校学生产生更高的测验成绩。②上海公立中小学转制，无论是薄弱学校转制，还是公立学校直接改为民办学校，抑或名校办民校、名校转民校，就教育效果来看，确实是发挥了民办机制优势，在提高教育质量、扩大办学自主权、激发教师积极性等方面比未转制之前有了质的改变。而且，政策设计初衷一定程度上兼顾了公平，比如首先考虑薄弱学校转制、不得影响儿童少年免费就近入学的权利、防止出现"假转制、真收费"的翻牌学校等。不过，在实际操作过程中出现了诸多问题，比如名校办民校，摊薄了优质教师资源，导致原有公立学校教育质量下滑；政府既给予转制学校部分经费资助甚至全额资助，又允许学校收取学费，客观造成了对公立学校的不公平；一些地区财政资金与优秀师资向民办学校转移，造成了区域内公办教育整体质量的下滑，引发社会矛盾等。这些问题造成了教育不公，加之制度设计不健全、产权不清晰、利益驱动、高收费、乱收费、择校等现象，教育部于2003年出台政策叫停转制学校。经过两年的调整，上海通过恢复建制、关闭重

---

① 尹后庆.对公立中小学转制工作的思考[J].中小学管理，1998(2).

② H. A. Patrinos, F. Barrera-Osorio, J. Guaqueta. The Role and Impact of Public-Private Partnerships in Education[M]. The World Bank, 2009.

组、停止招生、转为民办的方式,使转制学校退出了历史舞台。

此后,上海民办中小学办学中公平与效率的博弈还在继续。据说目前上海民办中小学已占上海基础教育的半壁江山,很多学校的教育质量已经超过了公办学校,形成家长趋之若鹜的态势。在此情况下,政府应如何扶持民办学校才能在公民办学校之间,以及民校与民校之间达成公平? 一方面,在公民办学校之间,近十多年来上海对民办教育的扶持力度逐年提高。2005 年,上海第一届民办教育工作会议后,市财政每年拨付 2000 万元,至 2010 年已增至 4000 万元;同时各区县财政也配套专项资金,每年 20 万元到 1000 万元不等。2010 年出台的《关于加强扶持民办中小学发展的通知》明确提出设立民办学校生均公用经费补贴制度,嘉定、卢湾、黄浦、静安、徐汇等区逐步施行,并随着公办学校生均公用经费基本定额标准的提高作相应调整。此外,上海还把主要招收进城务工人员随迁子女的小学纳入民办学校管理,仅 2010 年上海市级财政安排的民办教育专项资金 5.47 亿元中,随迁子女学校就达 2.8 亿元。这种大幅度的经费扶持,在保证各区县义务教育均衡发展、保公平补短板、发展普惠性学校道路上迈出了坚实步伐。公共财政扶持民办学校特别是义务教育阶段的民办学校是国际上的普遍做法,具有理论依据。然而,扶持力度多大、怎样扶持才既有利于提高民办学校办学效率,又有利于达成公民办之间的公平? 众多的教育者早已认识到,教育必须在平等与效率之间取得某种平衡,他们也看到,这个平衡点不是一成不变的。[①] 当今上海,这个平衡点在何处,仍值得我们孜孜探索。另一方面,在民办学校之间,市教委经过两轮特色学校(项目)建设、每所特色学校 20 万元到 40 万元专项经费补贴政策实施后,上海"扶优扶特"的思路已经确定并显现出良好的引导作用。各区县也会采取切实行动,对本区特色、优质民办中小学给予更大扶持力度。随之而来的问题是,这样会不会形成马太效应,造成新一轮民办学校之间的不均衡? 这些问题都需要作进一步思考和探索。

三、学校发展:以质量求生存,以特色求发展

上海民办中小学历经二十余年发展,有些学校在体制变迁洪流中夭折;有些一直平庸发展、泯然众校;有些却逐步壮大,成为业界翘楚、众所周知的品牌

---

① 胡卫.民办教育的发展与规范[M].北京:教育科学出版社,2008:51.

学校。究其原因,总结为一句话就是以质量求生存、以特色求发展。

质量是立身之本。影响一所民办学校教育质量的因素有很多,比如办学定位是否准确、资金是否充足、内部治理结构是否完善、师资水平如何等。民办学校为了提高自身教育质量,可谓使出浑身解数。在办学定位方面,将自身定位为公办学校的补充、一味追求规模扩张的学校逐渐式微,而不断凝练特色、满足人民群众多样选择需求的学校立稳脚跟。时任上海市副市长沈晓明说:"上海需要什么样的民办教育? 需要体现公益性的民办教育,需要有质量、有特色的民办教育,需要充满活力的民办教育。"①在办学资金方面,公私合办的民办学校有政府扶持、企业办学有充足资金,而那些个人举办的民办学校不得不历经艰苦奋斗、筚路蓝缕之路,以拓荒者的精神不断前行,对它们而言,规模扩张以谋求滚动发展资金是必经之路。在内部治理结构方面,党的领导由薄弱到加强,董事会从无到有、从不健全到逐步完善,举办者和校长之间从权责不分到逐步明确,现代学校制度从空中到落地,民办学校举办者摸着石头过河,如今仍在探索之中。在师资方面,民办学校待遇留人,高薪聘请校长和教师;感情留人,用感情纽带留住教师;事业留人,给予教师发展机会和上升通道。除此之外,还不断呼吁政府给予学校编制,闵行区还曾经探索将公民办教师编制统一纳入教育服务中心管理的实验。这些都是上海民办中小学二十余年来不断探索、坚持不懈、勇于尝试、大胆创新的结果,反映了一代民办教育人的时代诉求和精神风貌。

特色是发展之道。上海民办中小学特色建设一直贯穿于学校发展历程中,如今百花齐放、百家争鸣的局面,是上海市政府、行业协会、学校等各方不断努力的结果。上海市民办教育协会较早参与到民办中小学特色建设的创建工作中来,通过搭建平台、课题引领等形式,推动学校特色建设工作。2010 年,中国民办教育协会中小学专委会牵头进行民办学校办学特色研究,上海市民办中小学协会(上海市民办教育协会中小学专委会前身)积极响应,鼓励 15 所学校申报课题并立项,成为民办学校办学特色研究实验校。政府层面,上海市教委2012 年发文,启动特色学校(项目)创建工作。在政策鼓励、经费支持下,民办中小学积极参与,热情高涨。2012 年底,经学校自愿申报、区县教育局审核,市教

---

① 王奇.上海民办教育发展现状、挑战及战略举措[J].教育发展研究,2010(15).

委共批准首批特色学校创建校 34 所,特色项目校 30 所。

表 1-1　上海市部分民办特色学校/项目创建校的特色主题

学校	创办年份	创建类别	特色主题
上海市世界外国语小学	1993 年秋	特色学校	国际化教育
上海市西南位育中学	1993.06	特色学校	关注成长轨迹　激发成长自觉
上海市民办平和学校	1996.09	特色学校	世界公民教育
上海同济大学实验学校	2000.09	特色学校	校园因科技而更精彩
上海外国语大学附属双语学校	2001.09	特色项目	站在学生和世界之间的特色外语课程
上海市民办桃李园实验学校	2002.02	特色学校	围绕核心课程,建设课程群
上海市民办尚德实验学校	2003.07	特色学校	以优质课程满足多元教育需求
上海市民办东展小学	2003.08	特色学校	人品教育
上海市民办协和双语学校	2003.09	特色学校	中外文化融合的国际教育
上海市七宝外国语小学	2005.04	特色学校	新型家校共同体唱响"养成之歌"
上海市民办张江集团学校	2006.05	特色学校	科技创新
上海市民办包玉刚实验学校	2007.04	特色学校	全人教育、双语教育、家庭式寄宿教育、愉快教育
上海市民打一外国语小学	2005.07	特色项目	用艺术教育为学生插上灵动的翅膀

资料来源:上海市民办中小学特色学校(项目)创建申请表,2012。

从表 1-1 可以看出,首批创建校中,涉及品德教育、公民教育、科技创新、双语教育、国际化教育等多种特色课程和项目,各个学校根据自身历史、区域特点、发展愿景,努力探索自己学校的特色,表现出了丰富多彩的生命力和多元追求。比如,具有德育优良传统的民办学校可以中华传统美德为基石,结合现代公民的素质要求,重视学生行为规范养成和优良品质的培养;理科较有优势的民办学校可以科技为特色,结合相关学科,紧密结合现代科技发展趋势和现代生活需要,开设科技探究校本课程,开发和培养学生运用知识解决问题的能力;艺术师资力量较强的民办学校则可以艺术教育为自己的特色创建方向,为具有艺术潜能的学生增开音乐、美术、绘画等课程,使这些学生能找到适合自己发展的方向。

虽然特色发展、品牌战略生发的良好局面初步形成,但是从上海民办中小学特色发展现状来看,与上海城市发展和市民需要仍存在着较大距离。很多民办学校仍以追求考试成绩和升学率为主,与公办学校在应试教育方面展开激烈竞争,缺乏宽广视野和战略眼光,难以为上海未来发展培养出高素质人才。因此,未来如何突破传统应试教育的窠臼,抓住上海打造国际化、现代化大都市的历史机遇,坚定特色发展、品牌战略,将是面临的重大挑战。

以史为镜,知往鉴今。回首历史,描述史实,总结经验,汲取教训,我们慨叹上海民办基础教育二十余年的辉煌历程,祝贺所取得的巨大成就。而今上海基础教育屹立于世界民族之林,民办中小学可谓作出了不可磨灭的贡献。与此同时,我们也应反思走过的弯路甚至出现的失误,不断完善顶层制度设计、优化资源配置、坚持质量立校特色兴校战略,为营利性、非营利性分类管理时代下上海民办中小学的更好发展奠基。

第一章

勇立潮头创新业

　　20世纪90年代初,在邓小平南方谈话的推动下,改革的浪潮再一次在中国的大地上涌动。作为中国改革开放的桥头堡,上海在教育体制改革方面做出了一系列的探索。1992年,上海诞生了5所民办中小学,1993年,发展到了21所,到1994年,民办中小学增至32所。不妨将这段历史时期作为上海民办中小学的发展起点,因该阶段涌现的民办学校,几乎涵盖了今天上海各级各类民办中小学的基本形态,奠定了上海民办中小学多元办学的基本格局。

第一节　最早创办的 5 所学校

一、创办过程

1992 年,对于上海民办中小学而言,是具有里程碑意义的一年。经过党的十一届三中全会以来十多年的经济社会发展,人民群众向教育提出了更高和更多元的教育需求,基础教育首当其冲。当时的基础教育主要是公办中小学一统天下,办学模式相对单一,体制机制缺少灵活性。面对需求和挑战,上海的基础教育必须加大体制改革的力度,以非常规的方式发展,满足人民群众的教育需求。在邓小平同志"发展是硬道理"的精神指引下,在上海市委市政府的鼓励支持下,一批教育工作者站到了教育体制改革的前列,开始了民办中小学的探索之路。上海首批 5 所民办中小学在教育改革的浪潮中应运而生,它们是新世纪中学、新世纪小学、私立明珠高级中学、私立扬波高级中学、扬波外国语小学。

1. 长宁区第一个"吃螃蟹",连办两所学校

上海市民办新世纪中学创办于 1992 年 7 月 15 日,是上海改革开放恢复民办教育后经上海市教育局批准创办的第一所民办全日制中学。上海市教育局局长袁采、副局长夏秀蓉在邓小平南方谈话精神的鼓舞下,希望在上海率先进行办学体制改革探索,提出创办民办学校的设想。长宁区教育局领导对此非常热心,响应市教育局号召,经过酝酿和筹划,成立了上海市民办新世纪中学,由时年 66 岁的原长宁区教育局党委副书记钟国端担任校长。新世纪中学现任校长严玥回顾道:

"刚创办时候,条件非常艰苦,连校舍都没有,借长宁区教育学院场地,招初中和高中各一个班。后来又先后 5 次搬迁校址。2002 年,长宁区政府和东展公司合作,由东展公司接管;2013 年,由东展教育公司接管,只招收初中生,不再办高中班了。虽几经变迁,但学校以'要成才、先成人'的理念传承了德育为首的教育思想,使中华传统美德和现代文明相结合,给学生以学会做人,学会求知,学会健身,学会办事学习目标,学校遵循'办学为

民,育人为本'投资理念,形成踏踏实实办学,呕心沥血育人的教风,形成认真踏实学做人,勤奋刻苦学知识的学风,正是这样的教风和学风成为新世纪中学的校风。"

长宁区教育局创办新世纪中学后又一鼓作气创办了上海市民办新世纪小学,由原长宁区实验小学党支部书记陈生余担任校长(时年 57 岁),这是改革开放后上海第一家民办小学。新世纪小学位于上海西区与淮海路比邻的幽静的兴国路上。整所学校显得格外的宁静、精致和典雅。学校提供寄宿,第一年招生,招到 2 个班八十多名学生,来自各区县。学校初创时,尽管长宁区教育局积极扶持,在校舍、设施和开办经费等给予有力帮助,但依然捉襟见肘。1993 年,学校获得上海大众出租汽车股份有限责任公司的赞助,不过办学经费仍主要来源于学生学费。

当时媒体对新问世的民办学校的办学机制创新与社会关注情况进行了报道(见专栏 1-1)。

专栏 1-1 打破国家统包模式
走社会集资办学之路 民办学校在沪诞生

由社会集资、民间创办、实行自费的学校——新世纪中学、新世纪小学正式成立。这是本市打破目前教育由国家统包的单一办学模式,首次出现的依靠社会集资的民办学校。

新世纪小学和中学已在区教育局立案,并接受区府教育督导室的指导和监督。学校实行校董会领导下的校长负责制。校长对学校全面负责、全面管理,并拥有干部、教师聘任权、教学教育指挥权、财政经济管理权、重大改革决策权和奖惩权。

这两所学校将全面贯彻党的教育方针,培养面向 21 世纪的"四有"人才,努力办成"校风好、师资强、质量高、有特色"的名牌学校。小学将从一年级起就开始教授外语、计算机课,高中将开设"第二外语",学校教学质量不低于区重点学校的水准。为了保证高质量的师资来源,学校将在退休教师和在职教师中以及社会上招聘教师。校长根据每位教师的工作量和教学质量决定其薪金。

　　新世纪小学、中学在新校舍建造之前暂设在长宁区教育学院内。学校实行自费招生,小学生每学期600元,初中生800元,高中生1000元。今年招收小学和初、高中新生。公开招生后,数百名家长有的前往打听情况,有的立即要求报名。不少家长因子女在非重点学校读书,极想"跳槽"至此。家长对新办民校抱热切期望,表明了他们指望孩子进高质量学校的心态。

　　两所民办学校得到上海市旅游开发公司、上海县物资局和上海海光净水器销售中心等十多个单位的支持。

　　(资料来源:《解放日报》,1992年7月21日、22日,作者 庄玉兴、李建平,有删节)

　　新世纪小学开办后,学校确立"为了一切学生,为了学生一切"的办学原则,实施素质教育。在当年条件下,大量购置教学设备,逐年买了手风琴、电子琴、英文打字机和电脑等,希望让孩子每年能掌握一项技能。当年媒体报道了新世纪小学的一个细节:

　　"学生体育活动后口渴了想喝上一杯温度适宜的水,为此,学校宁可校长室和教师办公室不装空调机,把钱省下来,给每间教室安放一台饮水机,让学生喝上纯净水。家长们激动地说,学校对孩子这么关心,我们十分放心!"①

　　著名教育家吕型伟参观考察新世纪小学后,认为像这样的民办学校"不仅注重学生的文化学习,还特别强调对学生的学会做事、学会做人、学会生存的教育",因此他鼓励有条件的地方应该多办。②

　　长宁区在一年内,连续在上海滩开办了改革开放后的第一所民办中学和第一所民办小学,在当时确实备受关注。当年负责审批并负责管理全市民办中小学的上海市教育局专管员回忆说:

　　"长宁区作为上海民办中小学开办的第一个吃螃蟹的区,民办学校被批复同意开办后,长宁区就有了5朵金花,分别代表了不同类型的学校:有私立性质的新世纪中学和新世纪小学,有境外投资办学性质的姚连生中学,有属于企业办学性质的机场小学,还有社区开办的开元中学,以及美国学校。这在当时,真

---

① 　上海市民办中小学校长联谊会主编:《发展中的上海民办中小学》(内部编印),2000年12月.
② 　陶小青.上海市民办新世纪小学:培养新世纪合格人才[J].上海教育,2002年09A.

是光彩绽放!"

专栏 1－2　长宁区教育局与街道联办中学

1992 年 8 月,长宁区创办了由区教育局和武夷街道社区联合办学的开元初级中学。开元中学由教育行政部门负责提供校舍场地、师资培训及课程教材设置,日常管理主要由街道社区教育委员会牵头,建立学校管理委员会。学校实行校管会领导下的校长负责制,实行干部、教师聘任制和结构工资制。

(资料来源:《上海教育报》,1992 年 9 月 1 日,第 1 版)

---

2. 明珠中学在黄浦区诞生

受当年小平南方谈话激励的不仅仅是长宁区教育局,尽管长宁区教育局率先在本市开办第一家民办中学和小学,但此前黄浦区其实也铆足劲头,当时的区领导对区教育局大力鼓励:"咱们区一定要抢抓机遇,积极筹办私立学校,争取跑在全市前列!"[①]被长宁区领先后,黄浦区抓紧筹办,私立明珠高级中学诞生,由原黄浦区高招办主任仇明桢担任校长(时年 61 岁)。

明珠中学现任校长张俊明接受访谈时说,当年黄浦区领导的思想观念非常超前,希望通过民办学校的体制机制,改变公办学校的僵化模式,为基础教育带来新鲜血液和活力。但限于各种原因,在实际推进过程中不是很顺利。所以张笑言:"在创办私立学校方面,区领导观念超前,行动滞后。"

明珠中学开办后,边做边探索。创办伊始,首先要面临缺少校舍的问题。最初借助于浦东的校舍,因校舍坐落在东方明珠电视塔下面,故学校取名"私立明珠中学",区领导同时希望该校成为黄浦区教育战线上的一颗明珠,成为上海市民办中小学中的一颗明珠,成为 21 世纪的明珠诞生之地。后来校址从宁海西路租借到黄浦区教育学院,几经变迁,直到 1997 年,才搬迁至现今云南中路35 号校址,占地仅"一亩六分",连操场都没有,至今依然是"上海最小的民办中学"。其次,学校面临经费的紧缺。当时区里只给政策,不给经费的支持,所以办学经费初期主要来自学生缴纳的学费,当时一个学生每学期缴纳 1200 元学费。开办初期,学校定位是高中和职校双文凭,1992—1994 年,每年只招到 1 个

---

① 资料来源:根据 2015 年 1 月 21 日在明珠中学调研资料整理.

班级的学生,每个班级大概 50 名学生。这些生源质量很不好,几乎都是差生,前几届毕业生,连一个考入大学本科的都没有,最好的少数几个就是被大专录取而已。再次,师资力量非常薄弱。张俊明回忆说:

"那时候,学校的教师主要由浦明中学的兼职教师和退休教师组成,这些教师平时不过来,有课的时候才过来,上好课提起包就走,自身又缺乏活力,对学生们也没太多感情,主要是为了赚点课时费。学生们对他们也不喜欢,私下称他们为'皮包教师'。还有,因为学校的校舍是由区教育局租借提供,经常被其他民办学校攻击为'假民办学校'。可以说,前几年,学校几乎是在夹缝中生存,甚至不少人开始怀疑,这所学校是否还有办下去的必要?"

明珠中学的困境,直到 1995 年才开始改变。张俊明在该年重新返回黄浦区教育局担任局长兼任书记,他组织人员对学校重新调研发现,学校虽然建立几年了,但尚未真正成型,表现在办学目标不明晰,生源质量差,社会舆论不佳,教育质量差等方面。在黄浦区政府和教育局的扶持下,学校进行战略重组,改招初中生源,并由上海恒源祥绒线有限公司等六家企业以及黄浦区内社会各界知名人士组成董事会,学校逐渐步入正轨。1997 年,学校聘请刚从格致中学校长岗位退休的高润华接手,她为明珠中学带来了卓有成效的教育管理经验,更带来重要的办学理念——"以质量求生存",并在教学质量、培养个性、全面发展等方面狠抓落实。

专栏 1-3 明珠中学的"个性"

不搞特色班、精英班,面向全体学生,坚持平行分班。

广播操分四批做,体育课借格致中学操场上。

学校新校徽,经学生投票选中,由六年级学生夏亦婷设计。

为建造理化生实验楼,校长办公室搬到六楼由厕所改建的房间。

学校开设了六十多个拓展课堂,任学生挥洒个性与特长。

……

(资料来源:根据明珠中学访谈资料整理)

明珠虽小,大有作为。作为上海最小的民办中学,开始迸发出光彩。据学校提供的资料记载:从 2001 年第一届初中毕业生开始,每年都有 85% 左右的学

生以优异成绩被市区重点中学录取,2007 年更是达到 90％以上,2008 年创造了中考合格率、录取率和普通高中入学率三个 100％的全满贯。

3. 闸北区创办扬波中学和扬波小学

面对长宁区和黄浦区的民办中小学"异军突起",闸北区也不甘落后。1992年 8 月,闸北区私立扬波高级中学和私立扬波外国语小学先后成立,前者由原闸北区教育局督导室常务副主任徐璋荣担任校长(时年 62 岁),后者由原闸北区第一中学小学党支部书记施南峰担任校长(时年 60 岁)。谈及当年办学的艰辛和简陋,施南峰回忆说:"当年条件非常简陋,学校在两米多宽、三十多米长的一个小弄堂里。资金从哪里来啊? 我找到闸北区教育局领导,向他们借。说学校办好之后,我会还给你们的。教育局借给学校 12 万元。地方很小,钱也很少,但学校毕竟可以办起来了。"

办学条件的简陋可以克服,但当时来自社会上思想观念的压力,在短时间内无法克服。私立学校的出现,不少人认为这是资本主义的东西,怎么能在社会主义国家出现? 接受采访时,施南峰对此有着深刻的体会,他说:

"那时还有一个来自社会的思想压力。有一次参加一个论坛,遇到一位当年的老革命,他说你现在怎么办私立学校? 这是错误的啊! 我回答他说,我是响应党中央的号召办学,怎么能错? 他反驳我:难道中央就全是对的吗? 当年的文革,现在不是证明是错误的吗? 我一下子无言以对,不知如何回应才好。"

面对诸多困难,扬波中学和扬波小学的老校长逐一克服,怀揣一颗教育之心,努力办好学校。扬波中学在创办之初,就提出"成才先成人,成人必成才"的教育原则,始终把提高办学质量当作头等大事、关系到学校能否生存发展的头等大事来抓。同时,利用民办灵活的机制,努力培养具有创新能力、各项素质都比较高的学生。经过几年的努力,扬波中学以"学风好、校风正、质量佳、效益高"为特点,受到社会的普遍赞誉。初中部被誉为"名牌初中",高中部被誉为"希望的摇篮"。扬波外国语小学则围绕英语教学品牌,培养了一大批学科知识基础扎实、思维活跃,又有学科兴趣特长的学生。

二、特点分析

1992 年在上海兴办的第一批 5 所民办中小学,不仅开创了改革开放后上海私立中小学复苏和发展之先河,而且成为上海首批中小学办学体制改革校,推动了基础教育办学体制改革的进程。据统计,当时5所学校共招收了12个班,五百多名学生。① 在社会优质教育资源相对短缺时代,首批5所学校抓住了机遇,凭借民办的机制优势,坚持"民校为民",取得了长足发展。这为上海民办中小学的后期发展,形成了积极的联动效应。

1. 创办特点

总结初早期创办的5所民办中小学,有一些主要的共同特点:

其一,这些学校都是在政府的支持下创办,具有典型的"民办公助"特征。回顾历程可以发现,5所民办中小学都是在所在区政府和教育局推动下诞生。思想观念开放的领导推动,希望通过民办的机制创新为基础教育带来生机和活力。因此,5所学校都得到了所在区政府和教育行政部门的大力支持,部分办学经费、办学场地和设备等均由教育行政部门资助。在政府支持下的5所民办中小学,由个人出面承办,注重办学质量,学校声誉较好,具有较强的市场竞争力和生命力。直到今天,这5所最早创建的民办中小学已走过二十多年的春秋,成为沪上知名的品牌学校。民办学校创建与发展的历史,政府的支持功不可没。

其二,这些学校校长都是由一批富有教育理想、科学办学理念的公办校校长或教育行政部门退休领导等担任。因5所学校都是在政府推动下创立,首任校长的任命方式,都是由政府委派,带有明显的官方色彩。从校长的年龄来看,5所学校校长都年逾60岁,都是在公职机构退休下来,二次上岗;从校长的履历来看,大多是在教育行政部门担任领导或在公办学校担任校长职务,具有丰富的教育管理经验;从校长的情怀来看,他们身上大多带着教育理想主义色彩,坚持自己的教育理念,对于现行的公办学校体制不是很满意,希望能在民办校施展自己的教育理想或抱负。如扬波外国语小学首任校长施南峰回忆说:

"那时,中央号召社会各界参与举办学校,满足家长对孩子的不同读书需求。我当年在闸北区第一中心小学担任党支部书记,1991年退休。感觉自己体力和精力都不错,还可以继续为国家教育事业作贡献。同时,我也是怀有教育理想的人,但在公办学校,受到各种因素的制约,很难全面推行。所以,考虑到民办学校的办学自主权较大,想在那里去实现理想。"

这批老校长成为初创期5所学校各自的精神支柱和引路人,无疑对学校的

---

① 　朱世锋、朱怡华:《上海中小学办学体制改革十年》,内部资料.

发展方向发挥了至关重要的作用。

其三,这些学校初期的办学条件非常艰苦。校舍问题、设备设施问题、经费问题,无不困扰着这些刚问世的学校。校长们大多通过个人能力和影响力争取所在区县教育行政部门的支持,为学校提供免费或低价租赁校舍场地,为学校开办提供经费等支持。还有的学校通过家长捐助、企业赞助等方式筹集资金。

其四,这些学校的教师基本都由退休教师和兼职教师组成。不少学校都是在仓促中上马开办,加上开办初期尚未赢得社会认可和支持,师资的问题让校长很是头疼。无奈之下,只能聘请公办学校的退休教师和在职教师兼职任教。教师水平参差不齐,心态各异:部分教师抱着赚取外快的心态而来,也有不少教师被民办学校的空间大、机制活等特点吸引而来。

2. 社会影响

1992 年 5 所民办中小学以惊人的速度诞生于浦江两岸,受到社会各界的高度关注和欢迎。尽管这些学校在当时收费昂贵,但报名者依然络绎不绝,所有的民校,报名人数都达到了招生人数的数倍、数十倍。民办中小学这个新鲜事物甫一问世,就得到了广泛的社会认可。1992 年 9 月 1 日《上海教育报》曾予以专门报道说,"有的家长甚至不惜花重金从香港等地乘飞机赶来为子女报名"。上海本地的主流媒体当时也给予了高度关注。

专栏 1-4 上海第一所民办学校报名火爆

去年 7 月 27 日,是上海第一所民办学校新世纪中学、小学的报名日。凌晨 4 点,竟已有人在报名处前排上了队。两天内,报名者多达千人,人山人海,劲头比轧股票还大。一位家长,一早 5 点排队报上了名,乐得打长途给正在外地度假的爱人报喜。

在各所民校中,就读学生来自本市各区、各郊县,有的每天要花五六个小时上学、回家。甚至有的学校已开学月余,仍有外地家长打长途、拍特急电报要求报名。

北京、上海、日本、美国、香港、台湾等地的新闻媒介频频报道民校的动态。国外教育代表团访沪,刚下飞机团长就指名希望首先参观几所民办学校。

(资料来源:《解放日报》,1993 年 2 月 12 日,第 11 版)

同时,民办中小学校的问世,也推动了公办学校的发展。民校的许多改革举措给了公办学校很大的震动。一些公校也相继走上了国家递减拨款直至经济上完全独立的道路。民校的创办,喻示着教育改革的一个新时代。那就是:无论是民校、还是公校,都要走向市场。

民办学校缘何走红?大致可从以下几个方面予以剖析:

其一,冲击了陈旧的办学观念。当时任职长宁区教育局的一位领导说:"我们支持民办学校,主要想碰撞一下旧观念、旧体制,所以要敢为天下先,而不是等所有条件都具备了再上。"长宁区民办新世纪小学从构想到登报招生只花了一个星期时间!其速度之快、效率之高令人瞠目。

当年一位重点中学校长说,我们早就感到教育界空气沉闷,改革速度远远落后于经济界。现在民办学校的出现起到了深化教育体制改革的作用,令人振奋。

不少民办学校以市场观念为导向,在保证落实国家基础课程任务的前提下,对课程设置进行了大刀阔斧的改革。

专栏 1-5　民办学校缘何受到欢迎

新世纪中学钟国端校长说,与公办学校相比,民办学校办学之"活"有目共睹。

新世纪中学明确提出:毕业生能考上高校固然好,即便对部分不能如愿的学生,也要让他们有一技之长能在社会上立足。学校不仅加大英语课的比重,部分学有余力的同学还可以选修第二外语。此外,从预备班开始就开设电脑课、艺术教育课,使学生在社会上的适应性更强。

钟校长称:这是在社会中受到的启发。"报上三资企业招聘广告不是常说懂英语、会计算机的优先吗?我们的学生,不仅要会英语、计算机,还要能写一手漂亮的中文、英文字。"

私立明珠高级中学在按照国家颁发的高中教学计划、大纲及规定的教材进行教学的同时,还将自编教材,并有计划地开设职业教育技术课,使学生在毕业时能拿到高中和职业技术这两张文凭证书,从而拓宽人才输送的渠道。

(资料来源:《解放日报》,1993 年 6 月 16 日,第 5 版)

民办学校办学者多拥有着一种全新的观念——市场观念。从学生的培养方向、课程专业的设置，到教育总体的规划，无不体现着适应社会需要的思路。也许这是白手起家的民校唯一可以选择的道路，但是对公办学校不能不说是一个极大的震撼。

其二，对办学模式、课程设置、招生办法、人事制度等的改革起到了"牵一发而动全身"的作用。由于自筹资金办学，校长有了真正的自主权，课程的设置、教材的选用、招生的办法必然随之而"活"了起来。

学校要高薪聘用教师，有的每月500～700元，有的每节课20元不等，这在当时可真是不小的收入数额！多劳多得的机制促使教育界人才的流动。不少教育干部反映，以前教育界的改革，议论的多，犹豫的多，搞起来又是"一刀切"的多，现在民办学校敢闯敢试，打破了改革前的僵化局面。时任黄浦区教育局局长谢俊后表示，"下面动起来了，我们就要制定支持新生事物的相关政策，这使我们找到一条机关为基层服务的路子"。

专栏 1-6　民办学校正努力办出自己特色

民办、私立学校突破了长期以来那种教育由国家统一包下来的单一模式，可以按照办学宗旨和教学规律，自主推出改革新招，使教育适应社会发展、经济改革的需要，努力办出自己的特色来。

打破了公办学校"三定一包"（定编制、定岗位、定人员、工资总额包干）的模式，民办学校正在一条全新的道路上摸索。从校长到班主任，民办学校教职员工捧的都是泥饭碗，聘期一年，工作好坏由学生打分，根据考核成绩综合评定。有一所民校开学半年，已有3位教师因不符合要求而被解聘，有的是因为讲课方言太重，学生听不懂。

（资料来源：《解放日报》，1992年9月17日，第6版）

其三，满足了家长要求选择学校、精心培育子女的心理。由于现行招生和考试制度无法满足部分家长自由选择学校的要求，所以这些家长为了培养子女，宁可出高于公办学校几倍甚至几十倍的学费将子女送进民办学校就读。这客观上冲击了现行的招生制度，要求其进一步加快改革。从一些学校教材改

革,可窥一斑。比如,新世纪小学的教材全部采用 1993 年上海课程教材改革课本,数学教材使用中科院心理所编的一套最新的《现代小学数学》课本。从低年级起开设外语课、书法课、手风琴课。有位家长乐呵呵地对陈生余校长说:"就冲着你们开的器乐课,我这六百元学费就交得值得。要给孩子请家庭教师学器乐,一学期怎么也得花六百多元呀。"再如,扬波外语小学可谓名副其实。一年级就开外语课,而且读、写、听力、口语四管齐下,教材也与众不同。今后,学校还打算聘请外籍教师。用家长的话来说:送子女上扬波,就是为了多学一点现代化所必需的内容。

据当年的不少媒体报道,在最初创办的 5 所民办学校里,无论是头发花白的老校长,还是一般的教职员工,大多处于一种干大事业的亢奋状态,而许多公办学校的干部和教师也由此平添一份企盼,一种竞争的压力。可以说,创办民办学校的意义将远远超过它们本身存在的价值。

第二节 企业、个人、社会团体兴办学校

1992 年创办的 5 所民办中小学,冲击了上海旧有的基础教育格局,引发教育界更为深刻、广泛而充满活力的改革。如果说初创的 5 所学校是由政府自上而下主导开办的话,那么随其后涌现的企业、个人和社会团体则更多是带有自发和对教育改革的探索而展开。

一、企业办学

20 世纪 90 年代初期,参与举办民办学校的企业,一方面,看到民办学校的市场需求量大,从营利角度是一个不错的选择;另一方面,这些企业大多对教育情有独钟,有着相对雄厚的经济实力,希望能在教育改革的浪潮中占得一席之地。在那个时代,由企业举办的学校有不少,上海童的梦实验小学是其中的典型个案。

上海童的梦实验小学创办于 1994 年 9 月,由童的梦集团公司投资,属于典型的企业办学性质学校。学校针对当时部分家长工作太忙,无暇照顾孩子教育的需求,提供住宿条件,让就读的学生寄宿。这也是上海市最早的民办寄宿制学校之一。

在当时而言,民办寄宿制学校是一种新的办学模式,可借鉴的经验不多,套用公办的模式又不合适。同时,民办学校要在市场经济中求生存,就必须打响自己的牌子,探索一条适应市场规律和教育规律的路子。

学校经过前几年的探索,逐步形成教育的基本方略:24小时的教育教学管理,必修课程、活动课程、生活课程三个板块的相互渗透,每个班级充分发挥班主任、学科教师、生活教师、保健教师的整体作用,促进学生德智体美劳全面发展,培训学生自立与合作的精神。这些探索,旨在起到教育合力的作用,将有限的教育扩大到最大限度,把能利用的时间空间都作用于教育之中。

20世纪90年代企业举办的民办学校还有不少。比如,由上海首批现代企业职业试点单位之一的新黄浦集团公司独资创建的新黄浦实验学校1995年筹建,1996年4月经市教委批准面向全市招生,是一所走读寄宿并存的九年一贯制实验学校,办学思想为"向管理要质量,靠科研创一流"。再如,1996年,由金桥集团有限公司投资举办了上海民办平和双语学校,学校确立了"轻负担、高质量"的办学宗旨,开创了英语小班化和双语的教学特色,如今已经成为全国民办学校中的精品学校。2000年,由亚龙集团投资有限公司创办的金苹果双语学校,是集小学、初中、高中十二年一贯制的民办寄宿制学校。

鼓励社会力量办学是我国解决教育经费不足,满足不同教育需求的一项重要政策。但在具体办学过程中,不少投资方或由于求利心切,或由于对教育的特殊性难以把握,在办学过程中引发了一些问题。新黄浦实验学校在办学机制方面扬长避短,进行了有益探索。

专栏1-7 新黄浦实验学校的现代企业制度试点改革

新黄浦实验学校由上海首批现代企业制度试点单位——上海新黄浦(集团)公司独资创建。从办学的第一天起,集团这个"老板"就甘居幕后,坚持企业办学必须与企业经营分离的管理机制,把舞台留给校长。

该校实行董事会领导下的校长负责制。校董会只负责审定学校发展规划和办学方案、聘任(免)校长、筹措和审定学校的办学经费等事宜。而校长则拥有教学和人事自主权:可以独立组织实施教育规划,聘(任)免副校长以下所有的教职员工。

　　为了尽量减少因企业本身可能存在的经营风险给学校带来的震荡,集团在建校之初投入 2000 万元设立"新黄浦教育发展基金",并依法接纳教育捐资,由董事会审核办学经费,社会审计部门负责审核资金使用的合理性和合法性等,从而保证了稳定的办学资金来源。

　　为调动教师工作潜能,学校打破"大锅饭",在人事制度上引进竞争机制,实行全员劳动合同制和岗位聘任制,在分配制度上以工作业绩和工作量为主要考核内容。校长有权制定副校长以下所有教职员工的工资标准。竞争机制激发了教师的工作热情和进取心。

　　从某种程度来讲,教育是培养人才这种特殊"产品"的过程。以往对"产品"质量的评价只有分数一项,而忽视了对"生产者"——教师的评价。为教好每个学生,"新黄浦"探索建立以学生发展为本的质量调控机制:如严格教学过程管理,且与分配挂钩;制定一套教学质量检测的具体方法,实行教师自测、年级检测、学校检测 3 种方法。检测内容涉及各类人员听课制度、作业检查制度、学习辅导及反馈制度等方面。

　　学校问世 3 年多,全校共有 400 多人次获全国及市区学科竞赛和课外活动奖项,300 多篇习作公开发表。学校也连续 3 年被市区教育行政部门评为民办九年义务教育优秀学校。

　　(资料来源:《人民日报华东版》,2000 年 1 月 11 日,第 10 版)

　　此外,在当时还出现了不少企业和公办学校联合举办民办学校的现象。譬如,1996 年,上海万科房地产有限公司与复旦附中联合兴办了复旦万科实验学校,该校是九年一贯制民办学校,采取校董会领导下的校长负责制,董事由办学双方委派,校长由复旦附中推荐校董会任命。学校探索走一条企业办学与名校管理相结合的道路。办学初期,企业上下达成一致的意见:一是要办第一流的学校;二是不以营利为目的,因为它不是企业的经营项目,而是为社区配套的学校。另外,学校建立了"家校共教联谊会",整合了家庭和社区的有效资源,营造了良好的教育环境。类似的学校还有:信宏公司和闵行区教师进修学院 1997年 5 月创办了信宏中学;1996 年 4 月,上海日日实业公司成为宝山民办中法学校、宝山民办日日小学的办学经济实体,重新组建上海市民办日日学校,这是一所具有英语、法语特色的学校。

和初期政府主导的民办中小学不同,企业举办的学校,资金雄厚,校长们不再为到处"化缘"而发愁,而是更多将精力用于如何经营、管理好学校上。当然,企业与教育的结合,对校长们也提出不少挑战,比如,如何确保资金花到刀刃上,如何与企业的文化相对接等。

二、个人举办学校

个人举办学校,在中国源远流长。从古代的孔夫子,到近代的仁人志士,将办学作为传承文化和拯救国家的使命。在改革开放后的上海民办教育界,除了有政府资助、企业举办的民办学校外,还有一些私人举办的民办学校。其中,典型的代表是上海民办尚德实验学校和上海外国语大学西外外国语学校。

2003年9月,上海民办尚德实验学校正式开学。这是一所从幼儿园、小学、初中到高中的十五年寄宿制学校。校园占地216亩,建筑面积14.7万平方米。校长姜晓勇,1985年开始从事校长工作,在上海曾先后担任颇有影响的上海市建平中学西校和上海市建平实验学校校长。2002年,出任上海尚德教育投资发展有限公司董事长并创建民办尚德实验学校。学校名为"尚德",姜晓勇认为,尚德重义是做人之本,聪明智慧是发展之本,社会信誉是强校之本,综合素质是立校之本。围绕此,学校在传统文化、国际课程等方面打造特色,已成为沪上规模最大的基础教育民办学校。

上海外国语大学西外外国语学校创办于2005年,是一所从幼儿园到高中十五年一贯制的国际化全日制寄宿学校,位于松江大学城。创办人林敏放弃了国外优厚的待遇,毅然决然回国创办学校。接受采访时,他谈及创建学校的背景和初衷说:

"无论我们在国外怎么成功,但毕竟我们是在中国长大的。孩子过早离开中国去接受国外教育并不是什么好事,因为每个人在将来都会有一个基本的文化的出发点,这个文化的出发点根基打得越深,实际上对他将来国际化发展的程度是越有帮助的。从这个意义上来说其实我们中国的孩子应该在中国享受到最好的国际化的教育,然后建立起一种文化的自信心,但同时又有一种非常开放的心态,把西方的语言、西方的文化、西方最好的东西学到手。我们希望我们中国孩子包括中国的家长能够的把自己孩子在国内留的时间更长一些,把这个基础打得更扎实一些,特别是我们中国的传统文化。"

基于这样的考虑,林敏不断思考要办一所什么样的学校。不能像传统的公办学校,要办一个有特色的学校。因此,他希望西外在办学理念上走中西融合的道路,不走极端,所有的孩子要把中国的课程学好,要把西方的课程学好。不能把中国教育和国外教育对立起来。中国的教育有什么优势呢? 林敏认为,中国重视基础教育、重视学习习惯的养成,国外的月亮也不比中国圆,国外的教育也有缺陷。所以要静下心来,好好地研究教育,关注教育,不能跟风走,人云亦云。看到中西方的优势劣势,扬长避短,办一所中西融合的学校,这是西外办学的目标,也是一个方向。西外要培养的学生是 21 世纪国际化舞台上、全球化舞台上能参与竞争的,但是又有对中国文化认同感的公民。

从个体特征而言,怀抱教育理想、经济实力雄厚、社会资源丰富,是林敏等个体办学者的共同性。

专栏 1-8　一所新学校为何能受到众多家长青睐

办学者的传奇人生

相信看过今年 4 月 23 日第一财经频道王牌节目《财富人生》的观众一定对特邀嘉宾徐子望和林敏有很深的印象吧! 他们就是西外的董事长和校长。在中国那个特殊年代的风雨洗礼中,作为"插友"的他们结下了很深的友谊。国家恢复高考后,二人又一起迈入了知名大学的殿堂,再后来又出国深造,经过多年异域打拼,徐成为世界著名的高盛集团亚洲董事总经理,在商界可谓是叱咤风云。

林成为新西兰国立怀卡托大学教授、系主任、校长助理、博士生导师,在学界也称得上功成名就。国内外丰富的生活阅历,传奇般的事业历练,使二人对中外基础教育的得与失有着太多的体会和感悟。创办一所融会中西方先进教育理念、培养国际精英人才的学校成为两位好友的共识。经过紧张的筹备,在上海市、区各级政府和教育行政部门的大力支持下,环境优美、人文气息浓厚的松江大学城内,一所设施现代化、十五年一贯制的国际化寄宿学校应时而生了。

洛克菲勒来到西外

在5月15日西外的家长咨询说明会上,人们惊奇地发现,美国洛克菲勒家族的第六代传人、Rock Vest风险投资基金总裁、洛克菲勒国际基金会主要负责人尼古拉斯·洛克菲勒(Nicholas Rockefeller)出现在家长和学生中间,居然和一些学生家长聊得还挺投机呢! 他作为学校的学术顾问,要具体参与学校的管理。

为了西外可持续发展,走出一条国际化办学的新路子,西外创办者高瞻远瞩,聘请了一大批中外政治、经济界、教育界大腕级的人物担任西外的学术顾问、教育质量总监,如高盛投资公司前总裁、美国布鲁金斯协会主席、清华大学经管学院兼职教授约翰.商顿(John Thornton),上海外国语大学校长戴炜栋、哈佛大学安东尼·赛奇教授(Anthony Saich),牛津大学劳拉·纽培博士(Laura Newby),华东师范大学教授叶澜,上海中学校长唐盛昌等。这是西外办学国际化的一个重要举措,这些学术顾问在以后的学校投资、管理、教育教学、国际交流中将起到很重要的作用。

(资料来源:《文汇报》,2005年5月25日第15版)

不难看出,无论是企业举办的,还是个人举办的民办学校,与最早的5所民办学校相比,都有不少变化之处。比如,初期民办学校多由退休或临近退休、对教育怀有深厚感情的老教育工作者创办;企业和个人创办的民办学校,聘用的校长和高管相对而言,更年轻化,知识结构更多元化。在办学条件上,企业和个人举办的学校更现代化和更先进。对学生的培养上,后期创办的学校更重视培养学生的外语能力和全球视野。

三、党派和社会团体举办学校

此处的党派,主要指民主党派。社会团体包含的范围很广,包括学会、协会、基金会等组织。在上海民办中小学发展过程中,一些党派和社会团体也举办过民办学校。

上海白玉兰寄宿制学校,1993年2月由民主促进会上海市虹口区委员会创办。这是上海最早的民办寄宿制学校。随着改革开放与经济形势的发展,上海涌现一批企业家和实业家,对他们而言时间就是效益;另外又有不少日趋忙碌的科技人员,如知识分子,尤其是因公外派或自费留学出国进修等人员。这些人经济收入高,但正值拼搏事业的年龄,家中一般有 10 岁左右的独生子女,由祖父母或外祖父母带领,宠惯溺爱,其读书和教育成为紧迫问题。白玉兰寄宿制学校以这样的孩子作为招生生源,由此也确立了办学特色:培养学生的"自治、自学、自理"能力。在当时生源不断增加,学生素质不断提高,学校的社会声誉鹊起。白玉兰寄宿学校原为小学三年级至九年级,学生全部住宿。2003 年 9月起进行调整,小学三年级停招,高中一年级 2 个班级进入学校,以作为向完中过渡的第一步。

1994 年,民主促进会上海市虹口区委会还创办了民办白玉兰高级中学。办学 8 年,其升学率一直居该区民办高中之先,赢得了良好的声誉,其管理也积累了一定的经验。后经民进区委决定,区教育局同意于 2003 年 9 月起,高一新生进入白玉兰学校,经上级批准更名为上海市民办白玉兰中学。

由民主促进会创办的学校还有进华中学。该校创办于 1995 年,是一所住宿制完全中学,学校依托华东师大二附中的优势教育资源,充分发挥民进华东师大委员会的智力支持和中环集团的强大经济后盾,运用民办学校的体制与机制优势,积极创新,学生为本,注重智力开发。学校在数学教育、陶艺教育、科学教育和德语教育等方面积累了不少经验,办学已经产生良好的社会影响。

还有一所民办学校不得不提及,那就是上海民办侨华中学。这所由华东师范大学归国华侨联合会创办的全日制普通高级中学,1993 年 6 月经普陀区教育局批准试办,1994 年 10 月经上海市教育局审查验收合格发证挂牌,是普陀区第一所民办高中,首任校长王鸿仁。创办初期,学校由一批热心教育的知识分子白手起家。当时没校舍,由华师大数学系借出两间教室,一间当作办公室,一间当教室。教师由退休教师和部分兼职教师组成。第一年招到两个班,收费是每人每个学期 1300 元。学校经讨论,确定办学理念,让学生学会学习,学会做人,并通过提高课堂教学效率,改革学校内部管理等措施,扎实办学。1996 年,第一届高中毕业生升学率高达 47%。年逾八旬的老校长王鸿仁面对笔者的采访,回忆起当年的辉煌,兴奋之情,溢于言表:

"47% 的升学率在当时可真是很高的啊!普陀区的公办高中升学率只有百分之二十多呢。从这之后,生源再也不用发愁了!1997 年前后,政策上可以允许民办收取大概 3 万元的赞助费。当时,有的家长为了让孩子来读书,提着满满一包现金来学校！"

从回忆中可以看出，当时的民办学校的政策管理，还不是很规范，可以收取赞助费。另外，最初的民办学校，无论是学校，还是社会，依然是以升学率高低作为评价学校优劣的标准。民办学校要展现真正的特色，依然任重道远。

后来，市教委要求民办学校校舍独立，侨华中学搬迁到华师大附近长风四村幼儿园两层楼场地，每年需要支付十多万元的租赁费。但场地还是不够，普陀区教育局拿出一百多万元，学校拿出一百多万元，增加楼层，变成3层楼。每年招4个班的高中。到2008年，普陀区为了让学校发展，搬到怒江中学校舍，是4层楼的场地，场地租赁费每年70万元。但随着高中生源的不足，学校开始无法招满学生了。加上其他各种因素，2014年，侨华中学正式关闭。

在同一时期，还有部分由社会团体创办的民办学校。如1993年，由崇明中华职业教育社主办的崇明县中华职校和崇明县中华高级中学，按照经济发展的需要和市场的需要，开办高复班，办电脑、服装、电工、客轮服务等培训，让无业者成为有业者，有力促进了当地经济社会的稳定和发展。

此外，上海其他形式办学的民办中小学校还有：杨浦区教育局1993年组织本区控江、鞍山、延吉、建设、市东、同济等6所市区重点中学联合创办了英华中学，1995年上海电缆厂提供校舍参加联办，1999年与鞍山中学建立合作联办关系；1996年由东亚房产公司主办、大同中学协办的民办立达中学；1996年由交通部上海航道局举办的育海中学，等等。

还需提到的是，1993年开始，上海从实际出发，拿出一部分公立中小学进行办学体制改革试验，并创造了"政府主管、民间承办、名校协办、共有民办"的试验模式（详见下一节）。通过改革办学体制、管理体制与学校运行机制，调动了社会热心教育人士的积极性，上海的办学体制改革很快形成规模。据统计，截止到1999年9月，全市民办中小学有113所，其中十二年制6所，高中42所，完中27所，初中15所，九年制学校8所，小学15所；公办转制学校有53所。[①]

四、政府资助举办随迁子女学校：纳民小学

这是一种形态相对特殊的民办学校，全称为"纳入民办教育管理的以招收

① 朱世锋：《发展中的上海民办中小学》（内部资料）.

农民工同住子女为主的民办小学"(简称"纳民小学"),其产生的背景与国家政策导向和上海实际需求密切相关。

进入 2000 年之后,国家相继出台多项政策法规,确保进城务工人员及其随迁子女在务工城市享受就读待遇。2003 年《国务院办公厅关于做好农民进城务工就业管理和服务工作的通知》(国办发〔2003〕1 号)要求:"把农民工及其所携家属的计划生育、子女教育、劳动就业、妇幼保健、卫生防病、法律服务和治安管理工作等,列入各有关部门和社区的管理责任范围,并将相应的管理经费纳入财政预算。"2006 年修订的《中华人民共和国义务教育法》明确规定:"父母或者其他法定监护人在非户籍所在地工作或者居住的适龄儿童、少年,在其父母或者其他法定监护人工作或者居住地接受义务教育的,当地人民政府应当为其提供平等接受义务教育的条件。"2010 年颁布的《国家中长期教育改革和发展规划纲要(2010-2020)》重申,坚持以输入地政府管理为主、以全日制公办中小学为主,确保进城务工人员随迁子女平等接受义务教育。

上海为贯彻落实国家对教育公平的要求,对外来人员随迁子女接受义务教育的政策也不断完善。尤其是 2008 年开始,实施"农民工同住子女义务教育三年行动计划"。该计划规定,在公办教育资源无法满足进城务工人员子女教育需求的城郊接合地区,将基本满足办学条件的简易学校经过办学设施改造后纳入民办教育管理,政府鼓励社会力量申办以招收农民工同住子女为主的民办小学,并对农民工子女学校投入专项经费进行资助扶持;对新审批的这类学校,市区两级政府给予改造经费;对这类学校的就读学生,给予生均办学成本补贴。这项政策的实施,让全市 162 所以招收农民工同住子女为主的农民工小学得到惠及,办学质量提升,为促进教育公平作出了很大的历史贡献。

专栏 1-9　浦东率先试点农民工子女学校转民办

本报讯(记者　李爱铭)现有农民工子女学校不具备法人资格,收支不明,办学质量难保证。浦东新区昨天传出消息,该区上学期将 4 所农民工子女学校转制为民办,3900 多名小学生享受到与上海学生一样的政府补贴,学校的资金去向和教学质量等也能方便监控。今年,浦东新区又计划将 4 所符合条件的农民工子女学校转为"民办"。

浦东新区目前有 5 万多名学龄农民工同住子女,其中 2 万多人在 23 所农民工子女学校就读。去年秋天,经审批合格的大别山小学、育才小学、英才小学、昌林小学 4 所农民工子女学校,首批转为民办学校。新区按照与浦东户籍儿童相同的补贴标准,即每人每年 1900 元,对这些学校学生进行补贴,为此投入 700 万元。

转民办后,学生明显感受到费用的降低;同时,这些学校还能与教师签订正式劳动合同,教师待遇有保障,师资水平有所提升;孩子们还能共享区里的科技馆、少年宫等资源,享受丰富的课外生活。

(资料来源:《解放日报》,2008 年 1 月 22 日,第 4 版)

2008 年,市教委将 60 所农民工子女学校转民办列入年度基础教育工作要点,年内完成 60 所符合办学基本条件的农民工子女小学纳入民办教育管理的工作,并给予经费资助,改善办学条件。

第三节　转制学校改革探索

20 世纪 90 年代以后,上海进入中小学人口高峰期,受教育人数急剧膨胀影响,原有的教育投入捉襟见肘,很难满足适龄儿童的受教育需求。同时,由于人民生活水平的提高,受优质教育的要求日益迫切,"择校"一浪高过一浪,很多家长都迫切希望其子女接受良好的教育。由于学校之间存在差异,几所办学条件和教学水平较高的公立学校成了"抢手货",造成学校招生进退两难,致使有的学校不得不超计划招生、大班教学,严重影响了教育教学秩序和教育质量。在这种情况下,上海基础教育领域中的一些矛盾开始凸显,这是政府探求公立学校教育改革的直接动因。在此背景下,除了鼓励社会力量举办民办学校之外,政府还着手在公办中小学探索体制改革,"转制学校"应运而生。

"公立转制中小学"又称"公立中小学改制学校""国有民办学校""公办民助学校""民办公助学校""公立中小学办学体制改革试验学校"等,有时也简称为"转制学校"。这是一种在学校国有教育资源产权不变或部分产权合法转移的前提下,由国家提供校舍、教师编制和开办经费,由家长承担教育教学成本,校长和董事会承办,试行转变单一的投资体制、管理体制和运行机制的混合型学校。这项探索,是希望能够实现体制机制创新,激发学校发展活力。

公立转制中小学从 1993 年在个别省、市开始试点,至 2002 年左右达到发展的顶峰,在十多个省、市已有近千所转制学校,已成为我国基础教育办学体制改革的重要动向。到 2001 年底,上海有转制中小学 76 所,占民办(含转制学校)数的 50% 以上。①

一、探索举办多种形式转制学校

从实际情况来看,转制学校主要有薄弱校转制、直接转制和合作型转制三种。

1. 重建、改造公办薄弱学校

针对公办薄弱学校,采取重建形式、利用名校效应联动以及学校重新组合等形式进行改革探索。重建,主要着眼于薄弱学校的改造,对原先的学校实行"撤、建、转",在其原址上建造一所新的公立学校,随后进行转制。比如,上海兰田中学就是典型案例。上海兰田中学是在公立勤建中学原址上重新建立的民办学校。勤建中学是一所基础薄弱的学校,声誉不佳,几经改进,成效又不显著。在这种情况下,普陀区教育局决定撤销并重建,其步骤是:1993 年 9 月撤销上海市勤建中学建制,腾出校舍场地,把原先的领导与教职工分流至教育系统各中学去。同时,创办以英语教学为特色的初级中学,定名兰田中学。学校重新招聘干部与教师,加强管理,努力提高教学质量;1995 年 9 月把新建的公立兰田中学改为"公立民办";同年 12 月,经上海市教育委员会基础教育办公室检查验收,颁发"民办学校办学许可证"。

联动型转制学校,主要着眼于利用公立学校"名牌效应",先由声誉甚好的公立学校兼办民办学校,再同公立学校脱钩,成为独立的民办学校。这些民办学校在起动阶段同优质教育资源的学校,类似"母子"关系,经过互动阶段,最终同母体分离。典型的代表是新泾中学。新泾中学原来是一所薄弱学

---

① 北京市教育委员会.中小学"民办公助"办学体制改革理论探讨与实践[M].北京:人民日报出版社,2000:4;方建锋.颇具争议的公立学校转制:大胆的政策构想与明显的操作误差[J].上海教育科研,2003(1).

校,后与重点中学延安中学嫁接,形成了转制的西延安中学。延安中学曾派出了一名副校长、五名教师协同办学,在重点中学的依托下,该校有了长足的发展。又如普陀区的白玉中学是与质量较好的普雄中学(原曹杨七中)嫁接后生成的,创办之初曹杨七中校长兼任白玉中学校长,白玉中学须保证向普雄中学缴纳一定的资金,1999年后完全脱钩,成为一所独立的、自负盈亏的转制学校。其余如,与晋元高级中学嫁接联动的新源转制中学,与宜川中学嫁接的宜华民办中学,与武宁路小学联运的民办新武小学等,均属此列。

重组型转制学校,即把原有薄弱学校与名牌学校重新组合,或把两个完全中学重组调整优化,形成新的公立学校与民办学校,属于"盘活教育资产"的尝试。上海民办梅陇中学和民办桐柏高级中学是在原公立梅陇中学和公立曹杨三中(均为完全中学)重新组合的产物。原来的梅陇中学办学声誉尚佳,而曹杨三中基础较为薄弱。重新组合的过程是:1995年5月,梅陇中学兼办一所民办晨光中学;1996年7月,决定把民办晨光中学改为民办梅陇中学,同时,在原曹杨三中校址上以曹杨三中高中教师为基础,建立民办桐柏高级中学,以原公立梅陇中学与曹杨三中初中教师为基础,另建公立兴陇中学。

2. 把公办学校直接改为民办学校

这也是转制学校探索的一种比较典型的形式,具体可分为三种:

第一种是作为住宅小区配套设施新建的学校,起初定为公立学校,后改为民办学校。如,金洲小学坐落于普陀区与嘉定区交界的真光地区,原先是一所公建配套的小学,区教育局决定于1998年秋季转制为民办学校。金洲小学在转制后"抓机遇、办特色、创名校",在自主办学规划的基础上以民办带公立共同滚动发展。

第二种由原有公立学校直接改为民办学校,多为办学水平较好的学校转制。这一类学校转制争议最大。如,民办石泉小学原是一所办学水平尚可的普通公办小学,1998年7月经上海市普陀区教育局批准,决定将该校转制为民办小学。该校在较短的时间内成为师资力量强、教学初显特色、办学有一定质量的小学。

第三种是停办的师范类学校转制。20世纪90年代初上海市政府决定,停办上海的中等师范学校和其他一些中等专业技术学校。在这个过程中，有一些师范学校转变为新的"转制中学"。如上海市黄浦区教育局派市重点中学格致中学的一位副校长带若干教师到即将停办的"浦明师范学校"，并将校名改为"东格致中学"，以发挥"格致中学"的名牌效应。

针对有些办学质量较高的中小学转制为民办学校的现象，市教委下发了《关于加强上海市公立中小学转制试点管理工作的意见》，其中明确指出：一般不宜将现有的具有较高声誉的中小学进行转制，可选择薄弱学校或一般学校（如薄弱学校已消除）作为转制试点单位，也可在妥善安排区域内学龄儿童少年就近入学的前提下，选择部分新建学校试行转制。转制试点工作必须有利于改造、更新薄弱学校。

"意见"规定，市级重点学校参与协办转制学校或在特殊情况下实施转制，须经市教委批准，并且应预先申报。转制学校必须具有独立的学校名称，不得与已有公立学校的名称相混淆，不得作为公立学校的分校，学生的毕业文凭由转制学校颁发。转制学校试点必须坚持"三独立"原则：独立的场地校舍、独立的学校法人和法人代表、独立的财务管理制度。

为规范转制工作，上海还筹建了"上海市民办中小学设置评议委员会"，对申办者进行资质评议。各区县相应成立了民办中小学管理机构，进行民办学校自查、各区县全面检查，并由市、区县两级重新颁发"办学许可证"。

3. 政府、学校和投资方合作办学

政府、学校和投资者三方合作，政府拨出教育用地或提供开办费，投资方提供建设资金，学校按转制学校收费。这种公立学校转制的尝试，主要是为了创设教育实验的新环境。曹杨中学就是一个典型的案例。当时，该校是一所有近40年历史的老学校，属普陀区重点中学。但是，随着普陀区近10年来不断的人口导入，原来的学校在数量、规模和质量上都难以满足居民的需要。区政府虽竭尽全力，还是难以满足居民们对优质学校的需要。2001年，普陀区教育局、曹杨中学与浙江教育发展公司合作，由区政府提供土地，浙江教育发展公司提供建设资金、易地扩容，建造兴办一所规模大、信息化、高规格的转制学校。教育局提供部分开办费，曹杨中学教师为国家编制。

转制学校带动了政府、社会力量、企业等多方力量共同参与、灵活办学，部分解决了教育资源的阶段性短缺问题。

专栏 1-10   不花政府一分钱   又办 5 所民办高中

普陀区今年不花政府一分钱,又办起 5 所民办高中,将招收 24 个教学班、1200 名新生。至今全区共有民办中小学 21 所,在民办学校接受教育的学生数已占学生总数的 5.54%。

普陀区民办学校主要有三种形式:一部分学校从公办学校转制而来,实行所有权和办学权分离,资产归国家所有,而办学权由校长承担;一部分学校是由企业或社会团体租赁公办校舍,聘请教师、添置教学设备后建成的;还有一部分学校从校舍到师资完全由公民个人或企业投资兴建和引进,汇成了该区以公办学校为主体的多元化办学体制。

作为人口导入区,普陀区近年来学龄人口逐年增加,较高峰前增长了 108%。积极鼓励社会参与办学,最大的益处,是在政府投入不足的情况下,增加了教育资源。区教育局同各转制学校签订协议,逐年减少对学校的人员经费拨款,将每年教育经费的绝大部分用于更新改造薄弱学校。

(资料来源:《解放日报》,1998 年 5 月 23 日,第 A01 版,实习生王昉,记者庄玉兴)

值得注意的是,在上海的转制学校探索过程中,相当一部分学校实际上是由政府教育主管部门(主要是区县教育局)为民办学校无偿或低偿提供校舍、场地,有的还提供一定的启动资金或一部分教育设备,由教育界人士经营管理的;[1]有一些民办学校更是由区县教育行政部门授意开办的,[2]这和纯粹的民办学校有着明显的不同。

从实践来看,转制学校的操作具有以下几个显著特点。其一,是在转制的过程中,教育局基本上为转制学校提供若干年(一般为 3～5 年)的过渡期,在过渡期内仍保证国拨教育经费的供给。其二,转制学校要返还教育局一定的资金。具体做法各异,有的地区规定转制学校要提供适当的校舍租金返还教育局,新校舍要

---

[1] 黄河清.我国民办教育发展的特点[J].民办教育动态,2000(1);方建锋.颇具争议的公办学校转制:大胆的政策构想与明显的操作误差[J].上海教育科研,2003(1).

[2] 上海市徐汇区教育局(2000 年):《积极探索办学体制改革,形成公办与民办同步发展的新格局》(内部交流).

自建;有的地区规定要从试点校提取一定比例的资金改造薄弱学校;有的地区则规定所收经费分别由市、区教育行政部门管理,主要用于改善办学条件。其三,除少数转制学校有少量的就近入学任务外,允许转制学校收取学费和选择生源,同时给予学校校长更大的人事招聘权。其四,校长作为自然人承办学校,校长由教育行政部门直接任命。其五,学校的产权结构单一,学校虽然与教育行政部门(或教育行政部门所属的国有全资校办产业公司)有校舍租赁关系,但产权归属明确为国有资产。

二、转制学校成效和争议并存

转制学校在改革政府包揽办学格局、改善管理体制、缓解择校压力等方面,取得了较为明显的成效。但是也不可否认,在学校属性、产权等方面存在较多的争议和问题。

1. 部分转制学校的成效

改变了单一的政府包揽办学的格局,初步形成了教育投资渠道多元化、办学形式多样化的新体制,改善了办学条件。转制后,教育行政部门的负担大幅度减轻,国拨工资逐年减少直至停拨;校舍租赁获得一定收益;学校资产增值使国有教育资源得到扩充和壮大,如学校装修、电脑设备添置、实验室改造等,促使固定资产急剧增加。一些学校转制后,学校面貌大为改观,教学设施配备逐步齐全,教学条件、教师办公条件得到很大改善。

专栏 1-11　民办七一学校三年办出规模和水平

国家没投一分钱添置资产 600 万元

七一学校于 1996 年成为公立转制学校,从原来公办学校单一的政府教育财政投资,转变为政府和社会的多渠道投资体制。三年中,国家仅提供了校舍和基本设施及部分修缮费。学校自筹资金 1030 万元,并尽最大可能将学费收入和社会捐资用于校舍改造,增添现代化教学设备,使国有资产保值增值。学校现已建设了闭路电视教学系统,多媒体网络系统,电脑房,语音室,地下光缆铺设的校园网等,价值近 600 万元,现代化教学设备已达到区先进水平。学校在短短的时间内办出规模,办出水平:在校生人数由当初的 300 人扩展到如今的 1700 余人,近两年学生参加区各科学习抽查,班级平均成绩大多名列前茅。

(资料来源:《解放日报》,1999 年 8 月 16 日,第 1 版,记者徐敏、庄玉兴)

管理体制得到一定的改善,学校的办学自主权有所扩大。转制学校校长,由上级机关考核后聘任上岗,上岗后可以根据需要,自主聘任学校工作人员,可以对教师实行低职高聘,试行民主管理。转制学校率先实施内部管理体制改革,打破分配制度上的"大锅饭"和人事制度上的"铁饭碗"。世界外国语小学作为徐汇区一所民办公助的学校,第一任校长王小平回忆说:

在我们这样的学校,老师跟领导之间,老师第一。这样,我们的工作就好做得多。我很赞成海尔集团的做法,每个人都要成为创新的主体,都要为学校增加财富,不能成为学校的负担。如果学校里只有一个校长的声音,学校就办不好。现在老师拿得比我多,领导也很辛苦。这里老师的收入,最高4000元多,最低1000元多,是职工和新进来的老师。

从调查来看,学校转制以后,校长普遍感到同在公立学校当校长差别较大,自己拥有的权力大了,压力也大了。转制以后,"政令"比转制前更加畅通,教师都有一定的危机感;一部分校长确实有权解聘教师,在分配、筹措资金上都有一定的自主权。转制以后,学校打破"大锅饭""铁饭碗",充分发挥利益激励机制,调动了教师积极性。

一定程度上促进了教育制度的创新。在计划经济体制下,公立教育办学形式比较单一,政府集办学者、投资者和管理者于一身,导致学校与社会脱节,学校没有自主权,不能根据需要自主办学。公立学校由于经费来自国家,冗员很多,办事效率不高。民办学校在教育实验中所取得的经验和教训,为公立学校教育改革提供了非常有价值的、可资借鉴的参照系,这对公立学校教育制度的创新也是有所促进的。比如,竹园中学的转制具有一定的代表性。

专栏1-12　竹园中学转制成效

办学机制的转换,在竹园中学,主要体现为扩大了三个自主权:用人自主权、经费自主权和招生自主权。

用人自主权。近两年已有六百多名大学生和在职中青年教师应聘,我校已从中吸纳了23名,使教师的年龄、学科、学历结构逐渐趋于优化和合理,比过去的竹园有了很大的发展。同时,学校中层以上干部的聘任方面,校长也有较大自主权。

经费自主权。转制后学费收入增加,其中60%用于改善办学条件,40%用于改善教师福利待遇,经费自主权的空间比过去大得多。学校自筹资金投入改善办学条件已四百多万元,硬件明显改善,教工工资福利待遇提高,积极性也随之提高。

招生自主权。竹园中学原来初中部只能收对口学生,转制后扩大至全区范围双向选择,使学校扩大和优化了生源,教学质量明显提高,也带动了整个学校,使校风、学风明显提高,这是转制的优越性。

资料来源:上海市竹园中学:《转制给竹园中学提供了腾飞的机遇》,载《民办教育动态》,2002年第1期

2. 转制学校的争议与问题

在取得成就与突破的同时,转制学校也引起了较多的争议与问题。"转制"学校究竟是公立学校还是民办学校?义务教育阶段的学校进行"转制"是否违背了教育法的平等原则、免费原则?"转制"的目的是什么?"转制"是否会导致国有资产流失?"转制"的对象是重点学校、好学校、一般学校还是薄弱学校?诸如此类的问题,在学界、社会甚至学校内部都有不同看法和讨论。

在一些老百姓看来,部分转制学校实际上是沾着改革名义的"翻牌收费学校"。从学校层面来看,一些转制学校,由校长(而不是出资的法人)出面组建了董事会,但董事会形同虚设;校长仍然由教育局任命,校长对上级部门负责而不是对董事会负责,政校关系等同于公办学校;在学校内部管理体制上与原来也相差不大。一位校长说,"我这校长是国家任命的,我的编制是教育局管的,我的干部调动是组织关系,干部享受国家待遇。我们的教师必须由教委人事处批才能进来……如果摊开来讲的话,转和不转没有什么区别"。

针对这些情况,转制学校的探索面临新的去向。2002年之后,教育部先后出台了一系列的文件对公立中小学转制现象进行规范、叫停。

三、进退之间:转制学校进一步深化改革

针对转制学校的数量快速发展以及出现的疑虑,1996年6月召开的上海市民办中小学、幼儿园管理工作研讨会对转制学校的发展方向作出了规定,市教

委专门制定了《上海市教育委员会关于加强上海市公立中小学转制试点管理工作的意见》(即78号文),同年还颁发了《关于加强上海市民办中小学管理工作的若干意见》(即80号文)。

78号文件对转制试点工作进行了全面规范。文件明确提出,"开展公立中小学转制试点工作的目的,是为了深化管理体制改革,形成多元化的办学体制,转化办学机制,提高办学水平和教育质量,满足人民群众日益增长的教育需求",并提出了"对义务教育阶段公立学校的转制应严格控制"和"必须有利于改造、更新薄弱学校,以推进办好每一所学校"的原则。此外,还对试点学校的选择、承办者的选择、承办形式等作出相关规定。

2005年12月,教育部与国家发展改革委联合下发了《关于做好清理整顿改制学校收费准备工作的通知》(发改价格〔2005〕2827号),要求各地从2006年1月1日起,全面停止审批新的改制学校和新的改制学校收费标准。2006年初,教育部与国务院纠风办等七部门联合制定了《关于2006年治理教育乱收费工作的实施意见》(教监〔2006〕6号),要求各地加强对办学体制改革工作的领导,全面停止审批新的改制学校和新的改制学校收费标准,并对已改制学校进行全面清理。同年8月,教育部专门制定了《关于贯彻〈义务教育法〉进一步规范义务教育办学行为的若干意见》(教基〔2006〕19号),要求省级教育行政部门会同财政、国有资产管理等部门对本地义务教育阶段改制学校进行全面清理,并在明晰学校资产属性、学校办学性质、确保公共教育资源不流失的前提下,广泛听取当地人民群众的意见,提出解决现有改制学校问题的政策措施,并依法加以规范。2007年2月,教育部等七部门再次颁布《关于2007年规范教育收费进一步治理教育乱收费工作的实施意见》(教监〔2007〕4号)要求,继续坚持全面停止审批新的改制学校,加大改制学校清理规范工作力度,明确清理规范工作进度时间表,确保清理规范工作稳步进行,要争取在2008年内完成义务教育阶段改制学校的清理规范工作。

为确保转制学校规范管理的科学性,上海民进2003年课题组对全市社会力量办学问题进行了调研,建议转制学校能进则进,不进则退:

(1) 各区县应及时对现有的"转制学校"和"民办学校"进行一次全面清理和重新登记。

由于历史的原因,学校资产为单一国有资产、办学主体是政府或政府所属机构和组织、办学者(校长或承办机构)没有非国家财政性教育经费投入、校长由教育行政部门任命,或学校仍然保留公办事业单位建制,但按照"民办学校"注册登记的,应当重新履行注册登记手续,确认为"转制学校"。

(2) 对一部分不适合进行转制试点的学校,应当终止转制试验,恢复为公办学校体制。

区县义务教育阶段民办和转制学校比例规模过大的;或转制学校所在招生区域内缺乏普通公立学校设点布局的;或办学条件未达到同类公办学校设置标准,且政府部门尚无进一步投资建设规划的;或办学体制改革不深入、办学行为不规范、办学效益不明显的;或违反国家规定进行好学校转制试验的,应当恢复为公办学校体制。

区县教育行政部门在清理和整顿的基础上,向市教委提出转制学校恢复公办学校体制的申请报告,并履行注销和备案手续。区县教育行政部门应在公办学校布局调整中对这些学校进行重新规划与建设,不再享受原有优惠政策,恢复政府的全额拨款,同时做好教师和家长的思想工作。

(3) 在总体规模符合相应规定的前提下,允许一部分转制学校转为民办学校。

允许一部分国家机构以外的、有教育资质的社会组织,运用非财政性资金或资产,对转制学校校产进行置换,将其转变为真正的民办学校,并重新履行注册登记手续。置换所得资金,全部用于所在区域的教育事业发展。

在明晰产权,确保国有资产不流失的前提下,允许国家机构以外的社会组织通过租赁校产的方式,利用非国家财政性经费投入举办民办学校。对非营利性社会组织出资租赁办学,实行优惠政策。

由区县教育行政部门对深化转制学校改革提出申请和方案,报市教委审批。准许深化试验的,办理转制学校的注销手续,并按民办学校重新注册登记。采取租赁办学的,由所在区县的国有资产管理部门出具评估报告。涉及校产置换的,必须上报上海市国有资产管理部门审核批准,确保公共教育资源不流失。

(4) 在总体规模符合相应规定的前提下,保留少量转制学校继续进行体制改革试验,建立规范的董事会领导下的校长负责制,开展现代学校制度的探索与实验。

对由高等学校或各类教育科研机构等法人组织承办的,或薄弱学校转制、中专类学校转制、市教委所属的中等师范学校转制的,可以继续进行试验。转制学校要开展体制改革和教育改革试验,区县教育行政部门要对转制学校建立体制改革和教育改革的专项督导评估制度,并将转制学校的自评报告和督导评估报告报市教委备案。

鼓励非营利性组织承办转制学校,健全学校领导体制,深化内部管理体制改革,推进教育教学改革,发展教育品牌特色。转制学校的收费要经过家长委员会的听证,报物价部门批准后执行;学校的经费使用必须向家长委员会公示。转制学校不得通过考试或测试选拔学生。

上海市自2003年起即停止全市范围内的转制学校审批,结合年检和督导评估,对现有的"转制学校"和"民办学校"进行了一次全面清理和重新登记,为民办学校和公立转制学校的分类管理创造了条件。自2005年起,经过2年左右的时间,上海已经初步完成近30余所转制学校的深化改革试验。主要形式有如下几种:

1. 退回公办

主要适用于:前身系区重点中学等优质资源的公立转制学校(如普陀区曹杨中学、静安区市一中学)、民办教育比例规模较大,或公办学校资源容量相对不足地区的公立转制学校(如普陀区新武小学、新源中学、石泉小学、浦东新区东珠小学)。此外,原农场系统的2所公立转制学校(五四农场中学、前哨农场职工子弟学校)也恢复公立建制。

专栏 1-13 让更多孩子享受优质教育资源

静安两所转制学校转回公办

10年前静安区最早从公办转制的学校——七一中学,以及另一所优质学校静教院附校,已重新转姓"公"。这意味着学校附近更多的孩子将享受优质教育资源,政府也将承担起更多的责任。

1996年,为探索教育改革新路子,七一中学在静安区率先由公办变为转制学校,其"公有"身份不变,但在招生、收费、教师聘用和分配制度等方面,采用民办机制进行运作。在当时国家教育经费不足的情况下,转制起到了一定的分担作用,其灵活的机制也推动了学校发展。近年来,七一中学与加拿大多伦多大学开展课程合作,与同济大学合作建立"同济实验班"等,受到社会青睐。其教育质量处于领先地位,连续几年升学率都在全区名列前茅。不过,由于转制后学费较高,一部分学习成绩优秀但家境贫困的学生放弃了报考。

静安区教育局局长徐承博认为,让更多的优质资源共享,让更多的孩子读好书,是政府义不容辞的责任,也是两所转制学校转回公办的最根本理由。从今年9月起,七一中学初中生和静教院附校学生,将和该区其他义务教育阶段公办学校学生一样,免交学杂费。

据悉,今年静安区专门增加补充教育经费专项资金,用于支出两校公办后的各项费用。在确保学校稳定发展的同时,区教育局承诺:坚持不断提高学校品牌价值,坚持不断提高学校教育教学质量,坚持不断激发校长办学活力,坚持发扬学校的办学特色。教育局将对学校原有管理体制、师资队伍、课程开发、科研等继续予以大力支持,校长仍将继续享有高度的办学自主权。

(资料来源:《解放日报》,2006年3月16日,第7版

2009年,上海市教委提出对普通高中转制学校的情况进行调查摸底,计划用3年左右的时间完成普通高中转制学校的清理和深化改革工作。主要做法是:对于该区段的公办学校不能为适龄儿童提供足额学位,相邻区段内又没有其他公办学校,且不适合采取吸收合并方式进行改革的义务教育阶段"转制"学校,原则上停止办学体制改革试验,退为公办学校体制。

区县教育行政主管部门对停止办学体制改革试验的"转制"学校,应妥善安排学校教职员工的人事关系:对于部分返聘的教职工不再聘请;对于没有编制的教职员工,表现优秀的,可以考虑解决其编制问题;表现一般的,支付相应的违约金后,不再聘请。不足的教职员工,由所属区县教育行政主管部门综合安排。

停止体制改革试验,恢复为公办学校后,对在校就读的学生一律适用统一的收费标准,不能采取"老人老办法、新人新办法"区别对待。

2. 转为民办

在明晰原公立转制学校产权和资产的基础上,采用将学校用地和校舍等国有资产(不动产)租赁,学校的教育教学设施设备等国有资产(动产)和学校无形资产评估作价,进行有偿转让的方式,吸引社会资金和投资者,将原公立转制学校深化办学体制改革转制成为真正的民办学校。在徐汇区、普陀区和闵行区先后都进行了类似试验。这批学校占的数量虽然不高,但是多为各个区县较为典

型或优秀的转制学校,其方案的成功与否影响更为重大。

3. 关闭重组

如卢湾区根据区域经济特点和本区教育事业发展需要,结合中小学布局结构调整,将2所原公立转制学校(卓越小学、炎培高级中学)撤消建制并入公办学校。关闭重组即"吸收合并",是指两个或两个以上的企业依据法定程序变为一个企业的法律行为。这里所说的吸收合并是指两所转制学校或一所转制学校与一所公办学校,由其中一所学校吸收了另一所学校而成为存续学校的合并过程,被吸收的一所学校关闭、注销,失去法人资格,其债权债务由存续学校承担。吸收合并一般发生在经营好、效益佳的学校与效益差的学校之间,并由前一学校合并后一学校。无论是现有转制学校吸收公办学校,还是公办学校吸收转制学校,吸收合并后成立的学校恢复为公办学校。

对现有转制学校采取吸收合并的改革方式,既有利于扩大公办教育中的优质教育资源,又有利于政府形象改善,还有利于降低老百姓教育负担,因此,吸收合并是深化现有转制学校体制改革的有效途径。

截止到2006年3月,上海市共有公立转制中小学62所,占本市中小学生总数的4.28%,其中小学19所,初中9所,高中15所,完全中学13所,九年制学校3所,十二年制学校3所;在校生65834人,其中小学18618人,初中22766人,高中24450人。2009年上海全市共有10所转制中小学。其中,小学1所,完中1所,高中8所。在校生方面,小学1433人,初中无,高中6910,所占比例已经微乎其微。转制学校完成了自己的历史使命,基本上退出了上海民办教育的舞台。

第四节 民办学校的发展动因与模式分析

民办中小学的复苏与发展,开辟了社会教育资源集聚与优化的渠道,通过社会资源的引入,教育资源的重组与改造,上海基础教育的优质资源得到有效的增加,较好地满足了人民群众对基础教育的选择性需求,为深化基础教育管理体制与机制的改革提供了经验。回顾历史,其发展动因和发展模式值得分析。

一、发展动因分析

20 世纪 90 年代以来,上海民办教育得到较大规模和较快速度的发展,绝不是偶然的,这有着深刻的历史背景和发展动因,应归因于社会的政治、经济、文化、教育等诸多因素的合力。

其一,经济体制改革的不断深化,为民办教育的发展提供了新的契机。1992 年党的十四大确立了社会主义市场经济的改革目标,伴随着市场化的经济体制改革,经济主体呈现包括政府、企业、自然人的多元化,资源的配置方式也发生了变化,由原来的政府配置逐渐变为在政府宏观调控下,由市场发挥基础性调节作用。党的十六届三中全会做出的《中共中央关于完善社会主义市场经济体制若干问题的决定》指出:要适应经济市场化不断发展的趋势,进一步增强公有制经济的活力,大力发展国有资本、集体资本和非公有资本等参股的混合所有制经济,实现投资主体的多元化,使股份制成为公有制的主要实现形式。在 2004 年 3 月 14 日通过的《中华人民共和国宪法修正案》及新的《中华人民共和国宪法》中明确规定:“国家保护个体经济、私营经济等非公有制经济的合法的权利和利益。国家鼓励、支持和引导非公有制经济的发展”;“公民的合法的私有财产不受侵犯”。这说明,我国已经成型的多元化经济格局是不可逆转的大趋势。经济体制改革在教育领域中的重要表现,就是办学主体的多元化,不同经济主体都可利用自己的资源发展教育事业。无疑,这将有利于吸引更多的社会经营资金进入民办教育领域,为民办教育发展提供了新的契机。

其二,一系列民办教育政策法规的出台,促使民办教育总体上沿着规范化的道路不断得以调整和发展。民办教育的发展和国家的有关政策法规密切相关。为了鼓励支持民办教育的发展,1993 年至 2002 年我国先后制定了一系列政策法规,主要体现在几部重要教育政策文献和法律中,即 1993 年的《中国教育改革和发展纲要》、1997 年的《社会力量办学条例》、1998 年的《面向 21 世纪教育振兴行动计划》、1999 年的《中共中央国务院关于深化教育改革全面推进素质教育的决定》,以及 2002 年的《民办教育促进法》及其《实施条例》。这些政策法规的出台,明确了国家在发展民办教育中的态度,也为民办教育发展提供了总的政策法规保障。另外,各地方政府根据当地的实际情况,也制定基本适合区域特点的民办教育发展政策,形成了区域民办教育发展模式,在政策上发挥了地方政府的积极性和首创性。比如,上海1994年4月市政府颁布《上海市民办学校管理办法》,1996年9月市教委下发《关于加强上海市民办中小学管理工作的若干意见》等,有力地促进了民办学校的健康发展。民办教育发展的配套性法律法规和行政规章虽然有待进一步完善,但其对于民办教育的发展毕竟起到了方向和灵魂的作用。

其三,国民对教育多样化、多规格的需求,成为民办教育蓬勃发展的催化剂。改革开放以后十多年的中国经济高速增长,不仅改善了人们的物质生活水平,也提高了人们对文化教育的追求,社会各界对教育的不同需求空前提高。有关调查也表明,在当时家庭消费的增长中,教育是增长最快的消费。国民有着高涨的不同教育要求,就必然要求有一个更广阔的教育发展的体制空间。但现有公办学校的"教育供给"难以满足社会和家庭对教育的多样化、多规格需求。解决问题的唯一办法就是要大力发展教育事业,在发展公办教育的同时,也要发挥民办教育的作用,增加教育供给方式,增加全民受教育的机会,扩大教育民主,保证国民受教育的权利。另外,从现实的就业方面来看,我国每年有近700万初中毕业生不能进入高中阶段学习,有200多万高中毕业生不能进入大学阶段学习,就业压力也相当大,从这个角度考虑也需发展民办教育,缓解就业压力,维护社会稳定。这一切都说明,民办教育的生存和发展有着广阔的需求市场。

其四,一批优质、特色品牌民办学校和教育集团的出现,使民办教育已越来越为大众所理解和接受,为民办教育发展创设了良好的舆论环境。一方面,政府对民办教育的政策支持越来越大,这说明民办教育本身具有很大的活力;另一方面,民办教育在办学机制上比较灵活,比如课程的设置、教师的聘用、对学生的个性化教学等。民办学校凭借自身的灵活性,以及对教育市场的敏感性和开拓性以及科学的管理水平,经过激烈的市场竞争,在规范中不断发展,最终打造出一批具有优质教育品牌的名校和教育集团。这对其他办学水平相对薄弱的民校起到了示范和激励的作用,也有利于改变人们以往对民校的偏见,最终在整个社会上逐渐营造出一种良好的舆论氛围。这种舆论氛围有助于吸引有志于教育事业的各界人士,倾全力,集大智,进一步推动民办教育的发展。

二、发展模式分析

从类型上看,民办中小学包括小学、初中、普通高中、职业高中等,既有独立设置的,也有混合设置的。民办中小学的举办者或投资主体成分比较复杂,有社会团体、民主党派、企业公司、海外人士和公民个人,也有教育行政部门和公立学校。其中,联合办学多于独立办学。现对上海的民办学校办学模式作一分析。

专栏 1-14　广东与温州等地的民办教育发展模式

广东珠江三角洲的教育储备金模式。这是为满足千百万富裕起来农民对教育的需求,采取让家长出钱作为学校基金、学生毕业(或中途离校)时,学校将家长的储蓄金如数退还,不支付利息的一种模式。

温州地区的拾遗补缺模式,即多门类、多渠道、多主体的办学模式。

中西部老少边穷地区的扶贫教育模式,其特征为因地制宜、因陋就简,帮助失学青少年复学,弥补农村义务教育不足。

(资料来源:胡卫:《中国民办教育发展现状及策略框架》,《民办教育动态》,1999 年第 3 期)

其一,民办公助模式。上海真正意义上的公民个人投资办学(私立学校)极少。"民办公助"学校比较普遍,也获得大多数人的认可。"民办公助"的形式主要是区县教育行政部门根据各自情况,为民办学校无偿或低偿提供校舍、场地;有的还提供一定的启动资金或一部分教育设备,如首批办校的 5 所以及后来的白玉兰、沪东外国语、侨华等,均属这种性质的民办学校。

其二,公办学校"转制"。主要有两类:一是结合薄弱学校改变面貌的公办学校转制。有的打散重组;有的逐步过渡,新进年级转制,原有班级照旧,逐步过渡。二是人口导入地区的新建学校转制。由区教育行政部门提供新的配套校舍及基础教育经费,学校出面筹集资金,组织队伍,在较短时间里建成具有较高水准的学校。这两类学校的问题是必须妥善解决义务教育阶段的就近入学问题。

其三,企业办学。包括三种形式:一是由区县教育部门提供一定校舍场地,企业投资办学，企业人员任法人代表，办学经费由企业出面筹集，聘请校长管理学校。二是企业所属教育单位利用闲置教育资源面向社会办学，如航道局教育中心原有的职业教育、成人教育资源（校舍、师资）因生源不足而闲置，改为面向社会举办育海寄宿制初中，受到欢迎。三是一部分房产开发企业，为了提高自己房产的吸引力和价值，愿意在规定的房产配套教育设施基础上增加投资，办高水准学校来推动房产销售，树立自己的企业形象，成为教育中的增量资源。企业办学应是积极鼓励的办学形式，问题是应处理好国有教育资产与企业资产的关系，并加强办学过程的监督管理。

其四，"公民联办"。包括如下几种形式：一是企业与公立学校联办，企业负责一部分教育经费筹集，公立学校负责具体办学。此类学校的问题是企业方面的责任没办法保证，若企业效益下降，原定资金就有可能无法到位，企业法人易人也可能造成履约困难。二是乡镇政府依托本地区公立学校兴办民校，如建虹中学是虹桥镇政府出资、集资兴建校舍，依托当地公立初中，举办高中以满足本镇子弟上高中的需求，受到欢迎。问题是乡镇作为一级政府，是否可以兴办民校，这在现行教育体制上似乎有所不顺，如要突破，应在理论上有所解释。三是公立学校办学。有公立中小学联合一些企业单位或团体办民校，其实际办学单位是公立学校。有公立中小学以校办企业或校友会名义办学的，校址均在公立中学内。有区教育学院举办的，等等，形式不一而足。

不管哪种形式的民办学校形式，包括转制学校试验，都是特定历史背景下的产物。无论成功，还是失败，对于后来的民办教育发展，都起到了弥足珍贵的探索作用。

第二章
政府扶持促发展

　　20世纪90年代初的上海民办学校是在政府主导下诞生的。它是政府部门推波助澜，少数优秀的有着公办学校背景的老校长和老领导勇立潮头，执着创新的结果。上海民办学校实际是教育改革的产物，有着深刻的政府背景。无论是最初的民办学校还是后来的民办学校，无论是民办学校的诞生还是发展壮大，政府扶持几乎都是每所民办学校发展历史上不可或缺的一章。民办学校规模小，办学质量高，政府扶持由弱渐强，又逐步放手，推向社会。所以造成了今天上海市民办学校整体规模偏小，办学水平稳定的民办学校整体特征。

　　因此，民办学校发展初期的整体经济环境和社会环境决定了上海民办学校走的是一条依靠政府扶持，逐步壮大的独特道路。毋庸讳言，政府扶持也经历了从人治到法治，从非正规到正规的变迁、摸索、自我纠正和自我完善的过程。

第一节　行政管理:设置专门管理机构

1992年上海不过5所民办中小学,十年后的2002年,上海已有民办小学38所,民办中学188所。和任何事物的发展一样,民办中小学校数量的快速增长一方面反映了民办教育发展的势头很猛,另一方面也出现了民办学校办学行为的良莠不齐。民办学校迅猛发展使市区两级政府难以跟上对民办学校办学行为的监管。不少民办学校出现资产不清晰、财务管理混乱、内部组织不健全、虚假宣传、违规招生、乱收赞助费、教师兼职等问题。而政府管理部门短时间内也难以适应民办学校管理这个新事物,在体制上尚没有理顺对民办学校的管理。在市教委层面,市教委基础教育处和发展规划处都曾管理过民办学校。不少管理方式照搬现成的管理公办学校的方式方法。区县政府对公办学校试点转制学校的监管尺度过松,导致大量转制学校诞生,区县教育行政部门对民办学校的管理行为也亟待规范。

自上海的民办学校诞生之日起,政府就一直面临着双重管理任务:一方面是鼓励与促进民办学校尽快发展,另一方面是规范与引导民办学校健康发展。民办学校需要鼓励与促进是因为民办学校仍旧处于初创时期,民办学校还难以独立应对各种挑战,需要社会各界尤其是政府的扶持。民办学校也需要规范与引导,因为办学过程中,民办学校会时常出现种种不规范的办学行为,这些不规范行为往往会引起社会舆论的热切关注,对民办教育的整体环境产生消极影响。围绕鼓励与促进、规范与引导,上海教育行政部门一直强调转变管理方式与职能,以适应民办学校的发展规律。

一、初期由基础教育处分管民办教育

1992年10月,上海市教育局普通教育处确定由专人负责联系分管民办中小学工作。1994年4月19日,上海市第一个民办学校管理规范——《上海市民办学校管理办法》颁布,对民办学校行政的管理逐步进入正轨。同年12月31日,上海市教育局向批准设立的13所跨区招生的民办学校颁发了办学许可证。

1997年,上海市教委根据上海市民办中小学发展的现状又及时拟订并颁布了《关于加强上海市民办中小学管理工作的若干意见》《关于加强上海市公立中小学转制试点管理工作的意见》《上海市民办中小学人事管理若干规定》《上海市民办中小学财务管理若干规定》，以及民办中小学的学籍和设校审批等方面的管理规定。

2002年12月，《中华人民共和国民办教育促进法》颁发，并于2003年9月起施行，2004年4月《民办教育促进法实施条例》也开始施行，为上海依法管理民办教育提供了法律依据及保障。在上海市民办学校开始举办的时候，依托当时的普通教育处以及后来的基础教育处，在前后几任管理者的细心呵护下，上海民办教育在平稳而健康的轨道上向前发展。

2005年，民办教育管理迎来新的转折。这一年，上海市颁布《上海市实施〈中华人民共和国民办教育促进法〉〈中华人民共和国民办教育促进法实施条例〉若干问题的暂行规定》（沪府发〔2005〕10号），该法规根据《民办教育促进法》及其实施条例的精神，对民办学校实施扶持鼓励的政策。法规提出市政府设立民办教育发展专项资金，同时鼓励各区县政府根据民办教育发展实际情况，设立民办教育发展专项资金。法规还规定，对承担义务教育任务的民办学校，区县政府应当与民办学校签订委托协议并拨付相应的教育经费。2006年，市教委、市财政局颁发《上海市促进民办教育发展专项资金管理办法》（沪教委财〔2006〕320号），由市级财政每年安排一定数量专项资金，主要用于促进民办中小学教育发展，支持全市性的重大教育改革，构建促进民办中小学教育发展的公共服务平台，奖励和表彰为民办教育作出突出贡献的集体和个人。对2005年颁发的《若干规定》中提出的承担义务教育任务的民办学校，通知提出"对符合条件且收费标准低于同级同类改版学校生均经费拨款的义务教育阶段民办中小学校，按照本市义务教育阶段改版学校生均公用经费基本定额给予帮助。"同时，该文件也对民办中小学加强了监管，《上海市民办中小学财务会计管理办法（试行）》和《上海市民办中小学会计核算办法（试行）》也自2010年1月1日开始执行，对民办学校的学费专户和政府扶持资金专户，实施严格的监管。

基础教育实行市区两级管理之后，民办中小学的具体业务管理职能主要集中在区县教育局。而民办高校以及民办教育的宏观管理职能则主要归属市教委发展规划处。这种新的管理体制在一定程度上使得民办中小学感觉在市教委机关中缺少民办教育事务的专门管理部门。为了呼应民办中小学的吁求，

2007 年,市教委责成区县教育局设立民办教育专管员。民办教育专管员在区县内主要负责处理民办中小学事务,在市级层面,则担任上情下达,下情上达的联络员。市教委则依靠民办教育专管员建立了覆盖民办中小学的管理网络。

步入正轨的上海市民办中小学发挥了越来越大的作用。为贯彻落实《民办教育促进法》及实施条例的精神,上海市推出了一系列扶持民办教育发展的重大举措。2005 年 3 月 23 日,上海市民办教育工作会议召开。这次会议进一步总结了民办教育发展经验,理清了发展思路,明确了发展方向:推进本市民办教育健康有序地发展。会议还推出了一批新政策、新举措,如设立民办教育专项资金。市政府决定从 2004 年起,每年拨 4000 万元用于扶持民办中小学,2007 年的专项资金投入则达 8000 万元。会议还决定由市民政局等部门批准成立上海市民办高等教育协会和上海市民办中小学协会这两个行业性协会,在促进民办学校自主健康发展方面的作用随着时间的推移而越发显现。

二、成立民办教育管理处及召开第二次民办教育工作会议

随着上海市民办学校规模的不断扩大,民办教育事务也越来越多。在市教委机关设立专门的处室来加强民办教育管理势在必行。于是,2009 年 6 月,经上海市政府批准,上海市教委正式成立民办教育管理处,市教委发展规划处的民办高校管理职能则移交民办教育管理处。

刚刚成立的民办教育管理处是市教委各管理处室中最小的一个,初时只有三名专职管理人员。民办教育管理处与民办高校党工委一起共同对本市民办高校进行管理,负责制定本市民办教育管理政策,统筹规划民办教育事业发展,建立民办教育管理的信息平台,负责民办学校及民办非学历教育机构设立、审批与日常监管,处理民办教育管理中的重要矛盾和纠纷。自此,上海市民办教育有了专门的职能管理部门。

民办教育管理处成立伊始,就着手筹办了上海市第二次民办教育工作会议。在第二次民办教育工作会议召开前,上海市教育委员会、上海市财政局发布《关于加强扶持民办中小学发展的通知》(沪教委民〔2010〕6 号)。2010 年 3 月 31 日,第二次民办教育工作会议在科学会堂召开。这次会议的主题是,加强对本市民办教育的引导和管理,完善有关民办教育的扶持政策和机制,推进上海民办教育健康发展、内涵发展。为此,市教委推出九项措施规范和扶持民办

教育。这九项措施分别从财政扶持、教师年金制度、民办学校示范校、师资队伍建设、民办学校办学自主权、民办教育地方立法及民办教育联席会议制度、民办学校财产财务管理制度、规范民办教育的办学行为等方面对民办教育进行规范管理和扶持发展。

第二次民办教育工作会议充分肯定民办教育在上海市教育事业中的地位和作用,认为民办教育已经成为上海教育事业不可或缺的重要组成部分。会议致力于消除一些政府管理部门对民办教育存在的偏见。在重视发挥各区县教育行政部门的管理主体作用的同时,注意加强教育与民政、工商、人力资源社会保障部门的合作,共同维护民办教育的市场秩序,协同解决有关问题。会议还就推进信息公开制度,建立民办教育信息管理系统,通过一网一库一平台,即公众查询网、信息资料库、行政审批平台,构架公众、学校、政府之间信息化互动和管理的桥梁做出部署。第二次民办教育工作会议对提振民办教育发展信心,推进民办学校内涵发展,规范民办学校的办学行为起到了积极的推动作用。

几乎就在民办教育管理处积极准备上海市第二次民办教育工作会议的同时,《上海市中长期教育改革和发展规划纲要》也在起草过程中。如何在这个规划中明确本市民办教育的发展使命,是民办教育管理处需要思考的重大战略。2010 年 9 月 8 日,编制工作历时两年的《上海市中长期教育改革和发展规划纲要(2010—2020 年)》在市教育工作会议召开之际正式发布,这个规划是上海教育落实科学发展观的行动纲领。规划提出"探索建立营利性和非营利性民办教育机构分类管理制度,制定相应的管理办法及各项政策"。

2010 年,上海市作为教育部推进的教育综合改革试点城市,在其改革试验项目中就有民办教育分类管理的试点项目。2010 年,上海市参与国家教育体制改革试点项目之一——探索营利性和非营利性民办学校分类管理办法。根据该项目实施方案,项目前期是从 2010 年 11 月至 2011 年 12 月,以"营利性"和"非营利性"为基本原则,根据各级各类民办学校举办者与出资人的性质及其对合理回报和利益的诉求、办学资金来源、学校运营模式、执行财务会计资产制度等情况,拟订各级各类民办学校分类标准与分类管理实施办法。

尽管民办教育分类管理的有关政策还在探索阶段,但是,我们有理由相信上海民办教育的未来将会更加美好。

三、探索政府监管民办学校模式

民办学校的健康发展离不开监管,但是监管必须与时俱进,不能管得太死,管得太死,民办学校势必失去活力。在民办中小学发展的这二十几年内,政府其实也一直在探索监管民办学校的方式方法。从最初的行政监管到依法监管,上海对民办中小学的监管越来越规范,越来越精细。从政府颁发的一系列管理规章,可以看出政府监管的主要发展脉络。

在民办学校发展的初期,由于上海市政府对民办教育的鼓励与支持,使民办教育基本得到稳定的发展,没有大起大落。但是民办学校也暴露出来不少问题。主要有这几个方面。第一是部分民办学校的财务、财产管理存在严重问题,部分民办学校,尤其是企业举办的民办学校财务管理不独立。学校收取的赞助费一般都由企业收走(有的甚至公开提出学生进校赞助是对企业的赞助),有的连学生的学费、代办费都由企业收走,甚至发生挪用学生学费、代办费的情况。上海所发生的"南方现象""邦德现象""锦绣园现象"虽然表现各不相同,但其实质都是民办学校的举办者利用学校财务管理不独立之便,侵害学校和师生利益,严重影响了学校的正常教育秩序。第二是民办学校招生混乱。相当一批民办学校招收"无档案"学生,超范围招生(录取分数线以下的学生),如锦绣园中学三年内共招收高中学生 363 名,其中无学籍材料的学生有 125 名,占总数的 34.4%,分数线下的学生 134 名,占总数的 36.9%。1998 年,学校招收的 144名高一学生中,分数线下的学生竟有 67 名,占总数的 46.5%,甚至收有不满 300分的学生。学校在招收这些学生的同时,收取了高额赞助费。此外,在招生广告中采用夸大、欺骗的不正当竞争手段。第三是学校产权关系混乱,存在"校中校"现象。对"校中校"等办学误区的及时扭转,是上海市民办学校管理中的一件大事。如前所述,由于教育行政部门和公办教育系统的大力支持,部分民办学校借助公办名校,出现"校中校""校中班"等办学现象。为了清理这些"校中校",1997 年第一次年检后,部分区县已经有所整顿。1999 年,上海市对本市民办中小学开展第二次年检,重点检查民办学校"三独立"情况(独立校舍、独立法人、独立经济核算),同时对民办学校办学章程、学籍管理、财务与财产管理进行检查。经过此次年检,13 所民办学校的"校中校"得到了整顿,"校中校""校中班"现象得到遏制。

1994 年 4 月 19 日上海市人民政府第 61 号令发布《上海市民办学校管理办法》,这部法规是民办教育初创时期上海市一部重要的管理民办学校的规范性文件,并在 1997 年 12 月 14 日根据新的发展形势需要再次修订重新发布。这部法规首先确立了民办学校管理的基本架构,"上海市教育行政管理部门是本市民办学校的行政主管部门,负责对本市民办学校的统一管理工作。区县教育行政管理部门负责本区域内民办学校的管理工作,并接受市教育行政管理部门的指导和监督"。申请设立普通小学、初级中学、完全中学和高级中学的,要向其所在地的区县教育行政管理部门提出。其次,面对民办学校招生过程中出现的许多不合理现象,这部法规确立了招生规范。规定民办普通小学、初级中学、完全中学、高级中学和职业学校招生的计划,经区县教育行政管理部门批准纳入学校所在区县的招生计划;其中,跨区县的招生计划须经市教育行政管理部门批准。第三,法规制定了收费及财务管理的条款。民办学校学费的标准,由市教育行政管理部门、市劳动局提出,由市物价局核定。民办学校应当配备财会人员,建立健全财务会计制度。民办学校的资金、财务管理以及校办产业向社会开展有偿服务的收益,应当接受财政、审计管理部门的监督与审计。应该说,在《民办教育促进法》颁布实施前,这部法规在规范民办学校管理方面起了重要作用。

随着民办学校之间竞争日趋激烈,学生家长盲目跟风,民办学校间的生源大战每年上演,引发招生过程的混乱问题。2009 年,上海市教委要求区县教育行政部门加强对民办学校招生的监管和指导,规定民办学校原则上在本区内招生,有寄宿条件的民办学校经区县教育行政部门审核后才可以跨区县招生;民办学校的自主招生办法、招生广告及招生简章须向区县教育行政部门报备,经审核后才可以向社会公布;民办学校在招生过程中,报名人数超过学校招生计划数时,学校要采取电脑派位或面谈的方式招生;面谈程序要规范,不应涉及学科文化知识;民办学校在录取学生时不得进行其他任何形式的考试和测试,不得要求学生提供其他学科竞赛、等级考试证书,不得要求学生提供低学段(幼儿园)或参加培训机构取得的学科成绩或竞赛证书。

民办学校监管中最核心的是资产与财务监管问题。鉴于不少民办学校存在着学校资产属性不清晰,内部财务管理混乱的现象,为规范民办学校的资产与财务管理,2010 年上海市教育委员会、上海市财政局联合发布有关文件,市教委先后出台《上海市民办中小学校财务管理办法》和《上海市民办中小学校会计核算办法》，要求学校依法建立健全财务制度、会计制度和资产管理制度。新的财务管理办法要求民办中小学依法建立健全财务制度、会计制度和资产管理制度，明确执行财务预算和决算、基本建设财务管理、教职工绩效考核与薪酬管理、资金结算管理等12项制度，规定学校财务机构负责人及一般会计人员必须取得会计从业资格证书，且接受政府组织的会计人员继续教育，民办学校举办者投入资产要经过由法定验资机构或具有评估资质的中介机构所出具的书面报告，对其财产进行认定和过户。会计核算办法则统一设置了共计51项民办中小学的会计科目。

学费收入是民办学校经费中的大头，少数民办学校举办者有学校收取的学费挪用到其他领域的情况，给民办学校的健康运行带来巨大隐患。为杜绝此类现象，2007年，上海市对所有民办中小学的学费进行专户管理，依托银行，让民办学校在银行建立学费专用账户，学校对学费的使用必须按月进行，规避了民办学校一次动挪用全学期学费的情况。2011年，为促进民办中小学规范财务和资产管理，在修订实施《民办中小学财务管理办法》《民办中小学会计核算办法》的基础上，市教委委托专业机构开发配套软件，并对民办中小学校长以及民办中小学、幼儿园的财务人员共800余人进行培训，帮助学校熟悉和掌握财务软件的使用。2012年，市教委对上述两个文件的执行情况进行跟踪回访，发现总体情况良好。2012年开始，各区县依据上述两个文件对民办中小学实施年检和评估等管理工作。

针对民办中小学乱涨价的不规范行为，上海市教委规定，对民办中小学的学费，实行按学校实际办学成本，由各民办学校向所属区县教育局申报，由区县教育、物价部门审核批准，并向市教育、物价部门备案的办法。同时禁止学校以任何名义收取任何形式的与入学挂钩的赞助费、建设费、建校费、择校费等。此举在一定程度上将民办学校的学费纳入了政府监控范围内。

从政府监管的历史过程可以发现，一开始政府对民办学校的监管，主要是监管民办学校纷纷扰扰的不规范办学行为。第二次民办教育工作会议之后，上海市民办中小学逐步走上正轨，政府逐步积累了不少管理经验，政府监管也随之调整，逐步探索适应民办中小学发展需要的各项规章制度，向民办教育管理的更高水平迈进。

加强对民办中小学的党建工作也是监管的一个内容。2011年10月，上海市民办中小学党的建设工作会议在上海远程教育集团召开，会议全面回顾总结了近年来上海民办中小学加强党的建设的工作情况及经验，并对进一步推进民办学校党建工作作出部署。会上印发了新修订的《关于进一步加强上海市民办中小学校党的建设工作的若干意见》，会上杨浦区教育局党委、奉贤区教育局民办教育党工委、上海市民办平和学校党支部、上海市民办新华初级中学党支部和上海市世界外国语小学党支部等五家单位作了大会交流发言。会议号召全市的民办中小学党组织要认真贯彻落实《关于进一步加强上海市民办中小学校党的建设工作的若干意见》，切实发挥党组织在学校的政治核心作用，参与学校重大问题决策，把好社会主义办学方向；要深入推进创先争优活动，着力提高学校育人质量，促进特色办学；要加强思想政治工作，推进平安和谐校园建设。

此次会议后，各区县更加重视民办中小学的党建工作。2011年11月，虹口区召开"围绕中心抓党建，抓好党建促中心——民办中小学党建工作推进会暨2011年民办教育工作年会"，虹口区党政主要领导参加会议。会上，民办新华初级中学、民办迅行中学和民办上外附小分别从创建学习型党组织、围绕中心抓党建和党政联手齐抓共管等角度介绍了学校党建工作思路和亮点。会议要求虹口区民办中小学党建工作要进一步加强分类指导，加强党建工作的有效性，加强党的执政体系建设，加强民办中小学党建工作经验总结和宣传。会议下发了《关于进一步加强虹口区民办中小学党的建设工作的实施意见》和《关于加强和扶持虹口区民办中小学教育发展的意见（征求意见稿）》。其他各区县也加强了对民办中小学的党员管理，民办中小学成立党支部，党支部的隶属关系得到梳理，党建工作逐步走上正轨。民办中小学党建工作对监督民办学校按照党的方针办学，对民办学校实现党组织有效覆盖起到了积极作用。

第二节　专项资金：政府扶持的常规化

靠着各级政府部门对推动民办教育改革和帮助民办学校快速成长的热情，初创阶段的上海民办学校得到政府各种扶持和资助。这些扶持和资助，有的是提供闲置校舍，有的是提供桌椅板凳，有的是共享公办学校的场地和设施，有的是让公办学校教师队伍帮扶和兼职,有的是派遣资深校长和管理骨干……各种各样的资助方式不一而足。除了政府,各种社会团体、事业单位、国有企业也会有自己的扶持方式参与到民办学校的举办和发展当中去。一切都是初创,一切都在探索,形式五花八门,手段千奇百怪。一开始,人们还沉浸在改革探索的喜悦中,尚不及思考这些扶持的利弊。

多元化的资助对民办学校有着难以估量的重要促进作用,政府部门称这种扶持与资助是"扶上马,送一程"。然而,随着时间的推移,这样的资助有时起到雪中送炭的作用,有时又有隔靴搔痒、远水解不了近渴的烦恼。而且,如果政府的有限资助没有章法,就有可能厚此薄彼,引发新的不公平。随着民办学校发展壮大,政府部门对民办学校的资助亟须走向常规化。

一、扶持资金进校园

虹口区丽英小学创办于 1998 年,其创始人、现任校长为全国劳模、特级教师孙幼丽。她的教育理念是:学校要以多元智能开发闪亮学生智慧,以精美的艺术教育张扬学生个性,以现代信息思想奠基学生未来。学校从 2002 年开始,探索信息技术在教育教学中的应用。然而,这位音乐教师出身的校长没有意识到,要办一所以信息技术为特色的优质民办学校需要巨大的资金投入。

孙幼丽说,当初为学校确定以信息技术为特色时,并未料到信息技术发展如此迅猛,学校在硬件投入方面不得不与"摩尔定律"赛跑。学校购置的电脑设备没过多久就成为过时的落后产品。电脑设备年年更新对学校来说是个不小的负担。

为了培养学生的信息素养,学校探索信息技术与课堂教学的整合,2001 年,丽英小学申报的《运用现代教育信息系统改善学生学习的教育策略研究》课题被市教委"十五"规划立项。2010 年,国家教育综合改革项目——"数字化课程环境建设与学习方式变革"在虹口区立项,丽英小学成为该项目的实验学校。有限的经费被学校用于开展相关研究,然而与信息技术的突飞猛进,教育技术的不断升级换代相比,这些经费只是杯水车薪。短短十年间,信息技术已经从过去的主题网站到 Web2.0,从投影机到触摸屏,从"一室一机""一组一机""一人一机"到每个学生都有接入云端的移动终端。技术的升级换代,给学校经费带来的压力可想而知。

2011年,上海市对民办学校特色创建给予财政资助,根据丽英小学的信息技术特色项目创建,获得政府连续三年的每年40万元的经费资助。正是得益于市区两级财政对民办学校创建特色学校的扶持,丽英小学才能在信息技术办学特色上一直坚持下来,并最终得到社会认可。像丽英小学这样获得政府提供办学特色创建的民办学校全市共32所。此外,政府还对33所民办学校的特色项目提供资助,每年提供20万元经费扶持,对40所民办优质幼儿园每年资助20万元。如果说民办学校初创时期的政府扶持是一种非正规的扶持举措,那么,2005年第一次民办教育工作会议后,上海市政府对民办学校的扶持就是进入法制化、正规化阶段。巨额的政府资金援助,像涓涓细流,汇入民办学校这棵稚嫩的幼苗,帮助民办学校茁壮成长,开花结果。

二、设立扶持专项资金

在设立市级政府扶持民办教育的专项资金前,上海部分区已经开始试水以财政资金扶持民办学校的形式。早在2005年,嘉定区教育局就设立了"嘉定区民办教育扶持和奖励基金",用于对民办学校的扶持和奖励。经过十多年的摸索,上海各级政府对民办学校的扶持和资助逐渐找到窍门。民办学校开始走上正轨后,民办学校之间的竞争趋于激烈,政府对民办学校的扶持再也不能率意而为,政府必须为民办学校创造公平竞争的环境;政府扶持必须是引导民办学校走上优质特色发展道路,满足老百姓对选择性教育的需求,而不是走上与公办学校的同质化竞争。与初创阶段的"救济型"扶持不同,此时的政府扶持强调更多的是正规性。

回顾一下民办教育政府扶持资金的出台过程,就会知道,扶持资金的背后实际上蕴含着政府对发展民办教育的新理念。

2002年末,《中华人民共和国民办教育促进法》(以下简称《促进法》)正式颁布,《促进法》在条文中明确规定扶持民办教育健康发展是政府责任。时任市教委主任的沈晓明同志非常关注上海市民办教育发展,要求教委各处室齐心协力,研究出台扶持民办教育的政策。尽管当时改革开放已经二十余年,但是社会上对民办学校的认识还是存在分歧,对利用政府财政扶持民办学校是否合适存在争议。但是,考虑到扶持民办中小学的主要目的是满足老百姓对优质教育的需求,只要做到有效监管,规范使用,政府不必过于担忧。

2005年,上海市第一次民办教育工作会议之后,建立了"促进民办教育发展专项资金"。2010年,第四次全国教育工作会议后,国家就发展民办教育工作提出了新的目标,"要健全公共财政对民办教育的扶持政策,特别是对非营利性民办学校要给予大力支持"[①]。上海市政府在这次会议后非常重视民办教育的发展。市教委将如何实现财政扶持的具体任务交给了市教委财务处。市教委经过慎重考虑,认为对民办学校的扶持必须在理论上讲得通,在实践上可操作。所谓理论上讲得通,是指政府公共财政进入民办学校账户必须要有合适的理由,必须不违背现行的法律法规;所谓实践上可操作,则是对民办学校的扶持采用一种普惠性的扶持。经过多方讨论,上海市决定采用补贴生均公用经费的方式。对民办学校收费低于同类公办学校生均教育经费的,政府给予生均公用经费定额补贴。政府对公办中小学生均经费拨款,包括教师工资、日常维持性开支和教育教学设备专项,当时本市公办学校,生均经费拨款基本标准为每生每年小学为13000元,初中为14000元。而生均公用经费则单指学校日常维持性开支,如目前本市公办学校生均公用经费标准,每生每年小学为1400元,初中为1600元。如果民办中小学收费标准低于同级同类公办学校生均经费拨款基本定额,就可以在生均公用经费额度内得到不等的补助。

除了市级财政的扶持,上海市政府鼓励区县政府给予民办学校各项扶持政策:如对民办学校租赁校舍的可以适当减免租赁费,鼓励民办学校为本校教师购买年金并可以纳入办学成本,将民办学校教师培训纳入区县统一管理,义务教育阶段学生课簿本费免费,等等。

有关文件还支持区县可以根据本地区民办教育发展的情况,设立区县的民办教育发展专项资金。区县政府委托民办学校承担义务教育任务的,应当与学校签订委托协议并拨付相应的教育经费。拨付教育经费的标准,按照本区域同级公办中小学的生均教育经费标准执行。当然,受委托的民办学校向协议就读的学生收取的费用,不得高于本区域内同级同类公办学校的收费标准。在市政府的政策引导下,全市大部分区县都建立起本区县的民办教育专项扶持资金,即使没有建立专项扶持资金的,对民办中小学的实际扶持力度并不小。

专项资金扶持和相关扶持政策把政府对民办中小学的扶持行为法制化,扶

---

① 2010年7月,全国教育工作会议,温家宝总理《强国必强教 强国先强教》报告.

持行为更加规范,政府扶持力度也大大增强。从 2004 年至 2007 年,每年投入人民币 4000 万元,后期投入远远超出这个数额。

2010 年,上海市教委与上海市财政局就专项资金的使用作出更加具体的规定。《上海市教育委员会、上海市财政局关于加强扶持民办中小学发展的通知》(2010 年 3 月发布)中规定,专项资金"主要用于促进民办中小学教育发展、支持全市性的重大教育改革、构建促进民办中小学教育发展的公共服务平台、奖励和表彰为民办教育作出突出贡献的集体和个人"。专项扶持资金主要用于:一是对符合条件且收费标准低于同级同类公办学校生均经费拨款的义务教育阶段民办中小学校,按照本市义务教育阶段公办学校生均公用经费基本定额给予补助;二是区县政府设立的专项资金,主要用于区域内符合条件的民办中小学改善办学条件和开展教育教学改革试点;三是将民办中小学教师培训和师资队伍建设纳入全区(县)统筹规划实施。而且市政府还对扶持资金的使用及管理提供了配套的制度《上海市民办中小学校财务会计管理办法》《上海市民办中小学校会计核算办法》,确保扶持资金规范使用。

市教委在民办教育专项扶持资金的投入上,坚持充分体现公共财政的公共性和公益性原则,以民办中小学的办学行为规范为依据,实施分类管理、分类扶持。专项资金重点投向坚持教育公益性、依法规范办学、财务管理规范的民办中小学,这些措施促进了民办中小学学费收入额和政府扶持资金的规范收支。到 2012 年,上海市初步建立了"政府扶持有依据、学校开支有明细、财务管理更规范、资金流向更清晰"的财务管理模式,在公共财政资金的引导支持下,上海市民办中小学逐步形成了"财政投入有渠道、学校发展有目标、内涵建设更突出、特色优势更明显"的公共财政资助体系。

三、政府对民办随迁子女小学的成本补贴

为确保教育公平,上海对于"民办随迁子女小学"也加强成本补贴。

上海处于改革开放前沿,是国际知名的大都市,进入新世纪后,上海吸引了大量的外来人口及其子女。2007 年,上海义务教育阶段的外来流动人口子女近38 万人,其中小学阶段 21.7 万人,初中 8.3 万人,这部分人口中在公办和民办中小学就读的占到 57.1%,余下的在 258 所农民工子女学校就读。258 所农民工子女学校是举办者利用旧的村校校舍或者厂房举办的学校,所以也叫"简易学

校"。这些学校未经上海市有关区县政府正式核准,不具备法人资质,没有财务和资产管理制度,所招收的教师也多数不合格,没有用工合同,教育教学和管理混乱,相关制度严重缺失,学生和教师的权益不能得到保护。农民工子女学校主要分布在郊区县和部分中心城区。

2006年6月,新修订的《中华人民共和国义务教育法》要求"父母或者其他法定监护人在非户籍所在地工作或者居住的适龄儿童、少年,在其父母或者其他法定监护人工作或者居住地接受义务教育的,当地人民政府应当为其提供平等接受义务教育的条件",随后国务院的有关文件要求各地以"两为主"为原则落实解决农民工子女在流入地接受义务教育问题。2008年,上海实施"农民工同住子女义务教育三年(2008—2010)行动计划"(以下简称"三年行动计划")。

2008年,上海市教委发布《关于2008年市政府实事项目完成60所农民工子女小学办学设施改造并纳入民办教育管理的实施意见》(沪教委基〔2008〕37号),其中提出工作目标,全日制公办中小学接收外来流动人口子女的比例提高到60%;通过社会力量按照基本办学条件举办以招收农民工同住子女为主的民办小学,同时将现有符合基本办学条件的农民工子女小学纳入民办教育管理;年内批准60所以招收农民工同住子女为主的民办小学;接受政府委托并按规范的财务制度进行管理的以招收农民工同住子女为主的民办小学,在其中就读的农民工同住子女,免交学杂费、课本和作业本费,由政府向其实施基本成本补贴。此文件的发布标志着上海"三年行动计划"正式启动。

"三年行动计划"是在公办学校无法完全接纳外来人口子女的情况下,在公办教育资源不足的区县,根据办学情况进行筛选,对符合一定条件的学校,由市政府一次性给予每校平均50万元的办学设施改造经费,区县也筹措配套资金,将简易学校进行改造,使之达到基本办学条件,经过审批后委托这些学校招收农民工同住子女入学,并且将这类学校纳入民办学校管理。政府每年按照基本办学成本情况补贴办学经费(含教师待遇和公用经费),由市级和区级政府根据学生人数提供财政资助,保障农民工子女实现免费就学。"三年行动计划"实施后,市、区县政府每年拿出一笔资金,用于学校办学条件改善,师资队伍培训,规范学校管理,提高教育质量。到2010年,简易学校办学设施改造并纳入民办教育管理工作结束,共审批158所以招收随迁子女为主的民办小学,与此同时关闭一百余所不再需要或者办学条件达不到基本要求的简易学校。到2010学年第一学期,上海简易学校已不复存在。2010年1月,上海市教委发布《上海市教育委员会关于加强以招收农民工同住子女为主的民办小学规范管理的若干意见》(沪教委基〔2010〕7号),文件设定,到2012年上海要逐步改善所有以招收农民工同住子女为主的民办学校的办学条件,健全学校财务管理,加强师资队伍建设,规范教育教学常规管理,促进健康发展。

为稳步提高民办随迁子女小学的办学条件和教育教学质量,政府给予学校的生均办学成本补贴逐年上升。从2008年秋起,对委托接纳的农民工同住子女免交学杂费、课本和作业本费,市教委按接纳学生人数给予每生每年1000元的基本成本补贴,余下部分由区县根据实际成本核算情况予以补足,生均办学成本达1500元。到2009年,民办随迁子女小学所获得的市区两级政府拨付的生均补贴基本在2000元左右,2011年增加到生均4500元,2014年则为5500元。以2011年民办随迁子女小学生人数132794计算,一年投入的办学成本补贴近6亿元。

实施"纳民"管理和成本补贴对民办随迁子女小学具有极其重要的意义。在市区两级政府的共同努力下,上海市的民办随迁子女小学走上健康发展之路,基本保障了农民工子女在上海免费接受义务教育的权利,不少民办随迁子女小学大幅度提高了学校的规范管理水平。学校的教学管理、师资队伍、财务、校园环境与卫生等方面的建设逐步走上正轨。学校清退了不合格的教师,教师队伍的整体水平得到提升,教师收入增加,工作积极性提高,教师队伍更趋稳定,不少学校办学质量明显提升。

第三节　区县扶持:提升学校办学内涵

一、徐汇区:扶持品牌、保证质量

2014年,徐汇区的世界外国语小学境内部的小学招生限定在本区内招生。往年,学校有40%的比例用于在全市招生,实际人数在60名左右。但是,往年为了这60个名额,多少家长为了给孩子选择一个满意的学校,争相进入,竞争残酷。每到世界外国语小学的招生时期,学校面临的压力非常大,2013年报名和录取比为 36∶1。这至少从某一方面说明了民办学校的优质教育教学质量为家长所认可。这样一所全市知名的优质民办学校从诞生之日就一直得到区教育局的大力扶持。

1996 年徐汇区采用政府扶持民办学校的形式,促进民办学校迅速走上健康发展的轨道。《民办教育促进法》及其《实施条例》颁布以后,徐汇区就本着"积极鼓励、大力支持、正确引导、依法管理"的指导思想,围绕"改体制、调布局、求质量、做品牌"的目标,采用政府引导、部门配合、齐抓共管的方式,有效地促进了民办学校有序健康、稳步地发展。

世界外国语小学原校长王小平在介绍学校发展历史时说,"徐汇区教育局的眼界很高。"徐汇区教育局眼界高就高在对民办学校的发展定位高。在民办学校举办之初,区教育局为民办学校选择德高望重的人担任学校领导。世界外国语小学原校长王小平曾是襄阳路小学校长,西南位育中学原校长庄仲文曾是徐汇区教育局领导。教育局赋予民办学校校长全权负责学校大小事务。在早期,民办学校董事会提名校长人选,向教育局备案,由教育局批准。2005 年以后,则按照董事会与教育局协商后提名学校校长人选的程序选拔校长。这样的校长选拔程序,目的都是为了能让民办学校获得一流水平的校长人选。

徐汇区教育局为每所民办学校提供的支持是多方面的。徐汇区制定了《徐汇区民办学校管理办法》,坚持教育创新,对民办教育积极鼓励、大力支持,始终坚持把民办教育作为全区教育的重要组成部分,与公办教育同研究、同规划、同发展。在学校招生、设备配置、校舍维修、教师评职评优等方面享受与公办学校同样的政策。如根据《徐汇区教育系统财产物资管理施行办法》,徐汇区每年对民办学校投入扶持资金,仅 2009 年就投入了 2335.25 万元。其中投入 9 所民办学校的设备配置 781.5 万元;4 所学校的校舍修缮 1397 万元;2 所学校的场地改造 137 万元;2 所学校的绿化改造 19.75 万元。除此之外,徐汇区教育经营资产管理中心对民办学校的资产使用进行严格管理监督。对民办学校的房屋使用功能进行界定,并且根据学校经费的使用情况,对校舍租赁费基于每年减免。西南位育中学、邦德四中、世界外国语中学、西南高级中学、盛大花园小学、世界外国语小学均享受到了 50％及以上的减免。

二、闵行区:购买服务、稳定师资

闵行区是上海主要的人口导入区和教育大区,经过多年发展,已经形成了多层次、多形式、多规格、多渠道的民办教育办学体系。全区共有民办学校 102 所(含进城务工人员随迁子女小学),民办学校在校生总数达 5.6 万多人(2010 年数据),教职员工 5131 人,民办教育已经成为闵行区基础教育事业的重要组成部分。闵行区不仅将民办校纳入区域经济社会发展和教育的统筹规划中,制定民办教育三年行动计划,明确了区域内民办教育的发展目标、主要任务和工作措施。注重整合区内民办教育资源,优化民办学校的设点布局,规范民办学校办学行为,推进投资主体多元化,充分调动社会机构特别是非营利机构投资教育的积极性。更主要的是为民办学校提供了一系列的政策扶持。

对于教育局的政策扶持,复旦万科学校原董事长王介方表示:"闵行区这些年来,一直注意加强对民办学校的政策扶持力度,建立了政府购买服务和教育经费补助机制。闵行区对义务教育阶段的民办学校,政府提供生均公用经费补贴。通过区人才服务中心,探索建立公民办教师统一管理机制,将民办教师队伍管理一同纳入到区域师资队伍管理中,从根本上解决民办学校教师队伍不稳定和整体素质不高的问题。"在区教育局的大力扶持下,闵行区不少民办学校成为深受地区居民欢迎、富有办学特色的优质教育资源。如复旦万科学校坚持"优质教育求生存,特色品牌谋发展",已成为一所能为国内外学生提供多元优质教育服务的民办学校;协和双语学校以"融合中外文化,提供优秀而愉快的教育"作为办学定位,走国际化办学之路,办学水平得到了政府、社会和家长的一致认可。

三、嘉定区:财政补贴、扶特扶优

地处上海市西北的嘉定区有民办中小学 6 所,小学在校生 1548 人(2010 年数据),占全区小学在校生的 6%;初中在校生 3779 人,占全区在校生的 21.5%;高中在校生 724 人,占全区在校生的 12%。另有进城务工人员随迁子女小学 15 所,招收随迁子女 11267 人。基本形成了以政府办学为主体,社会各界共同参与办学的体制格局。

嘉定区的民办中小学发展到今天,与政府部门的大力支持是分不开的。早在 2005 年,嘉定区教育工作会议就下发了《嘉定区关于加强民办教育的若干意见》,对嘉定区未来五年民办教育的发展目标进行了整体规划,明确了民办学校的发展规模,提出一系列的保障措施。嘉定区为促进民办教育发展,设立了民办教育发展政府专项资金。从 2005 年起,在区财政的支持下,区教育局专门设立了"嘉定区民办教育扶持和奖励基金",并列入财政预算。采取政府补贴民办学校生均公用经费的形式,适度减轻民办中小学的办学压力。2005—2007 年,嘉定区每年下拨 500 万元,2008—2009 年,增加到每年 600 万元,连续 5 年内共拨款 2700 万元,对区域内的民办学校进行补贴。

得到区教育局的财政扶持,嘉定区各民办中小学依托灵活的办学机制、先进的办学理念,不断变革与创新,形成了鲜明的办学特色。上海市民办桃李园学校以"提升语言学科教学有效性课程群建设研究"课题为引领,经过多年的摸索实践,对本校的基础型、拓展型、探究型课程进行资源整合,2009 年学校先后被评为上海市优秀民办学校和全国优秀民办学校。民办远东学校以"办学理念新、教学质量高"吸引了众多在嘉定工作的台湾家长,他们的孩子在远东学校很快适应了学习生活,受到了台湾家长的一致好评,学校被市台办和市教委评为"涉台教育先进单位"。上海外国语大学实验学校依托上外附中的优质资源,突出外语教育特色,英语课程实施小班化教学,学校将德语、法语引进课堂。学校进行教学管理改革,推行班级授课和走班制相结合的方式,使不同水平的学生都能获得适合自己发展的教育,学生的特长和个性得到了发展。

第三章

内部管理激活力

　　民办学校内部管理制度的内容非常广泛,包括学校的领导体制、管理机构、人事制度和分配制度等。其中,学校的领导体制是核心,因为它是"领导和管理学校的根本制度,支配着学校的全部管理工作"。为了方便研究,本章中所说民办学校内部管理制度所指的是学校内部的领导体制,重点谈董事会(理事会等)领导下的校长负责制,对其他问题不作分析。

第一节　中小学校校长负责制的渊源

民办学校董事会领导下的校长负责制的形成、发展和完善不仅与我国公办学校内部领导制度的演变有联系,而且还有其自身的渊源。

一、校长负责制的两种基本模式

新中国成立以后,我国公办中小学校主要有两种校长负责制,一种是学校党支部领导下的校长负责制,另一种是当地党委和教育行政主管部门领导下的校长负责制。

党支部领导下的校长负责制出现于 20 世纪 50 年代后期至 60 年代初期。这一管理体制的实行与当时国家实行地方分权的教育行政管理体制相关。为了加强党对基层组织的领导,党的八大提出要充分发挥党组织的领导作用。八大通过的党章规定:"在企业、农村、学校和部队的基层党组织,应当领导和监督本单位的行政机构和群众组织,积极地实现上级党组织和上级国家机关的决议,不断地改进本单位的工作。"1958 年中共中央和国务院颁发的《关于教育工作的指示》中规定:"一切教育行政机关和一切学校,应该受党委的领导。"这个规定也成为党支部领导下的校长负责制的主要政策依据,从此以后,这一管理体制在我国中小学全面推行和实施。

20 世纪 60 年代初,教育部在总结新中国成立以来办学的经验教训基础上,提出应理顺两种关系:一是要明确中小学校党支部与校长之间的权责关系,规定校长"负责领导全校的工作",二是强调党委对学校行政工作"负有保证和监督责任"。1963 年 3 月由教育部颁发的全日制中小学暂行工作条例(草案)中规定:校长是学校行政负责人,在当地党委和主管教育行政部门领导下,负责领导全校的工作,学校党支部起保证监督作用。至此,"地方党委和主管教育的行政部门领导下的校长负责制"在全国公办中小学中全面推广开来。

对于党支部领导下的校长负责制,有人认为这种体制造成了校长工作的权责分离,给校长的经营管理带来很大的困难。① 对当地党委和主管教育行政部门领导下的校长负责制,认为它恢复了校长负责领导全校工作的地位,权责关系得到了统一,同时也明确了党组织的地位和责任,较好地处理了党政关系,使党政两方面的工作有了明确的分工,是学校领导体制建设上的重要进步。不过,不能忽略的是:这个体制在学校的外部关系上强调的是学校与当地党委和主管教育的行政部门的隶属关系。② 因此,从根本上来说,两种管理体制都未能合理地界分学校自主办学权和党支部、党委及主管教育行政部门监督权之间的关系,使得学校自主办学权受到不适当的限制。正因为这两种管理体现都存在一些不足,建立一种更加合理、科学的中小学管理体制成为职能部门和学校共同的追求。

二、校长负责制改革的深化

自 20 世纪 70 年代末以来,我国出台的重大教育政策和教育法律都不断地强调学校内部领导体制改革问题,校长负责制成为我国各级各类学校包括中小学校的基本管理制度。1985 年 5 月发布的《中共中央关于教育体制改革的决定》(以下简称《决定》)指出:"学校逐步实行校长负责制,有条件的学校要设立由校长主持的、人数不多的、有威信的校务委员会,作为审议机构。要建立和健全以教师为主体的教职工代表大会制度,加强民主管理和民主监督。"这是改革开放以来,中央文件第一次比较完整地阐述学校内部的领导体制。

1993 年 2 月,中共中央、国务院印发的《中国教育改革和发展纲要》(以下简称《纲要》)对中等以下学校的内部管理制度做了特别规定,提出"中等及中等以下各类学校实行校长负责制"。这是改革开放以来中央文件第二次提到学校内部领导体制改革,并取消了"逐步"两字,意味着校长负责制将在全国中小学校中全面推行。

1995 年实施的《中华人民共和国教育法》则以法律的形式对校长负责制作了规定,从而有力地保障了中小学校校长负责制的实行。第三十条明确规定,学校的教学及其他行政管理,由校长负责。该规定意味着校长必须正确贯彻执

---

① 我国中小学校领导体制的历史演变和启示 http://media. open. com. cn/media＿file/rm/dongshi2006/xuexiaoguanlixue/nr/2－1－2.htm.

② 同①.

行党和国家的教育方针政策，坚持社会主义办学方向，积极实施素质教育，依法管理。

三、校长负责制存在的问题

从我国中小学校长负责制的实践来看，我国实行的校长负责制不是一种校长对学校工作全面负责的制度，而是一种带有较浓隶属关系的制度安排。地方教育行政管理机构受上级和中央教育行政管理机构领导，中小学校受当地教育行政管理机构领导。因此，虽然政策文件强调基础教育实行"地方负责，分级管理"，但上级教育行政部门以及相关职能部门直接干预教育、教育行政主管部门直接干预学校内部事务的现象仍然突出，校长负责制的落实仍然存在不少问题，具体来说有以下三个方面。

一是行政化倾向突出，监督机制不健全。"现行不少中小学校领导制度主要依赖教育行政部门安排，校长负责制被引向为一种狭隘的行政灌输和行政传令制度。行政化的一个突出表现是党政领导职务的兼任制。兼任制表面上来说是精简领导职位，但却导致监督权力的缺失，最终导致专权、滥用权力和以权谋私等事件的发生，官僚行为的滋生。

二是党政关系不清，校长职责不明。一种情况是实行校长负责制后，部分学校党支部沦为可有可无的机构；另一种情况是，一些学校党支部承担着不该管的行政事务，存在党支部包揽一切和书记事事拍板的现象，这既削弱基层党组织的职能作用，又不利于发挥校长及行政部门的管理功能。

三是强调由上到下的垂直领导，淡化自下而上的民主参与。受旧观念影响，一些校长不是尽可能地完善教职工的参与学校管理机制，提高教职工参与管理的积极性，而是打击提出不同意见的教职工，学校干群关系紧张，学校管理水平无法提高。

正是由于现有制度设计的不完善以及实践中存在的一些不足，导致现代学校治理意义上的校长负责制难以在公办学校中建立，这也成为民办学校包括民办中小学校在这一制度上创新发展的一个重要动因。

第二节　民办中小学内部管理制度的法律演进

我国对民办学校内部管理制度上的探索和创新,不仅是一个不断修正实践的过程,而且也是一个由无法可依到法律逐步完善的过程。实践上看,有由家族式到非家族式的变化,由校长一人全权负责制到校务委员会制、主办单位领导下的校长负责制,再到董事会领导下的校长负责制的演变。从法律上看,由最初的地方性规章的相关规定到国务院《社会力量办学条例》的制定,使得民办中小学在内部管理制度进入有法可依的时代,随后法律的规定逐步完善。

一、法律规定民办学校内部管理制度的直接原因

我国民办学校出现初期,举办主体复杂多元,不同类型的民办学校在内部管理模式的选择上呈现出丰富多彩的现象。不过,总体上来看,不少民办学校的内部治理都较为混乱。这种状况不仅影响了学校的教育教学质量的提升,而且给办学带来风险,为此引起了各地教育行政管理部门的重视。

专栏 3-1　我国民办学校曾经实行过的六种内部管理模式

一、董事会领导下的校长负责制。这种模式最初通常是由民办学校出资方提出董事会的成立方案和运行规则,再由出资方组建学校董事会。董事会领导下的校长负责制是目前多数民办学校采取的管理制度。

二、主办单位指导下的校长负责制。一般由民主党派、社团、企事业单位举办的学校采用此种模式。

三、校长主持下的校务委员会制。校委会是在校长领导下,由学校资深教师和行政管理人员代表,以及有关方面人士组成的校内事务管理的议事和决策相结合的组织形式。

四、教职工代表大会基础上的校长负责制。这类学校建立了党委,也成立了教职工代表大会,教代会由党委领导,参与学校民主管理。校长要定期向教职工代表大会报告工作。这类学校一般是从国有大中型企业办学改制分离出来的。

　　五、校长负责制。一些公民个人举办的或从小到大滚动发展起来的民办学校实行的一种管理制度。

　　六、党委领导下的校长负责制。一些由公办学校参与举办的民办学校或由公办学校转制而来的民办学校采取这种模式。

　　（资料来源：瞿延东：《民办学校的内部管理体制》，载《中国教育报》，2001年1月30日）

　　在这六种模式中，董事会领导下的校长负责制和校长负责制是两种主要模式。个人举办的民办学校多数实行的是校长负责制，在这类民办中小学中，校长负责制演化到极致时，表现为举办者自己即为校长，学校一切事务都由校长（举办者）或其直系亲属决定，此即为习惯上所说的家族式管理制。2000年时，有人曾对全国民办教育机构进行过抽样调查，发现实行董事会制的民办学校所占的比例仍有56.9%[①]，统计数字相当喜人。然而，两种管理模式在当时都存在着不少的问题。

　　实行董事会领导下校长负责制的，也有不少学校在董事会的组成人员上存在不少问题。有的由社会贤达、退休教育行政官员挂名，有的甚至由政府现职领导官员兼任。由于这种状况的存在，或者举办方完全控制着董事会，从而直接参与办学，董事会与校长权职不明晰；或者政府介入学校管理，甚至取代董事会职能。这两种情况的共同点都是学校董事会形同虚设，举办者左右学校重大问题的决策和学校动作，校长负责沦为校长只对举办者负责。采用"家族式"管理的民办学校，其最主要的特点是举办者即为学校董事长，校长、学校财务负责人及学校的其他重要领导岗位，都由举办者的近亲担任。一些民办中小学举办者采取家族制管理模式的根源，除了受传统集权思想观念影响外，还"由于投资者或办学者自身素质不高，又生怕请来'高人'当家后，肥水流入他人田，导致学校是一个'家庭作坊'，全然没有一点现代社会主义教育的踪影。加上产权不清晰，职责不明确，学校发展属于裹足不前的状态"。[②]

　　① 刘海波.机遇与挑战并存——国家教育发展研究中心韩民博士谈民办教育的改革与发展[J].教育发展研究,2002(4).

　　② 刘干.民办教育的发展障碍[J].民办教育参考,2001(5).

随着我国民办教育的发展,民办学校内部管理上的混乱状况的负面影响也逐步展现出来,它不仅造成民办学校内部管理部门之间特别是董事长与校长之间权力运行时时冲突,学校内耗严重;而且造成学校发展缺乏持续性,学校创新机制缺失,创新动力不足。为了改变民办学校内部管理上的混乱状况,促进民办学校健康发展,一些省市政府先后出台规章规定民办学校内部管理问题。随后,国家出台的《社会力量办学条例》和《民办教育促进法》,以及系列重大民办教育政策中,对民办学校的内部治理问题也作了特别规定。因此,为解决民办学校内部治理上的混乱状况提供法律依据是立法的根本原因。

二、地方法规对民办中小学内部管理的规定

一般来说,民办教育发展较好的省市更加重视制度的建设和地方性规章的制定,毕竟完善的制度是民办学校健康发展的重要保证。对于民办学校内部治理问题的解决之道,是先由地方政府通过制定地方性法规和规章寻求路径,然后才有国家立法。从民办教育地方立法方面,陕西省一直是走在全国最前沿的,而在地方教育行政部门规章建设上,北京和上海在这方面也各有自己的特点。

1. 地方行政规章对民办中小学内部管理制度的设定

北京和上海两市是对民办中小学的内部管理制度较早做出规定的地区。1995年11月24日,北京市教委发布了《北京市民办中小学、幼儿园管理暂行规定》,比较系统地规定了民办中小学内部管理的一些制度。

专栏 3-2　北京市对民办中小学内部管理制度的设计

　　民办中小学、幼儿园可以设立校(园)董事会或理事会。校(园)董事会或理事会负责筹集办学经费,审议学校(园)的预算和决算,对学校(园)财务进行监督和检查,确定学校(园)规模和专业设置,聘任校(园)长,听取学校(园)的工作计划和报告,协助学校(园)完成教育教学任务。董事会和理事会及其成员不得于本规定所定职权之外直接干预学校行政。

　　(资料来源:《北京市民办中小学、幼儿园管理暂行规定》(京教行字〔1995〕62号))

从上可知,北京市只对董事会的职能作了较为详细的规定,但又把其职能限定在筹资、财务监督和校长的任命三个方面,显然这一界定窄化了董事会的职责范围。筹资和校长的任命确实是董事会的一项重要职能,但董事会作为学校的决策机构,其职能的重心理应放在确定学校发展的所有大政方针,而不能仅局限于这两点上。另外,对民办中小学校长的职权及与董事会之间的关系并未予以明确,因此,北京市对这一问题的规定还是比较粗简的。

1996 年上海市教委发布了《关于加强上海市民办中小学管理工作的若干意见》,该文件主要规定了董事会成员的构成及一些禁止性规定。

专栏 3-3 上海市对民办中小学内部管理制度的相关规定

董事会应有一定数量的教育工作者参加。董事长或校长是学校的法定代表人。董事会成员应有投资方代表、学校校长和老师代表参加,也可以有企业事业单位和社会团体代表、社区代表和社会知名人士等参加。党政机关和教育行政部门不得举办或参与举办民办学校,其现职干部不得在民办学校任职。公立学校现职校长(指法定代表人)不得在民办学校任职,已经任职的必须辞掉一头;公立学校副校长在民办学校任法人代表的,必须辞掉职务,经区县组织部门批准,可以保留原在公立学校的职级。

(资料来源:《关于加强上海市民办中小学管理工作的若干意见》(沪教委基〔1996〕80 号〕)

从上可看出,上海市出台的文件并未规定董事会的职权及内部的结构关系,规定的内容较简单,实践所能起到的规范效果有限。

针对现实中对中小学党委书记地位引起的争议,2001 年 7 月 12 日,上海市教委发布了《关于加强上海市社会力量举办学校党的建设工作的若干意见》,其中规定,党组织负责人应按程序进入学校董事会,并应享有校级领导的岗位津贴等有关待遇。这种规定在全国尚属首次,从加强党对学校董事会的监督作用这一出发点是好的,不过,董事会权力属于办学自主权范围,因此,这一项规定是行政权力的越位行为。

2. 地方性法规对民办中小学内部管理制度的设定

1996 年 11 月 2 日陕西省人大常委会通过的《社会力量办学条例》,是第一个由地方人大常委会通过的关于民办教育的地方性法规。其中较具体要求和规定了民办中小学内部决策权、执行权(教育教学权)和监督权三种权力的归属及相互之间的关系。

专栏 3-4 陕西省对民办中小学
内部管理制度的相关规定

社会力量举办的教育机构应当建立健全内部决策、执行和监督管理体制。规模较大的和有条件的教育机构,应当设立董事会或者理事会,作为决策机构,决定校长或者主要行政负责人的人选、教育机构发展、经费筹措和经费预决算等重大事项。校长或者主要行政负责人全面负责教学和行政管理工作。学校通过以教师为主体的教职工会议或者教职工代表会议,保障教职工参与民主管理和监督。

(资料来源:《陕西省社会力量办学条例》)

尽管陕西省的规定总体还是停留在原则规定上,但相比其他省市的相关规定,则又是属于完善的了。

三、国家法律法规对民办中小学内部管理的规定

国家法律法规对民办中小学内部管理问题加以规定始于《社会力量办学条例》,至《民办教育促进法》及其《实施条例》,这一制度逐渐完善起来。

1. 国家对民办学校内部管理制度的初步确认

1997 年 10 月 1 日,国务院发布了《社会力量办学条例》,结束了我国民办教育发展近二十年来无法可依的状况,《社会力量办学条例》既对我国民办学校十多年内部管理体制实践经验作了总结,同时也充分吸收了地方省市的可取之处,对董事会的职能范围、董事会的成员构成、校长及学校主要负责人的任命等内容作了全面的规定。

专栏 3-5 《社会力量办学条例》对民办学校

内部管理的相关规定

教育机构可以设立校董会。校董会提出校长或者主要行政负责人的人选，决定教育机构发展、经费筹措、经费预算决算等重大事项。校董会由举办者或者其代表、教育机构工作人员的代表和热心教育事业、品行端正的社会人士组成，其中三分之一以上董事应当具有 5 年以上教育、教学经验。首批董事由举办者推选，以后的董事按照校董会规程推选。董事经审批机关核准后聘任。国家现职工作人员不得兼任教育机构的董事；但是，因特殊需要，经县级以上人民政府或者其有关部门委派的除外。（第 21 条）

教育机构的校长或者主要行政负责人负责教学和其他行政管理工作。教育机构的校长或者主要行政负责人的人选，设立校董会的，由校董会提出；不设立校董会的，由举办者提出，经审批机关核准后聘任。（第 22 条）

担任教育机构的董事、校长或者主要行政负责人和担任总务、会计、人事职务的人员之间，实行亲属回避制度。（第 23 条）

（资料来源：中华人民共和国国务院令第 226 号《社会力量办学条例》，1997 年 10 月）

这些方面与一些地方性规章相比，是一个明显的进步和发展。当然，以现在的观点看，其中的不足也是相当明显的。首先，对于民办中小学董事会采取的是选择性的规定，这意味着民办中小学不成立董事会也是不违法的；其次是未规定学校的法人代表，引起人们对校长能否成为学校法人代表的争议；再次是董事会与校长权力之间关系不明晰，特别是董事会对校长的聘任没有最终决定权，必须经过主管机关审核，另外还不适当地规定，国家现职工作人员在特别情况下可进入学校董事会，导致教育行政部门不适合地参与民办学校内部事务；最后是一些规定不符合法律用语，如"品行端正""特殊情况"之类用语在实践中很难操作,导致实施的困难。①

2. 国家对民办学校内部管理制度的发展与完善

2002 年 12 月颁布实施的《民办教育促进法》及 2004 年实施的《民办教育促进法实施条例》在总结《社会力量办学条例》实施经验的基础上,进一步完善了民办学校董事会制度。主要包括以下四个方面内容。

第一,明确决策机构设立方式。《民办教育促进法》改变了《社会力量办学条例》关于民办学校设立董事会的选择性规定方式,明确规定民办学校应当设立学校董事会(理事会或者其他形式的决策机构)。理事长、理事或者董事长、董事名单报审批机关备案。

第二,规定了民办学校董事会(理事会或者其他决策机构)的人员构成及议事规则。学校理事会或者董事会由五人以上组成,其中三分之一以上的理事或者董事应当具有五年以上教育教学经验。设理事长或者董事长一人。学校理事会或者董事会由举办者或者其代表、校长、教职工代表等人员组成,其中国家机关工作人员不得担任民办学校理事会、董事会或者其他形式决策机构的成员。

民办学校的理事会、董事会或者其他形式决策机构,每年至少召开一次会议。经三分之一以上组成人员提议,可以召开理事会、董事会或者其他形式决策机构临时会议。民办学校的理事会、董事会或者其他形式决策机构讨论下列重大事项,应当经三分之二以上组成人员同意方可通过:① 聘任、解聘校长;② 修改学校章程;③ 制定发展规划;④ 审核预算、决算;⑤ 决定学校的分立、合并、终止;⑥ 学校章程规定的其他重大事项。

第三,明确民办学校董事会(理事会)和校长的权责。《民办教育促进法实施条例》进一步规定,民办学校校长依法独立行使教育教学和行政管理职权。民办学校内部组织机构的设置方案由校长提出,报理事会、董事会或者其他形式决策机构批准。对董事会(理事会)、校长权责范围的明确规定是我国民办教

① 《社会力量办学条例》颁布后,有学者就对其中关于学校董事会的规定提出如下质疑,谁是学校法人代表? 学校校长能否作为学校的法人代表? 企业董事长能否兼任学校董事长? 学校校长能否参加董事会? 能否担任董事长? 学校董事会是否有权干预学校行政事务,特别是教学、教育事务? 国家现职工作人员因什么"特殊需要"可兼任董事? 校董事会规程由校董事会自定还是由国家另定,校董事会有资格制定校董事会规程吗? (陈桂生.中国民办教育立法中的几个问题[M].北京:教育科学出版社,2001:108—109.

育法律的一大进步,不仅有助于民办中小学现代治理体系的完善,而且有利于校长负责制的真正实现,尽管目前法律规定的制度还未能得到全面的落实,但民办学校现代治理体系初步形成。

专栏 3-6 民办学校董事会(理事会)、校长的权责界限

学校理事会或者董事会行使下列职权:① 聘任和解聘校长;② 修改学校章程和制定学校的规章制度;③ 制定发展规划,批准年度工作计划;④ 筹集办学经费,审核预算、决算;⑤ 决定教职工的编制定额和工资标准;⑥ 决定学校的分立、合并、终止;⑦ 决定其他重大事项。

民办学校校长负责学校的教育教学和行政管理工作,行使下列职权:① 执行学校理事会、董事会或者其他形式决策机构的决定;② 实施发展规划,拟订年度工作计划、财务预算和学校规章制度;③ 聘任和解聘学校工作人员,实施奖惩;④ 组织教育教学、科学研究活动,保证教育教学质量;⑤ 负责学校日常管理工作;⑥ 学校理事会、董事会或者其他形式决策机构的其他授权。

(资料来源:《民办教育促进法》及其《实施条例》)

最后规定民办学校的法定代表人由理事长、董事长或者校长担任。

现代的治理体系不仅应有决策权与执行权之间的相互制约,同时,还需要有独立行使监督权力的机构,对此,我国 2002 年出台的《民办教育促进法》及 2004 年制定的《实施条例》对于民办学校的监督机制并没有作相应规定,从而造成法律对民办学校现代治理制度上的不完善,也导致民办学校在实际运行中,虽然在内部治理上有多种管理模式,但学校内部普通缺乏监督机制,普遍还未把建立约束机制和监督机制提上日程。

为了完善民办学校的内部管理制度,2016 年 11 月修订的《民办教育促进法》增加了学校监督方面的内容。具体体现在两个方面,一是加强民办学校党组织的建设。修订后的《民办教育促进法》第九条规定:"民办学校中的中国共产党基层组织,按照中国共产党章程的规定开展党的活动,加强党的建设。"二是规定应当建立相应的监督机制。有了这一规定,民办学校建立监事制度就有了直接的法律依据。

第三节　上海民办中小学内部管理的实践模式

在民办中小学内部领导体制的各种类型中,董事会领导下的校长负责制采用最多,是现行法律规定的一种类型。这里主要结合上海市近年来发展较好的不同类型的民办中小学,分析这些学校在完善内部管理体制上的创新及体制创新对学校带来怎样的发展动力。

一、董事会领导下的校长负责制的基本含义

探究民办中小学内部管理制度,不仅要分析哪一种管理模式内部结构更合理,而且更要分析哪一种模式发挥的效能更大,即更能促进学校的进一步发展,更能把学校的教育教学提升一个层次。立足于这一层面,我们就能更好地评议一种制度合理与否及其合理的程度;另一方面也能更好地理解这里的"领导"的真正含义。

合理的民办中小学内部管理制度应为这样一种制度:内部权力结构是(立体)多元而且协调的。多元一般是指由两方以上构成,从现代国家、组织机构的治理上看,主要是三角结构,即民办中小学的内部管理层是由三个部门组成,即决策、执行和监督三部门。协调既指每个部门内部结构合理,即每个成员都代表利益关系的一方,独立行使权力,承担义务,也指三个权力部门之间关系协和,即三个部门各自严格在规定的职责范围内行使权力,决策部门即学校董事会不干预学校的具体教育教学活动,学校内部的管理完全由校长负责,学校监管部门对董事会和校长的权力行使进行监督,董事会和校长(校委会)要保障学校监督部门的正常运转,而不能使监督流于形式,三个部门之间相互配合。

从这个意义上说,董事会领导下的校长负责制中的"领导",指的不是限制、控制之意,即不是把校长的权限严格限制在特别的范围,不是把校长管死,这里的"领导"体现为三个方面:一是校长的选择和聘任,董事会根据学校的发展方向和特色,选择与学校发展理念相一致的校长;二是过程监管,即是对校长对学校教育教学的管理过程进行监管;三是评价,即对校长的教育教学管理结果进行评价,看其是否达到预期的目标。

二、上海民办中小学法人治理结构的五种模式

自民办中小学在上海出现以来,主要有四种类型的民办中小学,即个人举办的民办中小学、转制型民办中小学、企业举办的民办中小学、公民联办的民办中小学,并形成了各自特色的学校内部治理模式,大致分为五种。

1. 个人举办的民办中小学内部管理模式

1992年上海市教委批准成立了五所民办中小学,这五所民办中小学有一个共同特点,即都是由退休的教师为了发挥教育余热,租赁公办空闲校舍或企业厂房办学。开始阶段,规模都非常小,学校的规模也小,那个时候,校长和老师关心的不是学校怎么治理,而是怎么提高教育教学质量,或者说是提高升学率,以此扩大学校影响力,从而招到更多的学生。因此,发展初期的上海市民办中小学校的法人治理结构处于探索阶段,由于没有现成的经验可借鉴,也没有相应的法律法规的指导,当时内部治理很不完善。有的学校不设董事会,有的学校虽然设立了董事会,但也只是纯粹的咨询性组织,对校长缺乏必要的制约和监督机制。相反,企业投资举办的学校普遍设立了董事会,但董事会成员过分集中于投资方,部分还有家族化倾向,投资方利益与学校利益发生冲突时,校董会不能正常行使权力,往往会出现不利于学校发展的决策偏差。上海市首批成立的民办学校中,民办明珠中学和民办扬波中学是办学较成功的两所学校。

专栏 3-7　初创时期上海个人举办

民办中小学的内部治理结构状况

上海市民办明珠中学创办于1992年7月,在办学的前三年间,学校未成立董事会,那时学校的办学条件很艰苦,学校也只有3个班级。直到1995年,才由上海恒源祥绒线有限公司、上海培罗蒙西服总公司、上海华生化工有限公司等六家企业及黄浦区内社会各界知名人士组成董事会。从此,学校实行董事会领导下的校长负责制,学校走向了制度管理相对完善的发展阶段。

上海市民办扬波中学成立于1992年8月,是上海市第一所民办高级中学。扬波中学在办学初期,没有自己的校舍,租借了一所职业学校的两间教室,由校长聘请几位退休或即将退休的中学老师任教。可以想象,在当时情况下,学校考虑的问题是生存,不可能去考虑内部治理问题。后来,学校才成立学校董事会,在管理上实行董事会领导下的校长负责制。

(资料来源:根据采访明珠中学和扬波中学两所学校校长资料整理)

2. 转制学校的内部管理模式

20世纪90年代后期,上海出现了一批转制学校(即公办民助学校),转制学校是由教育主管部门与承办人(或承办单位)签订协议,协议通常都规定,转设的学校按照民办模式运行,享受民办学校相关政策待遇,即办学经费由学校自筹为主,政府资助为辅,人事和分配由学校自主,在管理上一般实行董事会领导下的校长负责制,政府指导监督。如上海兰田中学、上海世界外国语学校。不过,这种董事会领导下的校长负责制有其特殊性,即董事会推荐校长人选,最后由教育主管部门决定。上海市中小学中的转制学校与其他省市的有所不同,有不少上海转制中小学,原来就属于办学水平相对较高的公办学校,转制后,既享受公办学校的政策优惠,同时又拥有民办教育的体制机制优势,如采取市场收费制,教师工资及其他福利都高于同级同类学校,在双重优惠推动下,不少转制后的民办中小学,发展成为优质的教育资源。

专栏 3-8 上海世界外国语学校内部管理制度

上海世界外国语学校在学校管理体制上实行董事会领导下的校长负责制。

由董事会筹建学校,董事会由四部分人组成:地方教育行政部门的代表、学校校长、社会各界人士和学生家长代表。组成董事会以后,再由董事会推选出一位董事长,主持董事会的工作。

明确董事会的性质和任务。董事会受区教育局领导、管理、指导和监督，是学校的最高权力组织。实行董事会领导下的校长负责制。"学校制定了'董事会章程'，规定董事会的职权是积极筹集资金；推选、聘任校长；对学校经费预算和重大财政决策进行监督和管理；决定学校办学方向和办学特色；校长聘任的教职员工备案；聘请学校名誉董事和教育顾问；负责监督学校教育发展基金和奖励基金的筹措和使用。"

董事会的运行。董事会确定办学宗旨，以制度建设管理学校，并坚持两条原则：第一，不随意干扰校长工作，放手让校长工作；第二，制定规范化的规章制度，以制度建设管理学校，以制度检查约束校长办学过程。董事会建立了经济审计制度、人事考核制度、教育教学督导考评制度，定期审计、考核。董事会分别在学年初、学年中和学年末举行全体会议，并定期召开工作研讨会。校长则在董事会支持下，通过学校行政会议，将董事会的决策转化为学校各部门的具体工作方案，并通过指导、协调、检查各部门工作来实现学校的有序运行。

（资料来源：上海世界外国语学校章程和董事会章程）

2000 年后，由于社会舆论对转制学校争议较大，2004 年开始上海市教委对转制学校实行"不进即退"的政策，"进"即转成完全的民办学校，"退"即回归公办体制，实行与其他公办学校同等的政策。因此，从 2005 年开始，一批转制的民办学校的法人治理结构也相应发生了较大的转变，学校普遍采取由企业接手的做法，企业成为实际的举办者，学校董事长由企业派出的代表担任，校长由董事会聘任，教育主管部门不再作具体的审核。如西南位育中学、盛大花园小学等都是采取这一模式。

3. 企业举办的中小学内部治理模式

企业出资举办，是上海市民办中小学的一种类型，如 1995 年由万科房地产有限公司和复旦大学附属中学联合举办复旦万科实验学校，1996 年由上海金桥（集团）有限公司全额投资举办的上海市平和双语学校，2000 年由上海亚龙投资（集团）有限公司投资创办上海市民办金苹果学校，都属于这一类。这一类民办中小学校在办学初期就借用了现代企业的内部治理模式，成立了董事会，并制定了较完善的学校董事会章程、学校章程,在治理上采取董事会领导下的校长负责制,在董事会章程和学校章程中较明确地规定了董事会和董事长的权责范围,内部治理较规范。这类学校办学资金相对雄厚,虽然说企业绝对地控制学校,但在具体的内部治理上,还是建立了相对合理的管理制度,学校发展比较稳定。

企业举办的民办中小学的成功与否与企业本身的实力有很大关系,投资办学的企业实力越雄厚,学校发展状况就越好。从目前的情况来看,上海市平和双语学校称得上是企业举办中小学中的领跑者,其成功主要由于两大方面原因:一是建立了完善的内部管理制度。董事会不干预学校的内部管理事务,校长及校委会有完全的教育教学管理权;在学校的具体运营管理上引入了职业经理人理论,较好地把职业经理中的目标制、责任制融入学校管理中。二是确立了先进的办学理念和教学理念。学校办学初期,就把"扎根于中华传统文化、具有国际竞争力的成功的学习者"作为培养学生的目标,为了实现这一目标,学校确立了"让学生在思考、实践和创造活动中健康成长与全面发展",同时,较早地采取中西文化相融合的教学模式。

4. 公民联办类民办学校的内部治理模式

上海市民办中小学除了有个人、企业和转制这三种类型外,还有一类是公民联合举办的。从公民联办的类型看,又包括企业与公立学校联办、乡镇政府依托本地区公立学校兴办以及公立学校举办三类。从这类公民联办的民办中小学发展情况来看,公办学校参与举办的民办学校发展较好,涌现了一批较优质的民办中小学,如闵行区的文来中学;乡镇举办的学校发展也较正常,如闵行区的建虹中学。

公民联办的民办中小学校舍都是租用公办学校闲置的场地,有的学校校园完全在公办学校内部,如闵行区的文来中学,规模也较小。因此,在学校发展的初期阶段,学校领导的主要精力都用于提高学生升学率上,顾不上学校内部治理制度的建设问题,即大都未成立学校董事会。公办学校举办和乡镇政府举办的民办中小学,由于具有较浓重的公办色彩,因此,在办学初期基本采取类似公办学校的管理模式。直到1996年9月,上海市教委发布了《关于加强民办中小学管理工作的若干意见》后,才陆续成立学校董事会,在内部治理上逐步实行董事会领导下的校长负责制。

5.集团化办学模式

与前面四种模式不同,集团化办学不是从办学主体角度进行的分类,主要是因为这类学校在管理上具有独特性,所以把其单独归为一类。从上海民办中小学的实际来看,集团化办学有两种类型,一类是同一办学主体举办了多所学校,在形成规模之后,组成教育集团,集团独立于学校。集团既是决策机构,集团董事会决定各民办学校发展的大政方针,制定学校的各项规章制度;同时又是学科研究实体,指导集团内学校的学科发展和课程研发,并对集团所属学校教师进行培训。因此,虽然名义上同一办学主体所办的各民办学校仍然实行董事会领导下的校长负责制,但实际上是教育集团领导下的校长负责制,较有代表性的有上海市七宝中学教育集团和协和教育集团。从目前的办学实践来看,教育集团内各民办学校管理规范,办学质量较高。

协和教育集团在管理上最吸引人的是中西校长相结合的管理模式,这种模式较好地解决了中西方教师管理上的一些冲突,这也让集团内一些学校的国际部在上海树立起了品牌影响力。上海市七宝中学教育集团成立于 2005 年,最初有七宝中学、文来高中、文来初中和七宝二中四所成员学校,目前集团成员学校已发展到十四所。七宝教育集团的特点是利用七宝中学这一优质资源带动集团内基础教育学校优质均衡发展。新加入的学校、薄弱学校都能够借助集团优质学校的平台共享、分享优质学校的办学思想、办学理念、办学经验。为了提高新加入学校和薄弱学校的教育教学水平,集团实行了形式灵活多样的帮教和带教制,比如,有学科与学科组的带教,名师带教新教师,名师带教其他核心校的骨干教师。目前,七宝教育集团已经发展成为上海较有影响力的教育集团之一。

另一类是先组建类似于教育集团的教育管理公司,由公司管理系列民办学校。较有代表性的是上海海文教育发展有限公司。上海海文教育发展有限公司成立于 1998 年,脱胎于公办转制学校,但公司管理的公办学校采取市场机制运行,按市场要求收费。2005 年后,这些学校转制为民办学校,其中办得较好的如上海倍佳双语学校、上海兰田中学。海文教育发展有限公司所属学校转制前在管理上与上一种类型有所不同,管理层面上有三重关系,海文教育发展有限公司是这些学校的管理方,它承担着与教育集团类似的功能,学校领导具体负责教育教学工作,区教育局对公司所属学校的校长、副校长有最终决定权,即公司确定的各学校校长和副校长,必须报区教育局审核备案。转制后,区教育局不再对公司所属学校的校长和副校长进行审核,但仍然具有一定的作用,具体来说就是公司决定学校校长和副校长时,会听取教育局的意见和建议。因此,这一类教育集团公办色彩较浓,从实践上看,这些民办学校由于能得到区政府更多的政策优惠,因此,发展相对较好。从体制改革角度上看,这也不失为一种可行的且有效的模式。

概而言之,从上海市民办中小学的发展历史来看,其内部治理从不完善到完善有一个发展过程。总体来看,企业举办的民办中小学,在建校初期都建立了相对完善的现代学校管理制度,即普遍采取董事会领导下的校长负责制,其他类型的民办中小学,在创办初期阶段,基本上未建立学校董事会,一直到 1996 年 9 月上海市教委发布了《关于加强民办中小学管理工作的若干意见》后,才陆续成立学校董事会,逐步完善学校的内部管理制度。

第四节　董事会领导下的校长负责制的实践探索

董事会领导下的校长负责制在不同类型的民办中小学中也有不同的管理模式,本节内容将主要结合上海民办中小学分析两种相对成功的民办学校内部模式的完善过程:一种是由企业举办的民办中小学的内部管理模式,以复旦万科实验学校为例;另一种是转制学校的内部管理模式,以西南位育中学为例。

一、上海市复旦万科实验学校的内部管理制度

复旦万科实验学校是一所九年一贯制学校,于 1995 年由万科房地产有限公司和复旦大学附属中学联合举办,万科公司出资,复旦大学附属中学出知识产权。办学最初双方约定,学校成立董事会,董事会成员七人,万科公司委派四人,复旦大学附属中学委派三人,董事长由万科公司委派的人担任,副董事长由复旦大学附属中学委派的人担任,学校校长由复旦大学附属中学委派。复旦万科实验学校自成立后,就着力于不断完善学校的内部管理制度,这是学校得以较好发展的基础。

1. 确立合理的董事会权力

学校成立后,1996 年 10 月学校制定了董事会章程,章程规定董事会行使下列权力:聘任与解聘校(院)长;制定学校的发展规划;制定学校经费的筹集方案,审核学校的预算、决算及年度工作报告。制定学校教职工的编制定额和工资制度;管理学校的基金与资产;决定接受捐赠;修改学校的组织章程。

从 1996 年校董会章程规定来看,董事会与校长的关系只限于聘任与解聘的关系,在校长任期中,董事会与校长之间不存在其他关系。这一规定欠合理:董事会作为学校的决策机构,负责制定学校发展规划,而规划确定的目标,需要校长通过组织教育教学去实现,因此,董事会与校长之间存在一种监督与被监督的关系,而学校最初的董事会章程中未体现这一层关系。针对这一情况,2014 年学校对董事会章程作了修改,修改后的董事会扩大了董事会的权力,首先是增加了董事会聘任和解聘副校长和校长助理的权力(对这一点的修改,我们认为是不合理的,副校长和校长助理的聘任应该属于校长的职权范围内的事)。另外是增加了对校长的考核和奖惩权,即审定校长的任期目标,负责对校长的考核,决定对校长的奖惩,以及机构的解散、财产清算和人员安置权。

增加的后两项权力使得章程更加合理:校长作为董事会的执行机构(人),董事会有权对校长的管理绩效进行考核;而办学过程中出现特殊情况,没法继续办学时,只有学校董事会才有权决定学校是否解散。

2. 不断完善学校章程

学校章程应规定哪些内容? 人们对此存有争议。其实,对这一问题应该从学校章程在学校中的地位去分析,学校章程就是学校的基本法,作为学校的基本法,一旦制定就具有相对稳定性,在学校存在的较长时期内,不会修改,因此,只有相关学校的重大事项才在学校章程中规定,如学校的设立、组织机构及运行、财务制度、机构的合并解散等。从这一视角看,学校前后的两个章程有一个较大的变化完善的过程。

1996 年制定的学校章程把办学宗旨、培养目标、办学方案、规模、经费来源、教职员工等都纳入到里面就很不合理,因为,办学宗旨、培养目标和办学方案是属于学校发展规划里规定的内容,办学宗旨通过办学目标来实现,而学校每一阶段的办学目标是会调整的,因此,相对来说还是存在较大的变动性。办学方案的变动性则更大,学校的发展规模也是变化的,教职员工则属于学校内部的具体管理制度方面的内容。

学校在经过一段时间的办学后,学校章程中存在的问题引起了董事会和校委会的重视,并着手对学校章程进行修改,2013 年 6 月 5 日修改后的学校章程在校董会第七届董事会第一次会议中通过,并于当年正式生效实施。修改后的学校章程共 8 章,分别为:总则;举办者、开办资金和业务范围;组织机构和管理制度;法定代表人;资产管理、使用原则及劳动用工制度;章程修改;终止和终止后资产处理;附则。

修改后的学校章程不仅在形式结构了作了重新的调整,而且增加了一些实质性的内容。首先规定董事会成员中必须包括校长和职工代表。其次是完善了学校的内部管理机构,主要是明确学校设立监事会。再次是明确了需要全体董事会领导成员三分之二方能通过的重大事项,包括校长的聘任、解聘,章程的修改,发展规划的制定,预算、决算的审核,本单位的分立、合并或终止;董事长的职权,包括召集和主持董事会会议,检查董事会决议的实施情况,法律、法规和本单位章程规定的其他职权。最后,对学校的资金来源、校长的权职范围、财务管理等方面都作了较大的修改。

3. 逐步完善学校内部管理机构

复旦万科实验学校是较早设立监事制度的民办学校之一。学校成立之初,无论是董事会章程还是学校章程都没规定设立监事会,修改后的学校章程第20～23 条都是关于学校监事会的规定。

专栏 3-9　复旦万科实验学校建立学校监事会制度

本单位设监事,其成员为 2 人,监事任期与董事任期相同,任期届满,连选可以连任。监事在举办者、本单位从业人员或有关单位推荐的人员中产生或更换。本单位董事、校长及财务负责人员不得兼任监事。

监事行使下列职权:检查本单位财务;对本单位董事、校长违反法律、法规或章程的行为进行监督;当本单位董事、校长的行为损害本单位的利益时,要求其予以纠正。监事列席董事会会议。

(资料来源:《复旦万科实验学校章程》)

不过,复旦万科实验学校的监事制度是存在一定问题的。一方面,监事会组成人员过于简单,难以起到真正的监督作用,很明显的是只有两名成员,如果两人的意见不一致,那就很难处理。另一方面,成员不具有代表性和独立性。举办者代表的是举办方的利益,反映的也是举办方的诉求,因此,举办方的代表作为监事会成员,其公正性难以让人信服;而广大的家长和学生没有代表进入监事会,使得广大家长、学生的诉求难以得到反映。此外,最突出的问题是复旦万科实验学校的监事或监事会是董事会下的一个内设机构,这一特点,决定了学校的监事或监事会不可能胜任对学校权力进行监督的职能。

4. 管理完善现成效

复旦万科实验学校自成立以来,一直秉承"一切为了学生和谐健康地发展"的办学宗旨,坚持以东西方文化相融合的小班化教育为主干,以学生家长、万科社区共同参与建设的学习者共同体为依托,努力创办能为国内外学生提供多元优质教育服务的现代民办学校。在社会各界和上海市教委及相关部门的关心帮助下,经过学校各级领导二十余载的辛勤付出,复旦万科实验学校初步实现了最初办学时的目标,成为一所能为国内外学生提供多元教育服务的优质现代民办学校,成为企校合作办学的成功范例。办学初期,万科公司不断加大对学校的资金投入,使学校减少了资金压力,学校开办后,通过引进复旦附中的高层管理和专家指导,较好地实现了复旦实验学校的教育精神和万科企业管理理念的融合。目前,学校精致化的教学管理、国际化的办学特色、灵活的办学机制、优质的教育服务得到了政府、社会和家长的一致认可。

学校国际化办学特色初步形成。办学初,周边聚集了较多的台商,因此,学校专门办了一个针对台商小孩的港台班,引入国际化课程,采取双语教学。随后,社会对学校扩大国际化教学的要求越来越强烈,不仅有较多境外籍小孩希望到学校接受教育,同时,国内也有不少家长强烈要求学校提供双语教学。适应社会的教育需求,学校实行了分班制教学,并逐步形成了具有复旦万科特色的 ABCD 四类班制,开发了适合不同班制学生要求的四类课程。目前,ABC 班都采取双语教学,东西文化得到较好的融合。

复旦万科实验学校取得的成功除了与其引起先进的教育理念有关外,还有一个很重要的因素,是学校建立了一套完善的内部管理制度。较有借鉴意义的经验有三个方面。一是学校董事会领导稳定,董事长具有丰富的教育经验。学校举办之初,由于校长更换较频繁,学校发展较缓慢,至 2000 年时,学校董事长辞去了企业的相关管理工作,成为学校的专职董事长。2000—2004 年是学校发展的过渡阶段,这一阶段,由董事长直接参与了学校教育教学管理,保持了学校统一的办学理念。2004 年,学校改变了由复旦实验学校推荐校长的做法,由学校董事会直接向社会聘请校长,并在当年引进了一位具有中西文化背景的校长,此后,学校校长逐渐稳定下来,与此同时,董事长也退出了学校的具体的教育管理业务,专职从事董事会的相关事务。由于董事长具有丰富的教育教学经验,在此后的学校管理过程中,学校董事会与校长之间关系和谐,校长推行的各项改革得到了学校董事会的大力支持。二是校长具有全面的教育教学管理权。学校 2004 年引进的校长,是一位海归人士,来学校前从事教育管理工作,非常认同学校确定的办学理念。自 2004 年后,该校长一直在学校从事管理工作,积极推进学校各项教育教学改革,这不仅保证了学校办学理念的一致性,同时也保证了各项改革的持续性和完整性,最终促进了学校快速、稳定发展。三是制度建校,通过完善学校规章制度,保证学校各项工作的开展,特别是通过不断创建一些有利于学校发展的各项制度,推动学校的内涵建设和发展。制度建校是复旦万科实验学校的一个重要特点,制度化管理的优点是可以减少人治式管理所引起的各种内耗。到目前为止,学校建立的主要制度有:课程管理条例、课程评价制度、中外教管理制度(主要包括中外教考勤管理办法、教职工奖惩条例、外籍教师管理制度等)、学校家校共建联谊会章程(学校参与)等。系列制度的完善,提高了各项工作的绩效,也成为促进学校快速发展的重要动力。

二、西南位育中学的内部管理

上海市转制民办中小学的成功典范是上海西南位育中学。西南位育中学创办于 1993 年,现为由上海徐家汇商城(集团)有限公司主办的一所大型民办完全中学。学校现拥有三个校区,共 60 个教学班,近 3000 名学生。为更好地与国际接轨,2006 年 7 月学校还创办了留学生部,有来自美、日、澳、韩、阿根廷等 12 个国家和港澳台地区的学生就读。学校"一切为学生的一生幸福着想,为学生的终身发展奠基",已成为徐汇区和上海市教育质量与社会声誉均名列前茅的一流民办中学。西南位育中学的成功有多方面的因素,如作为一所转制学校,转制前学校发展基础较好,地方政策重点倾斜等,但无法忽略的一点是学校内部管理的高效,也只有高效的管理,才能使外部的一些有利因素发挥最大的功能。在管理上,西南位育中学最大的特色是学校董事会和校长都把学校文化的传承作为学校管理的核心内容。

1. 董事会领导,校长全面负责

作为一所转制学校,学校董事会有其特殊性。2005 年以前,学校董事会更多是名誉性质,实际上学校的管理和其他公办学校类似,都由区政府和区教育局领导,学校校长由董事会提名,由教育局任命。不过,具体的管理方式又与公办学校有区别,教育局任命校长后,不再干涉学校的具体教育教学工作,完全由校长负责,属于完全的校长负责制。2005 年,学校转为一所纯民办学校,由一个国有企业接管,此后,学校的董事会由三方组成,企业委派三名董事(其中一名为董事长)、学校委派三人、区教育局委派一名(为独立董事),共七人组成学校董事会。2005 年后,虽然学校完全按民办模式运行,但具体运行与前期没太大变化,董事长基本上一个学期来学校两次,学校工作完全由校长负责,校长拥有教育教学管理权。这一管理体制保证了学校前后期发展的连续性,也保证了学校的各项教育教学改革的顺利进行,这一管理模式也成为学校成功办学的重要因素之一。

2. 坚持文化立校,争创全国一流

西南位育中学建校初,确立了以"高品位、高效率、高声誉、全国一流民办校"为目标。办学过程中,始终坚持以"一切为了学生一生幸福着想、一切为了学生终身发展奠基"为办学宗旨;以"关注每个教师的发展方向、关注每个学生的成长轨迹,坚持为学子打下身心健康基础、终身学习基础、走向社会基础"为办学核心理念。为了实现既定的办学目标,学校领导经过反复研究后,确定了以文化立校的发展之路,经过校领导班子成员的共同努力,提炼出了以"中和位育"为核心的学校文化。在日常管理工作中,学校以"中和位育"文化激发生命主体的"成长自觉"意识,通过"中和位育"的文化浸润,打造学生成长的绿色通道。

专栏 3-10 上海西南位育中学"中和位育"文化的内涵

我们认为,"中和位育"可以作如下的诠释:"中"是指中而自制,保持平和心态;中而有度,讲究恰如其分;中而不颇,谋求最佳平衡点。"和"是指和而不同,包容多样性;和而合群,追求和谐至上;和而有序,分清主次轻重缓急。"位"是指摆正位置,恰当自我定位;摆正位置,明晰最近发展区;摆正位置,渐进积累求索。"育"是指万物发育,赖于自强不息;万物成长,重于反思微调;万物化育,贵于内生自觉。由上可见,"中和位育"作为学校文化主题词,体现着中华民族传统文化精髓,蕴含着丰富哲学思想,是学校全局工作的总体指导思想与基本工作方法,是具有西南位育特质的哲学思考。

(资料来源:根据西南位育中学校长在徐汇区第七届学术节校长论坛交流发言整理)

通过"中和位育"的文化浸润来唤醒生命个体(包括教师、学生)的自觉意识,是西南位育中学立校的一项重要内容,也是其办学特色的重要体现之一,在实际的办学过程中,西南位育中学主要通过以下四种方式实现"中和文化"的浸润,一是潜心打造"三个工程",优化学校文化;二是围绕课程建设,实现学校课程结构的多元化;三是探索课堂教学的现代化;四是关注每个学生的成长轨迹,画好"唤醒自觉"的起跑线。可以在某种程度上说,"中和位育"理念为西南位育中学师生的发展打造了一条绿色通道。

专栏 3-11 西南位育中学"中和位育"文化浸润的方式

西南位育中学的文化浸润教育是全方位的教育,具体体现在以下四大方面:

1. 潜心打造三个"工程",优化学校文化内核。温馨工程:营造家庭式和谐温馨的人际关系;编织坦诚相见、助人成功、学会分享的感情纽带;引领工程:党团组织坚持文化引领,注重过程活血化瘀。党员要成为化解矛盾、消融难点的主心骨;两康工程:百倍关心师生健康,正视师生心理压力,关注师生心理健康。以方法传授与心理疏导让教师学会感激、学会善解人意、学会换位思考,掌握人际关系三大法则。

2. 围绕课程建设主题词,实现学校课程结构的多元化。在基础课、拓展课、探究课互补互融的基础上,把学生社团活动纳入课表,成为全员参与、充分选择、学生自主、课内课外结合的新型课程。加强外语教育特色,引进法语、德语教师,建立第二外语选修课程。建立课内与课外融合的大课堂观念,为学生综合素质提升与个性发展搭建更广阔舞台。

3. 探索课堂教学的现代化。以"三性、三课、三题、三部曲"的智慧结晶,适当减负增效,提高教育质量。努力把"三变"(变老师为教练、变讲台为舞台、变解疑为激疑)作为学校新型课堂文化的主旋律。通过渐变方式,对传统课堂注入现代元素,实现课堂转型,培育创新型人才。

4. 关注每个学生成长轨迹,画好"唤醒自觉"的起跑线。围绕"成长"记录"轨迹",以促进内化。起始年级为每个学生建立成长档案,毕业班级也着手做班级成长手册,由班主任牵头、任课教师分工参与的学生成长与个性培养的约谈也逐步铺开,高年级职业规划指导课也已纳入计划。大胆放手让学生自主,以激发自觉。

(资料来源:根据西南位育中学校长在徐汇区第七届学术节校长论坛交流发言整理)

3. 立足传承,积极创新

西南位育中学确立了换领导不换办学理念的观念。西南位育中学发展至今,原来的校领导班子成员基本都退休,但新任的校领导班子非常重视学校文化的传承与发展。到学校采访中,现任校长首先谈到的是学校文化的传承,他说:"一所成功的学校首先是注重校文化传承的学校,如果学校文化得不到继承和发展,那么,学校就不可能有自己真正的特色。"西南位育中学现任校领导班子在学校文化传承上主要做了如下工作。

西南位育中学确立的办学理念有两个方面,第一届学校领导班子主要抓了"一切为学生的一生幸福着想"这一方面,第二届领导班子着重围绕"为学生的终身发展奠基"开展工作,在如何实现"为学生终身发展奠基"问题上,提出了为学生打好"三个基础"的思想。

第一是打好每个学生的身心健康基础。西南位育中学是"上海市体育先进单位","男篮女排为主体的高雅艺体活动"是学校四大特色项目之一。体育一直是西南位育中学对外宣传的一个窗口,在学校 50 亩左右的土地上(指宜山路校区),学校建立了较完善的体育设施,共有十二个篮球场、四十多张乒乓球桌、一个攀岩墙、四十多架钢琴,学校运动器材对学生全面开放,目的就是鼓励学生全面参加体育运动,为学生以后的发展打下良好的身体基础。

第二是为学生打下终身学习的基础。西南位育中学在教学过程中,非常重视学习方法的传授,教会孩子离开学校后,怎么去学习一些东西。如当学生碰到问题时,老师要求学生不要马上想到去问父母,而应先通过自己的努力,通过上网查找、与同学之间讨论、问老师等方式寻求解决问题的方法。同时,西南位育中学非常重视学生的合作、团结精神的培养。每学期组织学生到东方绿舟、五四农场参加校外活动,提高学生的自主管理能力。每次演出节目,都由学生自主组织,通过这些活动,让学生知道,仅靠个人努力许多情况下并不能取得成功,还需要集体的智慧、集体的努力。

第三是为学生的终身幸福着想。有研究显示,如果一个人工作的专业、职业与所学专业相一致,那么他的幸福指数相对就较高。有的学生学习成绩一般,但动手能力较强,对这些学生,学校不歧视,而是为他的专长发展提供便利,创造条件。为了使这一目标得到实现,学校提出了"两个关注"的教学思想,一是关注学生成长轨迹,为每位学生建立了成长档案,关注学生在校学习过程中发生的变化以及什么情况引起的变化;二是关注每位教师的发展方向,对教师,学校提出既要专(即教有专长),又要多能(如能开第二门课、能参加管理工作等)。

第五节　民办中小学内部管理制度的完善

上海民办中小学在内部管理上形成了一些成功的经验,但从总体上看,还存在一些问题,主要表现为:一是有关学校内部管理的法律制度不完善。尽管《民办教育促进法》及其《实施条例》对民办学校董事会的规定相对于《社会力量办学条例》有了较大的发展,但在一些基本问题上仍然不清晰,如民办学校的监督机制问题,法律并没有具体的规定。二是学校章程的作用难以完全发挥。绝大多数的民办学校都制定有学校章程,但不可否认的是,多数民办学校章程都忽视学校监督制度的建设,普遍只规定董事会和校长(校务委员会)的权责范围,导致现代的民办学校治理结构难以建立。三是保障学校章程实施的监督主体不明确。学校章程作为学校的基本法,制定后由谁保障实施,法律没有规定,实践中也未引起足够的重视,这是导致一些民办学校董事会干预学校教育教学工作,校长更换频繁的主要原因之一。针对民办中小学内部治理上存在的这些问题,建议进一步完善民办中小学内部治理的各项制度,具体包括以下三方面。

一、完善民办中小学内部治理政策法律环境

完善的政策法律环境,是民办学校现代化治理结构构建的前提和基础,也是民办中小学现代治理体系得以实现的保证。在政策法律的完善上,最理想的做法是在现有的《民办教育促进法》及其《实施条例》的基础上,国家单独制定《民办学校法》。因为,民办学校的内部治理属于学校的具体管理问题,对这一问题最有针对性的法律应该是《民办学校法》,在《民办学校法》中,具体规定民办学校内部管理的各个方面问题。次理想的做法是修改《民办教育促进法实施条例》,增加民办学校监督制度方面的内容,以国家法规的规定促进民办学校内部治理制度的完善,保障民办学校现代治理制度的建立。在《民办学校法》无法制定及《民办教育促进法实施条例》得不到修改的情况下,可行的做法是地方政府出台具体的政策,在出台的政策中,突出民办中小学内部监督机制建设问题,明确民办学校章程的实施主体。

二、借鉴国外经验,推进民办中小学内部治理制度建设的现代化

我国私立教育的历史虽然非常悠久,新中国成立前也有为数不少且其中有一批具有相当影响力的私立学校,但新中国成立后,私立教育在我国出现了一段时期的空白,民办教育对于我国教育界来说,反而成为一件新事物。作为一件新事物,对于它的制度上的建设和完善总是有一个过程,作为私立教育发达的西方国家,其在私立学校内部治理上的一些有益做法是可为我国民办学校借鉴和吸收的。如英国关于校董事会的规定,就很有借鉴意义。

专栏 3-12 英国中小学校的董事会制度

在英国,不仅私立学校设有学校董事会,即使公立学校也设有学校董事会,且地方当局关于学校课程的建议也得经学校董事会认可,才能在学校中实施。英国 1980 年颁布的《教育法》和 1988 年实施的《教育改革法》都规定:"所有公立中学和 300 名以上的小学都必须设立董事会,组成的董事会,家长代表至少要有 2 人。""校董会对学校的办学方针、经费使用和学校管理进行负责。"

(资料来源:许明、黄鸿鸿:《国外私立中小学教育的发展动向》,载《教育评论》,1996 年第 4 期)

从上可发现,英国的法律非常重视发挥社区在中小学董事会中的作用,明确规定董事会成员中,家长代表不得少于 2 人;同时也重视政府与私立学校之间的关系,避免政府不适当地干预学校事务。

三、加强理论研究,为民办中小学现代治理体制建设提供坚实的理论基础

制度的完善除了需要政策法规的保障外,同时还需要理论的支撑,先进的理念是制度完善的前提。

1. 引入参与式管理理念,增加民办中小学董事会的开放性

学校是由多种利益主体共同构成的机构,这一性质决定了完善学校的内部管理制度时,需要充分考虑不同的利益主体的诉求。参与式管理的目标就是要给予教师、家长、社区人士及学生更多的参与学校管理的机会,从而保证学校董事会决策更加民主、科学。监督薄弱是民办中小学内部管理制度中的普遍问题,造成这一问题的关键就在于董事会构成的开放性不够,教师、家长和社区代表无法直接参与学校重大事务的决策。目前,国家也出台政策强化社区在学校治理中的作用,因此,今后民办中小学董事会制度建设的一个重要内容是要发挥教师、家长及社区代表的参与性,增强董事会构成的合理性。

2. 强调学校作为办学主体的独立性,推动学校董事会制度的完善

校本管理意味着学校作为办学主体,享有办学的自主权,其内涵是使学校

成为独立的法人实体,既是学校法人财产的所有者,同时又是学校的管理者。这就要求民办学校要充分发挥集体领导和民主决策的机制,更好地动用办学自主权,保证学校发展方向。

3. 明确董事会和校长的权力分工和权责范围,保证学校利益和学校的稳定

现代学校治理体系中,董事会的主要职能是为学校筹集资金、决定校长和教师的聘任、通过学校经费预算及学校的重要财政决策、制定或变更规章制度、提出学校收费标准及处理经营收益、撤并学校和决定学校工作的基本原则。董事会原则上不参与学校的具体管理。学校的教育教学及教师管理工作由校长具体负责。对于诸如学校经费预算、校长聘任等重大问题,一般事先由学校教师、行政人员及学生家长代表组成的校务委员会提出方案,经校长审核后,报董事会批准。如美国等西方发达国家私立学校董事会的利益观念就非常明确,即要求董事会工作的出发点必须符合本校利益,对涉及学校利益的有关问题,必须通过董事会决定,不得私下交易,董事会不得私自参与跟本校有利益关系的活动。① 这一思想,对改变现阶段民办中小学董事会与校长之间权责范围不明确现象具有重要作用,只有董事会与校长之间权责关系明确,现代化的民办中小学内部治理体系才能建立。

总之,民办学校管理体制的确定,既要有利于实行责任制和内部管理,也要有利于实行监督和教职工、家长、学生参与民主管理。民办学校的管理体制是多样化的,但更重要的是科学化。要从办学办校的实际出发,解决好董事会、校长、校委会、党的基层组织及教职工代表大会等在学校管理中的地位、职责和作用问题。

---

① 参见胡卫,徐东青.校本管理:现代学校管理制度探索[J].教育发展研究,1999(7).

第四章

机制改革育人才

　　民办中小学与生俱来的创新活力,使其在培育人才方面独树一帜,但要充分发挥其优势,仍需要进一步的机制创新:从政府层面来说,要全面落实民办学校的办学自主权,开拓民办教育多元投入机制,在师资的专业化与来源多元化之间合理平衡,贯通人才的多元成长通道等。从学校层面来说,建议对接高考招录改革"综合素质"的要求,淡化应试色彩,强化学生综合素质培养的导向;构建多元差异课程,促进学生多元发展;改革教育模式,强调运用知识解决问题的课堂教学;倡导多元与灵活的教育评价方式,鼓励学生扬长发展等,为每一个学生的终身发展奠基。

第一节 人才观嬗变

二十多年来,上海教育已全面进入大众化阶段。教育在强化为社会培养精英人才和劳动力功能的同时,转而重视尊重孩子的成长规律和个体差异、促进每个人的终身发展、激活每个人的创新发展潜能。社会对于创新人才和综合素养日益重视,基础教育作为育人的重要一环,在激发学生发展潜能方面进行探索。

教育理念的变化,给民办中小学发展营造了较好的社会氛围。上海引导和鼓励民办学校特色发展,满足家长和学生日益增长的多元教育需求。随着上海基础教育国际化、现代化的进程,上海民办中小学不断探索中外合作办学、借鉴吸收国内外先进经验改进教育模式,育人理念不断革新。

一、从"天才"到"人人有才"

培养社会发展所需的人才,是公办与民办中小学的共同目标。随着社会发展,民办中小学的"人才观"也在不断发展:从二十多年前的"贵族学校"选拔和培养"精英人才",到如今面向全体、鼓励特长、促进学生多元潜能的发展。

创新人才并非创造影响人类发展伟大奇迹的少数杰出的"创新天才"的专利,同时包含为提高生产效率、改善生活品质、丰富精神享受、促进社会和谐等做出创新贡献的普通劳动者。市实验性示范性高中"创新班"的高中生,在科技创新活动方面表现出浓厚的探究兴趣和探索能力,可谓初显创新潜质;幼儿园的小朋友大胆想象、在绘画创作方面崭露头角,也负载着创新之"萌芽"。

二、从标准化到多元化

综合素养既包含智力因素,也包括学习兴趣、意志品质、性格特征等非智力因素。如泰勒提出的知识维、心理维、教师维"三维论"认为,培养学生的创造力,首先学生在校要学习各门学科知识,包括语言、数学、物理、艺术、历史、音乐和各种专业技能,没有这些知识作为原材料,创造力的培养就无从谈起。其次要重视学生形成创造力所需的智力因素及动机因素,智力因素包括认知、记忆、发散性思维、聚合性思维、评估、学习策略等,动机因素包括直觉、敏感性、情绪、情感、需要等非智力因素。

与工业时代所需的标准划一、技能单一的流水线劳动力不同,知识信息时代的"创新人才",是富有创新和创造能力的、个性化的、类别丰富的各类人才。与此相对应,青少年的"发展潜能",也应该是多元的、个性化的。

"发展潜能"既可以是优秀"三好"学生全面发展的潜质,也可以是擅长团队合作、擅长科技动手创造、擅长英语交际、精通人文知识等某一方面的特长潜能。它并非少数"尖子生"或者"特长生"等精英的专利,而应该是每一位普通学生身上都具有的某方面潜能素质。

三、教育对人成长的双面性影响

孩子成长为"人才",是先天性因素占主导,还是可以后天培养的?这是学校教育的逻辑起点。每个人都可能成为"人才",因为他们具有各种各样的成才基因。但是,能否最终成长为人才,还取决于"种子"能否健康生长。人才潜能,一部分具有先天性,与生理和遗传有关;一部分具有后天性,与学习和生活经验有关。教育犹如园丁,它不可能改变种子的基本属性,但可以通过科学的培育使种子苗壮成长,呵护和激发学生的发展潜能。

在培养人的综合素养、激发人的潜能方面,基础教育是把"双刃剑"。有的学校瞄准升学率的短期目标、以机械的应试操练少数考试科目为主要教学模式;很多学校甚至直接是"应试驱动"型学校,例如取消初三年级的音体美课时,将孩子所有时间占用于五门中考科目学习。这种把"综合素养"与"应试能力"对立起来的做法,在很大程度上会抑制孩子的发展潜能。而如果学校将"综合素养"看作是一种基础,或者是主张为学生减轻学业负担、为孩子腾出自主发展的时空,则可以在一定程度上呵护、激活孩子的发展潜能。

不少民办中小学对于"人才"和培养学生的"综合素养",呈现矛盾心态。一方面,民办中小学面临招生压力,"创新项目"和"特色品牌"可以成为学校的"卖点",在招生和宣传办学质量时,发挥品牌效应;另一方面,对于民办中小学来说,来自家长的压力和高升学率的预期,又将绝大多数民办中小学牢牢地捆绑上了"应试战车"。很多家长出钱择民校,是看中其"升学服务",没有中考的高分率、名校率,其他都是"零"。这制约了不少民校把"综合素养"培养作为一种可有可无的东西。

而要呵护和激活青少年发展潜能,让青少年的学习生活"绿色"起来,要从"高负担、高质量"转向"轻负担、高质量"的学习;要从标准化的单一考分评价,走向各展所长、激活每位学生不同潜能的科学评价……随着教育改革逐步步入"深入区",教育要从"育分"转型为"育人",有些学校在一定范围内小步探索尝试,但要真正实现教育"以人为本""为每位学生的终身发展奠基""尊重学生的个性差异"等理想目标,仍有很长的路要走。基础教育阶段,无论是公办学校还是民办学校,要转变传统的教学模式,为学生释放更多发展潜能的空间,大环境改善仍有待时日。

不过,"应试"教育的整体压力,并不意味着学校在创新教育方面完全无所作为。上海民办中小学从学校特色发展求市场生存、从满足社会多元化的教育需求出发,利用办学自主权相对更大、机制更灵活的优势,自发甚至自觉地为学生潜能发展创造更自由的空间,率先进行探索,在实践中获取经验。

在具有国际教育背景、从小学到高中学段贯通的民办中小学学校中,普遍较为重视学生的艺术素养、体能素质、外语能力、领袖气质、国际视野等综合能力培养,为孩子未来成人、培养全面健康发展的"完人"而奠基。有些学校则更进一步,把"综合素养"看作培养现代社会未来公民的一种素质,从而对当前班级授课和统一标准化评价的教育体制进行反思:不是课程做"加法",而是主张做"减法",鼓励孩子自主、多元成才。培养学生的综合素养,不是要"灌输"更多知识和技能,而是要解放学生的时空、尊重和培养孩子的自主能力、宽容并允许学生"试错"等。学校除了为学生的这种发现与探究留有一定时空之外,还尽可能创造多元课程平台,为学生发现、探索和激发各自的潜能创造可能性。

第二节 办学机制改革探索

民办中小学课程的高选择性、授课方式的灵活度大大提高、课外活动不断丰富,使得中小学生的探究能力、体验经历、自主学习能力等不断丰富,潜能有了更广阔的发展平台。

一、招生双向互选

公办不择校,择校找民办。上海公办中小学只能接收对口的生源,而民办学校则可以挑选生源。热门民办中小学,一般报名与录取比例达 5∶1 甚至 10∶1。近年来,上海民办中小学招生标准正在发生变化,从豪华简历到现场游戏,招生时更加倾向于考察孩子包括创新能力在内的综合素养。选拔标准的变化,对孩子的发展产生良好导向。

曾经有一个时期,民办学校招生竞争激烈,孩子投递豪华简历,奥数得奖证书、英语星级考试证书等都是过硬的"通行证"。孩子从一年级起就参加各种校外培训班,课业负担挤压了培养综合素养的空间。如今,民办学校在看重数学能力、英语水平等硬件的同时,招生时更侧重于现场考察孩子的综合素养。

以世界外国语小学为例。这所学校是本市报名人数最多的民办小学之一,一天内要完成对三千多名学生的面谈。面谈分为两部分:一是体验式活动区域,通过唱歌、广播操、画图等形式,考察学生的交流和协调能力;二是 iPad 活动区域,学生们可以利用 iPad 倾听音乐、寻找出相应场景配图,或倾听人物对话、选择相应的情绪符号等。校长张悦颖介绍,面谈设计为体验式的游戏过程,重在考察孩子们的观察、模仿能力和良好的行为习惯。"希望孩子们是快乐的、有潜能的,懂得观察和理解身边的人和事。"而这些,正是学生进校后"可持续发展"的重要素质。

虹口区宏星小学招生面试分组进行,每个教室有 30 个孩子,10 人一组参与游戏。孩子们将经过"听录音看表达""学算盘看思维""做游戏看创新"等三个环节的活动。每组孩子围圈而坐,面前的桌子上放有积木和扭扭棒,孩子们根据老师给出的图案将扭扭棒扭出各种造型,并通过合作共同完成积木的拼搭。老师则在旁观察记录孩子的表现,如表达能力、思维能力、行为习惯、观察能力和集体合作能力。校长许佩莉认为,孩子在团队中的表现,很容易显出高下。

二、灵活设置课程

不少民办中小学通过特色课程,强化学校特色与学生特长。部分学校对基础型课程进行特色校本化改造,培养学生综合素养。

与将学校教学工作重心仍停留在知识教育上的学校不同,一些民办学校认为,学生优良的创造性思维品质培养,发展潜能激发,让学生成为有独特个性和创新能力的"非标件",需要打破现行学校教育统一的教学内容、标准的答案、"满堂灌"的教育方法、机械单一的考评方式、过重的课业负担、追求升学的教育目标等。以协和双语学校为例,学校语、数、英的课程安排与教学形式别具一格。学校认为,语文和英文的字、词、句、段、篇的教学,其最终的目的在于帮助学生阅读文本,理解文本,以及利用这些语言要素进行自主表达和创作。因此,创设了各年级丰富多样的语文、英语学科实践活动,例如,课本剧表演系列活动,对低年级学生只要求按照课本剧情进行表演,对中年级学生要求自编自导课本剧,对高年级学生则要求学生对人物、剧情等进行自主再造等。另外,还有各种活动——手绘课本、阅读日记、制作 3D 图书等。这些富有创意的、有趣的学科活动,激发了学生对语文和英语学科的兴趣,同时提升了学生的语言类学科的综合能力。

对于学生综合素养的强调,使得部分民校将公办学校的"边缘学科"变为自己的"主科"。在平和双语学校,音乐、体育、美术是其小学部的主课程。民办福山正达外国语小学校长石惠新认为,艺术修养和健康的体魄,是未来一代必不可少的素质。因此,学校开辟了十几间钢琴琴房,供学生上课和课余时间自主练习;同时,聘请了十几名体育教师(一般规模较大的公办学校也仅为 3～5 人),为学生提供多门类运动项目的教学与训练。盛大花园小学校长王一坚也倡导学生多参与体育运动和艺术活动。

有调查显示,与世界其他国家的中学生相比,中国中学生选修课比例最低,仅占 19.4％。中国初中学生一般要学习 9～13 门(类)课程,其中必修课最少 9 门,每周 34 课时,远远高于发达国家平均值 23 课时。① 这种固定的课程安排,很难让不同智能优势的孩子发现和发展自己的特长和兴趣。有些民办学校因此提供多元的选修课程,为孩子综合素养奠基。以协和双语学校为例,学校认为每个孩子都是独特的个体,每个学生的独特发展历程都值得重视和支持,学校应该为每个学生独特的发展历程创造机会,搭建平台。学校开设了魔方、戏剧表演、3D 制作、摄影、手工制作、天文社、演讲、柔道、足球、服装设计、合唱、乐队、疯狂科学、志愿服务等 30 多门选修课程。每个学生每周必须进行 2 个 1 小

---

① 　调查表明:中国学生总课时最多选修课最少[N].现代教育报,2007－11－20.

时的自选课学习。这种课程的高选择性,确保每名学生都能寻找到自己的兴趣或特长领域,同时基于自己的兴趣和特长,不断发展出自己区别于他人的独特个性与能力。

三、改革课堂教学

独立思考是创新的基础,而独立思考需要宽松、自主的氛围。

平和双语学校从小学就开始注重养成学生的独立、创新思维习惯,允许每个学生使自己跟别人不一样。平和认为,从小用封闭、固化的方式教学,会抹杀孩子的创新意识和潜能。因此,学校要求教师必须对课堂上学生生成的问题给予足够的尊重,保护好学生的好奇心和探究的意识。同时,教师还要对这类生成性问题进行有针对性的讨论和指导,帮助学生寻找到解决自己产生疑问的方法、资源和途径,从而帮助学生形成自主学习和探究的能力。"教"的目的是教会学生途径和方法,让学生有自主学习和高效学习的能力,同时学以致用,习以致新。

提供丰富的课外体验活动,强调学生自主参与,培养孩子的能力。举办科技节、艺术节、读书节等,是中小学常用的"素质教育"载体,为学生提供展示多元才能的平台。但与公办学校不同的是,不少民办中小学更强调这些课外体验活动的"学生狂欢"意义,条条框框比较少,资源开发更大胆、更广泛。

以民办华二为例。学校一年一度的科技节,要求各班级都要比拼原创作品。初中男生大多喜欢玩电脑游戏。2012年,初一(5)班发起设计一款模拟 CS 巷战的游戏,而且大胆创意,把"巷战"背景换成了自己生活和学习的民办华二校园。为了打造这款名为《华二保卫战》的游戏,学生们找校长要全校建筑的平面图,登上楼顶用卷尺测量楼层高度,拜请校外数码专家教电脑设计……随着游戏设计的推进,新成员不断加盟,队伍从四五个人的兴趣小组扩展到全班,晚自修时间学校电脑机房时常被这个"游戏开发班"征用。2013年,《华二保卫战》升级到 2.0 版,预备年级的十几名"小师弟"也加盟,学校鼓励学生继续开发 3.0 版、4.0 版,激发学生继续钻研的兴趣。这款诞生于学校科技节的学生原创游戏,将真实校园搬进虚拟游戏,在校园网的下载量超过 500 人次,还被当作宣介学校的招生说明会材料。

暑假是学生课外实践的良好时机,但公办学校受不能集体组织学生出省等政策限制,使得学校在利用暑假时间方面束手束脚。而民办中小学则灵活得多。以民办福山正达外国语小学为例,学校发挥外语特色,利用与国外姐妹学校联谊的资源,暑假组织学生出国游学、邀请外教暑期开办创新夏令营等,让孩子在真实的外语环境中开拓视野、事半功倍地学习。

四、多源师资建设

相较于公办学校而言,上海的民办中小学师资来源多元化,所提供的教育也更灵活。

民办中小学不同的全职教师来源,为育人提供多元化的保障。以在学校担任教育教学任务的人群来看,民办中小学校的教师来源更为多元。不少民办学校从海归人士、清华、上外等非师范类院校引进优秀人才担任教师,实现全职教师非师范化。这批教师虽然入职时教学技能不如师范生,但由于才智在师范生之上,而且在专业领域有一技之长,因此在创新教育方面很快显现出特长,给学校创新教育注入更多活力。

同时,在一些民办学校更加灵活地聘请编外兼职教师,完善师资队伍的结构,优化教育资源。学校大胆尝试引进社会资源,为学生创造不同社会资源带来的学习体验。上海一批民办中小学也陆续引进家长和社会贤达等群体,充实师资队伍力量。

师资来源多元,本身就是一种创新,体现出学校的办学自主权。多元师资,对封闭的办学模式造成冲击,在教师内部形成补充和竞争机制,为育人提供更丰富的资源。

五、优化多元评价

尊重孩子的成长规律、尊重个体之间的差异,是综合素养激发和培养的重要前提。因此,打破统一的评价标准、用不同的"尺子"去衡量,关照和鼓励孩子各展所长,成为民办中小学、幼儿园创新教育的法宝之一。

创新意识的培养,学校必须有一个主导价值观。不仅强调学业成绩,而且强调学生的"创意",引导发挥学生的创造性。同时,将创意指标纳入对教师的课堂评价,以引导教师创造性地教学。

尊重学生的差异,为孩子创造更多潜能发展空间。男女生差异客观存在,但其优劣与对学生的评价方式密切相关。在是否听从老师指令、口头表达能力、合群性等方面评估学生,小学阶段男生会普遍处于劣势,但同时男生体能好、动手实践能力强、思维活跃、探究欲强等则可能被压抑。课题组发现,部分民办中小学改变评价模式,在综合评价中提高体育、科技才能以及创造力、活动自主能力等素养的权重,呵护和激发各群体的成长潜能。

对于中小学来说,输出的毕业生是其最终"产品",因此毕业生的去处也成为衡量中小学办学质量优劣的重要指标。民办中小学由于毕业生出口相对更多元,因此应试压力适度减轻,也有助于释放更多创新空间。一方面,民办学校的优质生源应付升学考试学有余力,可以适度松绑,获得体验创新的"自主时空";另一方面,民办学校的不少孩子通过自主招生相对轻松地考进高中,或者就读高中国际课程班、出国……"条条大路通罗马",也给学校缓解了部分升学压力,腾出更多时间用于兴趣爱好特长和综合素养发展。

六、完善家校合作

学校要大力培养孩子的创新能力,而家长却只盯着升学和成绩,如果出现这样的"错位","阻力"重重,那么"综合素养"培养很可能成为一句空话、一个空洞的口号。与公办学校"朝南坐"、关门办学相比,民办中小学是家长为孩子"择校"的结果,要为家长和学生提供"教育服务",开门办学的观念相对普及,家校互动具有天然优势。民办中小学在育人理念方面与家长取得共识,吸收家长担任"教育同盟",形成家校合力。

民办学校家校合作,从招生工作中可见一斑。

专栏 4-1　民办中小学重视家长、学生"忠诚度"

民办打一外国语小学招生面谈,邀请一位家长进场与孩子一起和老师面对面交流。在现场,老师询问家长孩子平时喜欢做什么,如果喜欢画画,老师就拿出纸和笔让孩子现场画一幅画,并说说画的是什么;如果喜欢跳绳,老师则拿出绳子让孩子现场跳绳,并询问他如果绳子太长了碰到桌子怎么办;还有喜欢拼积木的,老师则拿出积木让孩子现场拼图,并问他拼的是什么。

打一集团董事长透露,在面谈过程中,学校看重的不是孩子学了多少知识,而更看重孩子的行为习惯和文明礼仪,从而看孩子的家庭教育是否得当。"我们让家长一起参与面谈环节,一方面是想了解一下孩子的家庭教育背景,另一方面也是让家长了解我们学校,方便双向选择。"

培佳双语学校在招生报名前,就组织了家长"看校团",邀请对该校有兴趣的家长进校实地考察。校长张平希望家长在为孩子选择学校时,第一关注的不是所谓学校的"名气",而是自身对学校教育价值的认同:"我们不希望家长跟风而来,而希望他们真正了解和认同学校的教育理念,真正适合自己的孩子。"

（资料来源:2014 义务教育阶段民办学校招生工作专项督导内部资料）

让家长认可学校的理念,是配合学校开展综合素养教育的第一步。目前,不少热门的民办中小学在招生时,强调家长和孩子对学校教育价值的认同,如组织"看校团",邀请"准家长"实地考察学校,避免"跟风"报考,真正招收那些认同学校教育理念的孩子。一批"理性择校"的家长,成为学校培养孩子综合素养的"同盟军"。在调研中,不少 80 后家长提出,孩子死读书固然可以升学,但牺牲了童年的快乐,未来还未必有好出路,因此愿意把孩子送进一些有国际教育背景的民办学校。

第三节　办学机制优势

一、拥有更大的办学自主权

基础教育的功能,是提供全民普适的基础的、全面的教育,因此,均衡发展、保障公平成为基础教育发展最核心的政策导向。但作为基础性的公共服务产品,民办中小学和公办中小学的定位、分工不同。公办中小学尤其是义务教育阶段学校,承担着普惠性的教育任务。推动均衡办学,实现优质发展,是政府和家长对公办学校的定位期许。

但民办中小学不同,它是为满足家长择校需求而提供的一种多元化的教育服务。民办中小学则通过市场竞争获得发展空间,办学机制更灵活、自主权更大,这为民办教育激活学生发展潜能释放了更多空间。在政府许可的范围内,自主设定招生标准、研发选修课程、按需聘请多元师资、以人为本设计评价体系、学生升学通道多元……办学的机制优势,自主管理机制,都赋予了民办学校特色发展的"基因",在激活学生发展潜能方面可以创造更大空间。

民办学校的办学自主权,在课程设置与师资队伍建设等领域体现得较为明显。

专栏 4-2 民办福山正达外国语小学的办学自主权

公办福山外国语学校积淀十几年开发的"国际理解"课程,民办福山正达外国语小学可以移植"为我所用"。而且,民办正达在使用教材的过程中灵活度更高:允许老师替换三分之一的教材内容,以适应民办学校优质孩子的学习特点等。公办学校被管束太多、管得太死,一批经验丰富的校长和老师把民办学校作为实现自己办学理想、尝试教育改革的"试验田"。同时,民办学校面向社会招聘师资,人才使用机制更加灵活,也为其注入更多活力。

以民办华二初中为例,该校虽然地处嘉定,但由于"华二"的品牌感召力,加上师资队伍建设的自主性与灵活性,吸引了一批北大、北外、复旦、交大的优秀硕士生和本科生入职。

(资料来源:根据调研资料整理)

办学自主权越大,在培养学生综合素养方面的作为空间就越大,民办教育激发学生发展潜能与其办学自主权"正相关"。以英国公学为例,这类独立于英国联邦政府直接管辖的拥有高度自主权的私立中学,拥有雄厚的资金来源,可以谢绝政府的资助;拥有专门的优秀生源、独立的办学自主权,形成了与公立学校平行的学校体系。为保证学校的教育质量和特色,英国公学始终坚持独立性、正统性和全面性。独立性意味着学校管理上保持高度自治,政府不能随意干涉;财政上则保持高度自立,经费自筹,不接受政府的资助。另外,公学也始终坚持公益性,不以营利为目的,而以传播人类文明、提高人的素质和促进社会

进步为办学宗旨。正统性则是指这些学校对学生要求非常严格,坚持英国的传统文化教育和绅士教育。全面性是指公学重视每一个学生个性的全面发展,不仅重视学生高雅礼仪养成,还非常强调身体、意志力的磨炼和吃苦耐劳、团队合作精神的培养等。充分的办学自主权,让英国公学在激发学生发展潜能、培养学生创新潜质方面起到"领头羊"的作用。

二、受教育者的"选择权"更大

公办中小学对口接收地段孩子,提供基准性的教育服务。这也同时意味着,就读公办的孩子,"被安排"接受地段学校统一的教育服务。而民办教育是家长和学生与学校之间双向互选的结果:不同民办学校办学特色不同,家长和学生在民办教育市场上各取所需,主动选择适合自己的教育服务。受教育者的"选择权",也成为民办教育激发学生发展潜能的优势之一。

首先,家长和学生认可并选择一所民办学校,这种主动选择,使得家长与学校之间更容易在创新教育方面达成共识,进而结为教育同盟。如把孩子送进平和双语学校就读的张女士认为,相对宽松的教育环境,有利于孩子自主成长。"学校的创新活动很多,会有人担心耽误学习。但我觉得,健康的人格和丰富的体验机会对孩子的长远发展更有利,因此我还经常报名去做志愿者,支持学校。"

其次,民办教育在课程设置、课外活动等方面,提供了更多选择机会,孩子在选择过程中,发掘自己的优势潜能,进而发展潜能。

国外学校同样如此:美国罗得岛州的 Wheeler School 外语课开设除了 AP 课程的西班牙语、法语、中文外,还根据学生的兴趣开设了日语、韩语、阿拉伯语、俄罗斯语等十门外语课程,对于个别能力特别强的学生还介绍到其他学校或高校上课。被奥巴马和比尔·盖茨赞赏的 The MET 学校没有普通意义上的必修课程,这个学校从学生的兴趣点出发,对学生提出合理建议,根据兴趣选择相关课程,也就是说学生选学的课程完全由学生自己的兴趣决定,教师的教材教法也是围绕学生的兴趣建立起来。意大利一般私立学校 85% 的课程按教学大纲来安排,15% 的课程由学校自主安排,这使每一所私立学校形成了自己的特色,以满足学生发展的不同需要。这给私立学校培养学生创造力留出了空间,许多学校开设大量的选修课程,充分满足学生的个性化需要,使他们的创新意识和创新能力得到不断的提升。

再次,在升学出路方面,民办学校提供更加多元的评价与升学空间,高选择性减轻学生压力与负担,腾出更多创新教育的空间。以协和、平和等学校为例,学生升至初中后,可以选择参加国内中考,也可以继续选择国际课程未来出国。成才路上不再只有中高考"独木桥",学生的应试负担相对缓解,课业压力相对减少,可以腾出更多时间用于兴趣爱好特长和综合素养发展。

三、办学开放程度相对更高

公办学校办学体系相对封闭,但民办学校与企业合作有着天然优势,很多学校举办者本身就是集团或公司。学校依托企业形成了自己独具特色的育人模式。同时,相对公办学校,民办学校家委会组织相对完善,家校合作更务实,交流频繁。在激发发展潜能过程中,与教师建立同盟军,形成了较为宽松的教育环境。在迈向现代化的进程中,民办中小学率先吸收借鉴国际先进办学经验与模式开展试点,形成政府、市场、企业、校长、社会、家长、国内、国际……多种力量共同介入的一种运作机制。开放办学,使得民办教育海纳百川、借力各方,获得不断创新的力量。

首先,上海不少民办学校率先迈入基础教育国际化进程。不同文化间的碰撞、激荡、交流有利于学生综合素养培养,上海民办中小学在建立跨文化交流机制方面做了不同探索。目前上海民办中小学引入的主流课程主要有 IB 课程、AP 课程、A-level 课程等。这些课程虽然各有特色,但注重学生创新能力的培养却是其共同之处。

IB 课程中的三项必选核心任务和考核内容之一就是"创新、行动与服务",注重思考问题和解决问题能力、团队合作、服务社会等方面能力的培养。

而 AP 课程则注重培养学生独特的个性和创造性思维,培养学生独立、沟通、合作以及决策等技巧与能力,上进、敢于接受挑战、激发潜能等。

A-level 课程则重视学生对知识的运用和思维的提升,注重学生运用学科工具解决实践问题能力的培养,有利于学生形成创新的意识和创新的能力。

其次,民办学校与企业合作有着天然优势,很多学校举办者本身就是集团或公司。他们出于各种目的投资办学,学校又依托企业形成了自己独具特色的育人模式。如上海民办张江集团学校由上海张江(集团)有限公司主办,上海市上海中学承办。学校身处张江高科技园区,依托这一优势,形成有效的科技创新教育可持续发展的创生机制,包括与高科技园区的相关企业合作,建立科技创新教育实践、探究基地;借助基地推进科技创新教育专门课程开发、课题与项目探究;组织各类学生实地考察活动,让学生从实际生活中感悟科技创新;联合部分高科技园区实验室、上海科技馆和区少科站,为学生提供一定的课题研究机会。

再次,挖掘包括家长在内的社会力量参与办学,也是民办中小学搭建创新教育平台的优势。由于民办家委会组织相对完善,家校互动、交流更多。以嘉定区民办行知小学为例。学校在选举新一届家委会时修订家委会工作章程、工作制度、工作计划等,还开设家委会邮箱,建立校级家委会 QQ 群。一方面促进家校信息互通,另一方面方便家长之间交流。同时,家委会每周驻校办公,安排各委员驻校轮值,发挥家委会的监督服务功能。

四、教育质量较高

首先,敢于放手发展学校特色、鼓励孩子多元创新,很大程度上源于一种办学自信。在上海,民办小学、初中学校大多属于家长热捧、社会广泛认可的优质教育资源,在"吸引优质生源—优质办学—吸引更多优质生源"的良性循环中具有相对优势,从而为推行创新教育释放更多空间。以阳浦小学为例,在杨浦小学分拆为杨浦小学、二师附小和民办阳浦小学后,包括老校长张治在内的一批优秀师资转到民办阳浦小学任教,阳浦小学获得高起点发展。这所民办小学直接传承了原本公办杨浦小学"小班化"的教改经验,并在课程设置方面更进一步,试点英语分层教学等,教育质量维持高位,成为热门的家长择校点。而有了优秀生源保障,它在课程改革、培养学生的综合素养的实践方面进一步突破,优质办学得到更多家长认可,学校进入良性循环。

在国外,基础教育阶段民办教育多数带有较为浓厚的"精英"色彩,在激活发展潜能方面表现优异。以美国为例,美国具有较好的私立教育传统,私立中小学的历史要比公立学校长,早期的领袖们也多毕业于私立学校,美国私立学校引以为豪的是其学生长期以来在综合素质和能力测试中都超过公办学校。

美国私立教育提供优质服务:必修课少,选修课多,充分尊重学生的个性和兴趣。从总体上看,美国中小学都开设大量的选修课程,特别是中学阶段的私立学校大多都有100门以上的选修课,力争满足每一个学生的需要,并培养学生的实践能力,提升其思维水平,探索解决问题的方法。

其次,重视通过课堂来培养学生的创造能力。美国私立学校的课堂教学活动气氛活跃、宽松,多采用小班教学,学生自由度大,教师多通过对话、交流、辩论、专题研讨等形式让学生动口、动手、动脑,特别重视学生的主动质疑、自由讨论,而对学生提出的有价值的问题,也会让学生自己独立去思考,并通过查阅资料、社会调查和教师的指导等类似研究的方式来解决问题,获得自己独特的结论。

再次,在办学体制和学校管理方面,由于私立学校与公立学校相比,较少受政府法令、条例及纳税人的约束和干预,能在课程建设、教材教法和学校组织上有更多的自主权,并能开展新的实验。因此,相对于公立学校,私立学校逐渐积淀出一些为公立学校所不及的特质,如高水平的教学质量,管理的高效,纪律和秩序的自动建构,有限资金的充分利用,富有挑战性的课程,抱负远大的学生,等等。这些对于创新教育均具有较好的推动意义。

第四节　改革优化办学机制

民办教育在办学机制方面拥有独特优势,但与公办学校相比,投入保障不足,自主办学的机制不能完全落实,创新型师资培养和任用受限,应试压力更大等外部因素制约,使得民办中小学发展受限。同时,民办中小学能否用好办学自主权,家长阻力能否变为合力,国际教育经验如何取长补短,学业评价与学生出路可否更多元等"内因性"瓶颈问题如何破解,也需要进一步改革探索。

一、政府放权以推动民办学校个性特色发展

教育政策是影响学校办学的重要外因。当前,民办教育虽然拥有一定的机制优势,但政府的很多扶持政策无法与公办学校相提并论,因而影响到民办中小学的创新教育实践。

全面落实办学自主权,为特色育人开路。办学自主权是民办学校生存之本、发展之基,是激发民办学校活力的源泉。目前,上海民办中小学招生权不仅

没有扩大,反而被挤压。民办学校应当按各自特色自主制定和实施招生方案,但目前,上海为了规范民办中小学招生管理,规定无寄宿条件的民办中小学不得跨区县招生、每位学生最多只能报 2 所民办中小学等。这使得民办学校无法在更广范围内挑选生源,从而缩减综合素养培养空间。建议落实和扩大办学自主权,允许民办学校招生自主跨区挑选。同时,在课时、课程方面扩大自主权,给民办学校引进和开发多元化的校本课程松绑。

完善评价体系,引领学校特色发展。目前,民办中小学的评价指标,仍在应试与综合素养培养之间"两难",民办中小学的整体应试压力更甚于公办学校,功利性的压力无形中会挤压民办中小学培养孩子综合素养的空间。同时,如何评价民办学校的办学特色,是与创新教育密切相关的一个导向性指标。上海共创建首批特色学校 34 所,特色项目校 30 所,上海民办中小学特色学校(项目)评价标准体系已初步建立,其中"大部分学生潜能得到激发,兴趣爱好得到培养"占据了较大比重,体现出对激发学生潜能包括发展潜能的重视。但也有部分学校将"特色"当成标签、品牌,或者是小部分学生的专利。建议评估实践中运用好评价指标,让特色辐射到每一位学生,让发展潜能得到激发,这需要进一步探索。

二、开拓经费投入渠道,为创新教育提供完善支持

近年来,上海教育投入大幅度提升,公办学校的实验室建设、课程开发、教科研、出国交流项目等日益增长,学生参加创新活动平台日益厚实。但上海民办中小学由于办学成本所限,与公办学校差距正在不断拉大。一方面,硬件投入跟不上公办学校的更新速度,另一方面,在选派学生出国参加创新项目比赛等方面,公办学校有政府投入补贴,而民办学校要学校或学生"自掏腰包",经济成本考量影响到参与积极性。

目前,上海已经在全国率先成立民办教育发展基金会,探索建立政府主导、社会各界参与的民办教育多元融资机制。建议建立规范透明的财政监管机制,完善民办非营利的运作机制,鼓励多元资金投入民办中小学,解决民办中小学在培养学生综合素养方面的燃眉之急。同时,建议赋予民办学校自主定价权。民办中小学收费权受限,无法反映不同办学成本和办学质量差别,也不利于民办学校根据社会需求培养出具有不同发展潜能的学生。建议让民办学校根据

自身办学条件、服务水平,结合社会需求和承受能力等因素,自定项目和标准,为综合素养培养开拓更大空间。

三、改革师资准入门槛、完善职后培训体系,稳定师资队伍

民办中小学发展需要有优质师资,但目前,很多有丰富的校本课程、满足学生多元潜能发展的学校,都面临着适应和胜任激发学生创新意识与潜能的师资欠缺的问题。表4-1是上海民办小学与公办小学的教师职称情况比较。

表4-1 上海民办小学与公办小学2009年至2011年教师职称情况比较

类型	小学高级	小学一级
公办小学	50%	30%
民办小学	20%	22%

资料来源:据李宣海、高德毅主编《上海民办教育发展报告》,科学出版社,第137页数据绘制。

现代学校制度要求开门办学,需要广泛吸引和吸收社会各界的资源,服务学校教育教学。有些学校的校本特色课程会引进不同的课程资源,但"教师资格证"一条规定,扼杀了许多有创造性的校本课程开发和实施,使得学校教育的创造性与创新性从源头上大打折扣。据统计,目前上海民办中小学校长中有近三分之一的人没有校长资格证和教师资格证。建议探索建立符合民办教育特色的教师资格标准,同时,要加强职后培训。公办学校教师培养具有完善的顶层制度设计和分层、分段实施体系,但长期以来民办教育教师不在此列,入职后的专业成长游离于门外。建议完善相关政策,让民办学校师资享受同城待遇。

四、贯通民办高中与民办高校的自主招录体系

受应试驱动,民办中小学过热、民办高中和高校过冷,两者无法对接。学术型人才成才和职业技能型人才成长道路无法兼顾,也不利于多元化创新人才的涌现。

近期出台的全国高考改革方案中,要求探索高职院校注册入学、自主招生之路。目前上海民办高中处于弱势地位,学生出口堪忧,而民办高校招生也面临瓶颈,高端的和国际化的职业人才培养尚有许多空白点。建议民办教育分层分类规划发展,建设一批高水平民办职业院校,对接民办基础教育,在探索创新

人才培养方面开辟一条新路。

五、激活学校主体性

　　学校需要转变观念,从应试为中心转为育人、为了人的终身全面发展而奠基,重视创新教育。但同时,又不能"为了创新而创新",把创新概念化、贴标签。因此,建议学校层面在改变课堂、改革课程、改善评价等方面,吸收借鉴国外民办中小学的经验,在激发学生发展潜能方面进一步突破。

　　建议学校转变观念,重视学生个性的培养,特别是尊重学生的个别差异,不压抑学生的个性发展,从小就注重培养学生不迷信权威,敢于质疑和批判的精神,使他们的创造力从小就得到呵护,为今后的发展打下了良好的基础。

　　淡化应试色彩,强化学生综合素质培养的导向。新版高考改革方案明确提出,未来高校招生录取,将综合高考、高中学业水平考和学生综合素质评价的结果。将综合素质纳入升学考评,就是为了减少"应试"的束缚,引导学生扬长发展、多元发展、综合发展。这对于进一步激发学生的发展潜能起着奠基性的作用。

　　民办中小学发展过程中,多元特色与统一应试两种教育价值追求并存。建议民办中小学从理念上,淡化应试色彩,真正回归多元特色办学的轨道,引导学生特长与全面发展相协调,创造更大空间,为激发学生潜能打下良好基础。

　　强调运用知识解决问题的课堂教学模式。学生创造力的培养主要体现在日常的教育教学活动中。西方现代教育以儿童为中心,在日常教育教学中都围绕着学生的需要展开,学生在课堂教学中是真正的主体,他们能自由地质疑、讨论和交流。大量研究表明,开放式的课堂比传统课堂更能促进学生创造力和发散思维水平的提高,对学生创造力的发展寻求到更好的时空。建议上海民办中小学将创造力的培养落实、渗透到每一堂课中,培养学生的问题意识和解决问题的能力。

　　构建多元差异课程,促进学生多元发展。课程是培养学生创造力的平台或载体,但不同的学生具有不同的创造潜能,需要多元而差异化的课程来满足不同学生的发展需要。这一点已被教育发达国家的私立学校高度重视,他们多利用自己雄厚的经济实力和优秀的师资来实现这一目标。如,英国公学倾注了大量人力、物力和财力,伊顿公学就有数百门为学生开设的选修课程。德国私立学校也非常重视课程的建设,德国的私立学校以为学生提供个性化的学习而自豪。在德国的私立学校中,每班的学生数量比较少,学校会针对各个学生的特殊天赋或学习困难进行专门辅导。20世纪末,德国开展了一轮课程改革,在小学阶段,设置富有特色的"促进课",以适应不同学生的发展和能力水平。

倡导多元与灵活的教育评价方式。学生创造力的培养需要正面的激励与引导,这与教育评价方式紧密相关。如果教育评价方式比较单一,那么培养出来的人才也将是同质化的,这自然不利于学生创造力的培养。标准化考试只能测出智能的一小部分,过分注重考试及其成绩,不利于学生多方面智能的发展,尤其不利于学生创造性思维的开发。美国学校从小就不重视学生死记硬背能力的考察,而是通过专题作业、讨论展示、演讲交流等形式考察学生主动质疑、搜集信息、运用知识和解决问题的能力,以一种具有人本意义的教育评价方式,一切以学生的快乐成长为本,从培养学生综合素质的角度来促进学生创造力的发展,此举可以借鉴参考。

第五章

社会力量共参与

　　在过去二十多年中,上海民办中小学的发展除了政府的扶持推动和规范约束之外,社会力量也起了非常重要的作用。一方面,民办学校逐步明确社会资源对民办教育的重大意义和角色定位,积极开发和利用各类社会资源;另一方面,协会、专业委员会、基金会、社会团体、社区、家庭等各类社会力量也通过不同方式,积极支持广大民办学校。多种社会力量共同参与办学,为上海民办教育的健康发展作出了贡献,体现了"人民办教育,教育为人民"的思想。

第一节 专委会及协会

一、校长联谊会:协会成立前的机构

在民办中小学协会正式成立之前,上海市民办中小学中的民间社会组织已逐步发展,那就是上海市民办中小学校长联谊会。1993 年 2 月 26 日,在上海市和各区政府的努力下,联谊会在扬波小学宣告成立。当时,上海市教育局领导,闸北区、长宁区、虹口区教育局领导,首批创办的 6 所民办学校扬波中学、扬波小学、新世纪中学、新世纪小学、明珠中学、白玉兰学校的校长都参与了成立大会。

物类之起,必有所始。上海市民办中小学校长联谊会在诞生之初有如下几个特点:第一,它是改革开放以来上海第一个民办教育领域的行业协会,在只有 6 所民办中小学且都刚刚诞生不久的情况下,就成立了联谊会,可见上海民办教育管理者和从业者反应速度之快。第二,联谊会一开始受到教育行政部门的支持,在民办教育刚刚诞生、很多地方政府对民办教育并不支持的情况下,上海民办中小学校长联谊会在成立之初就受到上海市和各区县教育行政部门重视,这为联谊会工作的顺利开展提供了保障。第三,联谊会成立时名为"上海市民办私立全日制中小学校长联谊会",把"民办"与"私立"并列,反映了当时联谊会创办者对民办教育这个初生事物谨慎探索的态度。第四,联谊会是行业协会的初始形态,从现有可查资料看,联谊会存在没有协会章程、组织架构也不尽完善等缺点,然而其基本职能如上下沟通、协助管理、传播信息、政策宣传等都已经具备了,这为后来的专业委员会、教育协会和其他协会的诞生发展提供了样本。

目前,上海市民办中小学校长联谊会已更名为"上海市民办中小学校长沙龙"。在市教委相关处室、地区教育局等领导的关怀与扶持下,"沙龙"协调民办学校共同开展活动。活动分为小学、中学和高中三组,每组半年开展活动 2 次。活动形式包括:学校特色展示、观摩和经验交流;学习国家和上海民办教育政策法规;加强政府部门与学校间的上下沟通。联谊会原包括一个评估中心,现在划归上海市教育评估院。

民办中小学校长沙龙组织通过联谊活动,推动民办教育政策、信息以及办学者诉求的上传下达,并为民办学校提供专业服务。

专栏 5-1 上海市民办中小学校长沙龙活动一隅

2014 年 12 月 18 日,上海市民办中小学校长沙龙小学组的校长们在会长带领下到上海外国语大学附属外国语小学参观学习,倾听上外附小在"创建特色学校活动"中的工作进展。上外附小自 2005 年由上海外国语大学直接管理之后,以英语教学为特色,强调语数并重,提倡全人发展。立足于"强化英语、实践双语、试验多语"的特色学校创建顶层设计,学校构建了以"大方、大度、大智"为核心价值观的整体课程框架,通过以 Foot 校本外语特色课程(Fundamental 基本课程、Original《走进世界》等双语特色课程、Optional 自选课程以及 Team Activity 丰富多彩的拓展课程)为主的特色课程设置,富含"千里之行始于足下"的深层含义,培养具有"中国情结、国际视野"的附小人。

在座的民办小学校长,在聆听了上外附小校长关于办学理念和未来发展的陈述、副校长的具体讲解,以及外语教研组长等对于 Foot 校本外语特色课程的精细解读之后,对学校"不但立足于当下,更是着眼于未来;不局限于上海,更走向全国乃至世界"的办学愿景深表钦佩,大赞"上外附小的学生很开心,老师很幸福"。

之后,上海市民办中小学校长沙龙集中研讨,由市教委民办教育管理处领导通报了民办教育有关信息。处领导表示,目前国家积极鼓励民办教育,即将出台相关文件,给予民办教育更广阔的发挥空间,为学生成长成才提供更丰富的渠道。而上海的民办教育综合改革工作也在加快进行,包括在民办中小学搞非营利试点、进一步完善税收制度、鼓励优质民办学校托管较弱的公办学校、编外教师年薪固定制度等。总而言之,民办学校的"特色创建之路"非一期一夕,永远在路上,需要几代人的不断积累和努力。

(资料来源:①《新闻晨报》,2014 年 12 月 23 日,标题有改动。② 许明、黄鸿鸿:《国外私立中小学教育的发展动向》,载《教育评论》,1996 年第 4 期)

1993 年以来,联谊会定期组织校长们开展政策、理论学习,邀请市教委领导、教育专家为民办中小学校长们开设讲座,及时宣讲民办教育发展形势、政策

和要求。联谊会还经常举办实施素质教育的现场交流、研讨会，组织校长们到国内外考察、交流等。目前参加沙龙活动的学校近 80 所，分小学组、初中组和高中组，自 2005 年以来共举办各类活动 71 次。先后汇编发行了《基础教育办学体制改革文件选编》《民办农民工子女教育工作文件、资料选编》和《中小学干部教师培训辅导讲座》。2007 年 6 月起举办了"学校现代化办学之路"校长研习班，出版了《上海市民办教育新探》《上海民办中小学十年》《上海民办中小学书画作品选》等办学经验汇编和画册。

二十余年来，上海民办中小学健康稳定发展，未曾有大起大落，联谊会在其中发挥了一定作用。在联谊会的发展历程中，开展了行业间的服务、协调、联系、监督、管理等自治、自律活动。团结、引导广大民办中小学贯彻党的教育方针，遵守国家有关法律法规，为发展上海民办教育，促进全面实施素质教育作出积极贡献。

校长联谊会（沙龙）虽在上海民办中小学发展史上起到一定作用，但它是一个相对松散、自发的组织。1999 年 7 月 16 日，上海市教育学会民办教育专业委员会的成立，改变了这种状况。民办教育专业委员会是上海市教育学会下设的33 个专业委员会之一，是在市教育学会领导下群众性、行业性的学术团体。随着民办中小学数量增多、规模扩大，教育主管部门和民办中小学从业者都需要一个行业组织进行政策传达、上下沟通、团结协作。2005 年 3 月上海市民办中小学协会经市教委批准、社团管理局登记后正式成立。它是改革开放以来，上海民办教育历史上第一个具有社团法人资格的行业协会，标志着上海民办中小学教育正式迈入行业协会时代，具有里程碑意义。此后，2012 年上海市民办教育协会成立，上海民办中小学协会归入上海民办教育协会，成立"上海市民办中小学专业委员会"，中小学协会依然存在。

二、协会发挥桥梁作用，做好上下沟通

民办学校在办学过程中，总会遇到这样那样的矛盾、困难和问题，希望政府和社会加以了解和关注，更希望得到政府和社会的帮助。而各级政府部门也希望了解基层的实际情况，从而加强工作的针对性。积极反映民办学校的合理诉求，改善民办学校的生存环境，沟通政府与民办学校之间的联系，上情下达，下情上达，为政府有关民办教育相关法规、政策的制定建言献策，提供服务，就成

为协会工作的重中之重。为此,专委会和协会采取了多种途径、多种方法,充分发挥行业中介桥梁作用。

1. 邀请领导专家解读政策

《中华人民共和国民办教育促进法》出台后,协会及专委会通过各种途径宣传,呼吁不断改善民办学校办学环境。在市教委、人大、政协、民主党派等召开的民办教育或办学体制改革专题座谈会上,协会或会员单位代表就民办中小学问题都作认真发言,宣讲《民促法》的基本精神,并把发言系统整理,归纳成专题报告提交相关部门,为促进民办教育发展,改善民办教育办学环境献计献策。协会领导撰写的《民办教育存在的亟待解决的问题和对策建议》等研究报告被民进中央以专报形式呈送国务院,得到中央领导的重视并作出很高评价。协会还邀请国家教育发展研究中心、中国民办教育协会、上海市教委等部门领导给校长们讲课,解读国家出台的重大政策。

2. 走访学校,了解办学情况

协会和专委会管理层平时积极参加各区县分会的活动,走访学校,参加教学展示活动,了解民办中小学的实际情况。

专栏 5-2 上海市民办中小学协会
赴金山民办学校参观指导

由民办中小学协会老校长工作委员会组织的老校长一行十余人前往金山区民办学校进行参观和指导。他们先后来到了民办上师大实验中学和金盟中学,受到了金山区有关领导及学校方面的热情接待。在听取了学校校长们的介绍后,老校长们都充分肯定了金山区的民办学校在区政府的大力支持下取得的成绩,同时也感觉到我们民办学校的办学者及校长的责任大、担子重。此外,老校长对于现在民办学校普遍存在的问题发表了自己的看法和见解,并希望协会能更好地发挥桥梁作用,能为解决民办学校的一些瓶颈问题提供帮助。下午,老校长们还参观了金山区廊下镇的新农村工业园区。

(资料来源:上海市民办中小学协会 2007 年大事记)

为了让其他省市更加了解上海民办中小学办学情况,相互交流借鉴,协会还接待了诸多来自北京、重庆、辽宁、广州、新疆等地的民办教育考察团,共同考

察协和、西外、世外中小学、金苹果、新虹桥、中芯、田家炳、丽英、扬波、教科、万源城等多所学校。

3. 建立信息沟通平台

上下沟通,平台至为重要。为此,协会创办会刊《民办教育新观察》,创建上海市民办教育协会和上海市民办中小学协会网站,配备专门人员,定期出版、及时更新,为做好上下沟通工作搭建平台。

经上海市新闻出版局批准,协会会刊《民办教育新观察》准许向全市民办中小学发行。在会刊"征稿启事"中这样描述道:"本刊试图把民办教育发展置于社会经济、文化的宏阔背景中,及时反映全国各地各级各类、各种各样民办教育发展的典型经验、先进人物、改革动态、研究成果等,努力做好宣传工作,为民办教育健康发展营造有利环境。主要栏目包括教育时评、专题策划、民教人物、热点聚焦、区域探索、办学方略、教苑风采、域外视野、理论研究等。"协会还与中国福利会联手合办面向全国公开发行的《学生计算机世界·校园生活》,既为学校提供了信息沟通渠道和展示窗口,也为民办学校学生提供了阅读、写作、交流的平台。上海市民办教育协会网站和上海市民办中小学协会网站也及时发布信息,做好上情下达、下情上达工作。网站自开通以来,关注度不断上升,截至2015 年 8 月 30 日,上海市民办教育协会网站点击量超过 358 万人次。

三、协会加强行业自律,优化发展环境

民办学校的健康可持续发展,良好的外部环境是必要的,但其安身立命的基础是自身依法办学、规范办学。政策大环境的调整需要时间,改善需要过程,协会可以呼吁、建议,但不能起干预作用;然而在学校依法办学方面,却可以大有作为。在上述认识下,协会和专委会积极引导会员单位加强自律,增强依法办学的意识,规范办学行为,在一些底线问题上形成行业规范,使民办学校取信于民、取信于社会、取信于政府。

协会和专委会通过调研,认为上海民办中小学内部小环境总体是平稳、有序的,这是市区两级政府加强管理和学校自身努力的结果。然而,有的学校由于历史原因,在依法办学上存在"先天不足",在具体办学过程中,还或多或少存在一些不够规范的地方,所以要加强管理、教育,细水长流不断线;加强自律、自查,警钟长鸣不懈怠。为此,协会和专委会以市教委开展民办中小学依法办学

的专项评估为契机,加强行业自律,优化小环境。协会根据教委要求,积极做好配合工作,在评估的指导思想、目的,评估的标准、办法、程序,评估结果的处理一直到评估中一些敏感问题的把握等,几乎在整个工作过程中,都从上海民办中小学的实际出发,从"促进"和"规范"相统一的原则,提出建议,参与讨论,推荐评估专家、跟踪评估的动态,积极反馈基层学校在评估中的感受,为这次专项评估的顺利推进发挥了协助配合的积极作用。广大民办中小学也以评估为契机,逐条对照评估标准,自查自纠,认真整改,绝大多数学校都达到"合格"标准,更有一些被评为"优良"。通过评估,上海民办中小学的依法办学意识进一步增强,办学行为进一步规范,学校内部环境得到优化和提升。

四、协会关注特色发展,提升办学质量

上海市民办教育协会较早参与到民办中小学特色建设的创建工作中来,并努力搭建平台,通过课题形式引领和推动上海民办中小学特色建设工作。2010年,中国民办教育协会中小学专委会牵头进行民办学校的办学特色研究,上海市民办中小学协会(上海市民办教育协会中小学专委会前身)积极响应,鼓励15所学校申报课题并立项,成为民办学校办学特色研究实验校。当时,协会副理事长朱怡华提出了特色建设的愿景目标:"第一步目标是使上海现有的一百多所民办中小学中,有三分之一的学校有明确的特色建设目标和探索项目,以后再逐步扩展到二分之一的学校,直至所有的学校,从而在上海进一步推动民办学校的内涵发展与特色建设。同时,协会也正在与政府沟通,由政府给予有课题立项的学校以一定的经费支持。"

2012年,上海市民办教育协会成立后,李宣海会长非常重视民办特色学校建设。他说:"在多重竞争压力下,民办学校该走何种道路才能生存下来,并求得发展? 我以为,'以质量求生存,以特色求发展',特色学校创建是必然方向……目前,特色学校创建的政策环境已经形成、扶持资金也已就位,教委、学校和协会各方都在积极努力。未来几年,政策导向依然坚持扶优扶强扶特扶需,政府应会加大扶持力度创建特色学校;学校之间在专业设置方面也会日趋整合,从而形成学校特色日益明显、设置布局更加合理的局面;在分类管理日益推进和教师保障机制不断完善的情况下,教师队伍也会日益稳定,从而为特色学校建设扫清最大障碍。在这种情况下,考验办学者智慧的,

就是思考如何从学校自身出发,策马扬鞭,积极作为,逐步建成特色学校、品牌学校"。

为了更好地帮助创建学校推进各项工作,在上海市教委的领导下,上海市民办教育协会及中小学专委会等机构协同配合,根据创建工作计划和民办学校的实际需要,加大对民办学校的支持与服务力度,做到规范管理与合理指导相结合,并与教育督导、年度检查等相关工作匹配起来,以深入有效地推进学校特色创建工作。为此,在与创建学校沟通协商的基础上,各方通力合作,为创建学校派出了专家组,指导学校修改创建方案,了解学校面临的困难,为学校特色创建工作出谋划策,提供指导性意见等,有力地推进了创建校的各项工作。

专栏 5-3　上海市民办中小学协会
赴宝山区同洲模范学校指导

近日,上海市民办中小学协会来到同洲模范学校研审特色学校三年创建中期推进工作。

协会领导首先听取了学校关于近期创建工作的阶段汇报,在随后的两场座谈会上,分别听取了学校小学部和中学部教师代表的交流发言。发言中老师们针对在特色学校创建工作中的课程建设、人才培养以及自身的专业发展等主题畅所欲言,随后协会领导深入教室课堂听课,查看了东方行知钢琴学校和同洲模范学校新校,并饶有兴致地观摩了三位钢琴特长生的小型演奏会。一天的指导工作中,协会领导对学校原有创建规划在教师专业发展方面的比重以及学校文化与特色课程方面的融合度提出了更高的要求,并从全市一流民办学校的层面做了具体的指导。协会领导指出,根据市教委的统一部署,下一阶段市教委还将推进和统筹民办学校教师培训工作,为民办学校的发展注入新的动力。

(资料来源:根据上海市民办教育协会网站相关报道整理)

五、协会强化服务意识,贴近基层学校

上海市民办中小学协会在成立之初,就明确提出"三贴近"的工作要求:贴

近学校、贴近教师、贴近课堂。协会管理层深深认识到,只有深入基层,了解基层,反映学校诉求,维护学校和师生的合法权益,帮助解决一些基层的困难,让会员单位感到协会确实是一个温暖的可以依靠的大家庭,协会才有自身的存在价值。为此,上海民办中小学协会组织校长考察活动,在外省市民办教育协会的帮助下,协会先后组织校长赴湖南、江苏等地考察,参观当地各具特色的民办学校,共同探讨民办教育发展中的热点、难点问题,了解外省市促进民办教育发展的重要举措,开阔校长视野。

协会更新了民办教育数据库,编写了《上海民办教育发展报告》。在市教委基教处支持下,汇总各区县民办学校事业发展的动态数据,和上海教科院民办教育研究所一起建立上海民办教育的数据库。协会计划与上海市教育科学研究院民办教育研究所长期合作,充分运用数据库,定期编写上海民办教育事业发展报告,为政府宏观决策提供依据。

设立的"民办教育发展基金"挂靠在市中小学幼儿教师奖励基金会,协会依靠社会的支持和市基金会的有效运作,使民办教育发展基金有了一定的增长,为民办学校开展科研、奖励教师、添置专项设施提供一些财力的资助。

开展老校长联谊活动,协会先后请上海一批民办中小学老校长到金山区上师大实验学校、嘉定区桃李园实验中学进行参观联谊活动;走访基层学校,协会的管理团队努力抽出时间走访会员单位,深入基层学校,增进与校长的沟通,开展调查研究、观摩专题教育等活动。

六、协会开展课题研究,指导办学实践

上海市民办教育协会成立后,协会领导积极支持民办中小学开展教学实践研究,为此发布了课题研究指南,鼓励学校申报。中小学协会对基层学校申报的近三十项课题,根据上海市民办教育协会的统一要求组织专家评审,一批课题在教育协会立项,一批在中小学协会立项。对教育协会立项课题,组织专家先后进行三次集体的开题论证。对在全国民办中小学专委会立项的课题,组织了以朱怡华副会长为组长的专家组分别联系和指导,逐校跟踪,进行中期的检查,并给予一定的经费支持。对部分学校结合教学研讨和展示,分学段、有主题地组织全市学校进行观摩、交流,其中先后包括复旦万科实验学校的"享受教育",瑞虹中学的"适者优胜,多元发展",盛大花园小学的语文教学风采展示,阳

浦小学"提高小学低年级学生生活素养体验和德育课程的开发和研究",正达福山外国语小学的"激发多元潜能,促进个性发展",丽英小学的"信息技术促进个性化学习的实践与研究",上外附属双语学校的"课程引领、提升水平"等内容。协会还下达通知,对这些课题的结题要求、时间节点都提出明确要求,以让这些课题研究能扎扎实实、持续有效地得到推进。许多学校结合中期汇报或结题,在区内或市级范围举行教学交流展示活动,其中包括宏星、平和、进华、立达、丽英、尚德、交华、东展、明珠、存志、培佳、金苹果、田家炳等学校。交流活动不仅有研究成果汇报,还有许多公开课、校本教材和学生作品展示,内容丰富、规模较大,公、民办学校的许多领导和教师前来观摩,分享研究成果,形成较为浓厚的研究氛围。

上海这项工作也得到全国民办中小学专委会的充分肯定,2011 年至 2012年有 26 所民办中小学分三批被专委会表彰为"先进学校",有 6 所学校被表彰为"示范学校"。

七、协会协助开展调研,做好农民工子女教育工作

以理论研究、政策研究、应用研究为抓手,总结提炼上海民办教育发展规律,指导办学实践,是上海民办教育协会、中小学协会和专委会工作应为之事。这些年来,进城务工人员随迁子女的教育,关系到实现教育公平、教育均衡发展的问题,从中央到市委市府都高度重视,2011 年 7 月,时任市委书记俞正声还到徐泾地区调研,作出了许多重要指示。中小学协会领导中的市政协常委也陪同市政协领导到闵行、嘉定农民工子女小学调研。市政府以基本办学成本补贴的方式,做到了每一个进城务工人员随迁子女都能享受免费义务教育。

协会农民工子女教育专委会受市教委委托,开展专题调研,了解本市随迁子女在沪接受教育的真实情况,把握随迁子女的构成和发展趋势,实地调研写出了很有说服力的高质量的调研分析报告,得到教委领导的充分肯定,为制定农民工子女的教育管理和规划提供了重要依据。专委会还先后在闵行华星小学、松江昆港小学举行现场交流会,举办农民工子女小学的文艺演出,召开学校图书馆工作现场交流会,在暑期举办农民工子女小学安全责任人的专题培训班,协助南都基金会评选农民工子女小学的优秀教师等。另外,专委会参与了一些区县对这类学校的年检工作,参与市督导室对第二批纳民管理学校的督

导。在这些具体工作中了解这类学校办学的实际情况,在此基础上,进而准备在民办农民工子女小学就办学质量标准、教师队伍建设、学校管理制度三个专题作深入研究,提出对策,为市教委基教处当好帮手。

协会作为一个非官方组织,在很多方面还有可为之处。比如,进一步加强行业自律,促进学校规范办学,构筑与政府的协同运作机制;真实反映民办学校诉求,畅通民办学校和政府的沟通渠道;关注农民工子弟学校等弱势群体学校,切实解决他们办学过程中遇到的困难;以科研为抓手,为创建"高水平、有特色"的民办学校贡献力量;面向市外域外,增强国际视野,引进来走出去,吸取好的办学经验为协会所用。这是协会需要努力的方向。

第二节　评估所及中心

除了校长联谊会(沙龙)、协会及专委会外,还存在其他类型的中介机构,它们为上海民办教育良性发展作出了自己的贡献。

一、上海市民办教育发展服务中心

上海市民办教育发展服务中心(以下简称"中心")成立于 2014 年。作为一个相对独立的部门,人员聘任采用专兼职结合的方式,业务工作接受市教委民办教育管理处指导和管理,行政管理纳入上海教科院民办所的管理体制。

中心自成立以来,坚持"以依法诚信为基石,以工作目标为导向,以专业服务为主线,以成果质量为核心"的工作理念,为市区两级政府、行业协会和各级各类民办学校提供专业服务。两年来,中心主要工作有:① 组织全市部分民办高校学员参加教研科研骨干研修班,提高民办高校科研水平。② 负责"民办教育信息管理网"的日常运行维护工作,发布民办教育的相关政策和会议通知以及外网信息公示平台的日常信息更新和维护等。③ 负责全市各区县中小学办学许可证管理相关工作,以及民办高校办学许可证网上申领培训。④ 协助上海市教委信息中心,促进民办高校信息化建设;与上海教委信息中心共同策划组织上海市民办高等教育学校"信息化工作管理人员"挂职锻炼学习活动;依托民办高校信息化建设协作组平台,组织协作组专题交流活动。⑤ 推进部分民办高校申报教育部第一批教育信息化试点项目;邀请市教委信息中心、复旦大学、上海理工大学的信息化建设专家和市教委督导专员审核变更部分学校方案并提出优化建议。⑥ 中心自身还进行了《行政审批事项标准化业务手册和办事指南》《民办高校举办者变更、民办高校决策机构成员变更程序》《上海民办高校联合购买信息化服务模式研究》《上海民办高校专项扶持项目状态数据库建设研究》等项目的研究。

中心在成立不到两年的时间内,圆满完成了市教委相关部门委派的任务,承担起行政部门和民办学校上下沟通的功能,在公布民办教育信息、促进民办学校科研建设、维护网站日常运行、加强民办学校信息化建设以及自身科研发展方面都成绩明显,颇有起色。

二、上海市闵行区教育评估事务所

上海市闵行区教育评估事务所(以下简称"评估所")成立于 2000 年 11 月,是在闵行区民政局登记的民非企业,业务主管单位为闵行区教育局,举办者为上海市闵行区中小幼教师奖励基金会。评估所是闵行区社会组织促进会的会员单位,第二届上海市教育评估协会常务理事单位,上海市教育评估机构专业委员会第二届副主任单位。评估业务范围为:"承办闵行区社会力量办学资格评估、中等以下(含中等)办学水平评估、组织业务培训。"评估所实行董事会领导下的所长负责制。

评估所自成立以来,接受政府部门和办学机构的委托,开展了民办中小学、公民办二级及以下幼儿园、非学历教育机构的设置性评估、办学水平分等定级评估;开展了部分民办学校的年检;进行了区实验性、示范性高中的评估,创建新优质初中的项目评估,区中小幼学校骨干教师培养基地建设项目、市教育机构委托管理项目的评估,中小学学生行为规范示范校、科技教育、阳光体育、艺术教育特色校的评估;还对涉及向学校供餐的社会餐饮企业资质进行了评估;参加了区人保部门组织的职业技术技能培训机构的评估等共 21 个大类项目,近几年,每年的具体评估事项都在 200 项左右。

在评估实践中,积极参与相关课题的研讨,承担评估方案、指标等评估工具的开发和研讨,先后参与市教育评估项目指标开发研究,承担了闵行区教育部门、区人保部门委托的教育评估项目的相关评估方案与评估指标的研发等。评估所还承担了区职业技能培训机构办学水平评估方案与指标的研讨和开发。先后为区内各类教育机构、为供餐企业的董事长、校园长、档案管理人员,作过多次专业培训、评估方案和指标的解读。认真为各类民办教育机构提供咨询服务,参与为市、区教育、人保等相关政府部门提供政策研讨、评估工具开发等公益性服务,为政府宏观管理建言献策;在实地评估的基础上,认真整理评估过程中遇到的共性问题,及时与教育行政部门进行沟通,为行政部门加强管理、制定政策提供有益的服务,形成的各类专题总结多份。

在为本区做好教育评估、咨询的同时,通过市教育评估协会,认真开展跨区域的工作研讨合作,不断探索教育评估的新方向。闵行评估事务所先后与南汇区、青浦区、杨浦区、浦东新区的教育评估机构进行评估交流活动。同时,还应邀积极参加全市范围内的各类评估活动;通过市教科院民办教育研究所,与国际及跨地区认证委员会(CITA)建立了交流合作关系,尝试在国内进行国际教育认证研究和实践,参与了文来中学、文绮中学、世界外国语中学、进华中学、平和双语学校等学校的国际鉴证评估。

1. 逐步细化评估标准,规范评估工作

第一,以正确的评价观指导评估工作。评估所认真研究第四代教育评价理论,积极实践"共同建构"的评价思想,坚持评价是双方交互作用、共同建构、统一观点的过程;坚持"全面参与"的观点,强调双方共同参与,形成平等、合作的伙伴;承认"价值差异",以价值标准多元化改善传统评价理论价值的一致性、单一性。

第二,坚持评估工作基于标准、规范程序。评估所以积极的态度接受委托,认真做好指标的开发、制定。各类指标都坚持既要重视规范统一,又要促进特色形成,强调规范性与发展性的辩证统一;坚持集思广益,保证评估指标体现政策性、科学性,在得到政府业务主管部门、专家、被评估单位等各方面充分认可的前提下送审定稿。评估指标开发过程中的充分讨论,为后期评估工作的顺利推进奠定了基础。

第三,坚持评估过程的公正、公平、公开。评估所不断完善廉洁自律的评估协议、评估专家遴选的回避等机制,经常听取被评估单位、委托方(政府业务主管部门)的反馈性意见等。每次评估,评估所都力图认真坦诚地与被评估单位进行双向交流,在交流评估中采集信息,保证相关信息的真实、正确,特别是主要信息、重要信息不遗漏、无差错;同时交流针对信息的评价观点,达到双方基本认同,真正做到事实(信息)和观点(评价)公开并基本认同。另外,认真负责地向委托方提供真实公正的评估结论和项目性整体汇总报告,并在相关范围内公开。

第四,坚持发展性、主体性、互动性、尊重差异性的评估原则。一是发展性原则。在评价方向上既注重评价对象现实,更注重其未来发展,着眼于学校未来发展的需求,注重将学校发展需求和社会、学生的发展需求紧密结合,拓宽学校自主发展的空间和思路,积极引导学校聚焦学校特色创建和课程教学改革,解决影响学校教育改革和发展中的重大问题。二是主体性原则。发挥学校的主体作用,支持学校依据内涵发展需求自主选择发展目标和改革举措,强化学校在发展过程中自我反思、自我调整、自我完善的意识和行为,形成学校内涵发展的自我评估机制,增强学校在办学实践中重视经验总结,积淀学校文化,不断提高完善自我、发展自我的能力。三是互动性原则。在评价实施过程中,评价者与被评价者的互动以信任为基础,共同协商、探讨的态度与行为贯穿始终。重视发挥评价对象参与的积极性,积极营造合作研究的活动氛围,使评估的全过程成为共同探索、共同协商、共同建构的发展过程,促进学校发展目标的实现,提高评估工作的实效性。四是尊重差异性原则。重视学校发展的差异性和多样性,引导学校依据自身的发展基础确定自身发展目标,体现目标内容的递进性,形成学校逐步向高层次目标发展的自信心和不断发展的内在动力,促进学校形成持续发展的良好态势。

2. 认真做好"第三方"评估工作,取得广泛的社会成效

多年来,评估所工作受到登记管理机关、业务主管部门和被评估对象的好评。在 2011 年上海市教育评估协会的机构认可委员会对闵行教育评估所作认可评估时,闵行区民政局、闵行区社团局的领导亲临现场,并对闵行教育评估事务所评价道:"评估所做了大量的工作,事务所的责任心是比较强的,把关把得好。我们两家(指评估所与登记机关)经常互相沟通,解决问题。"区教育局的相关科室、区教育局有关领导都对评估所的工作给予好评。如普教一科认为"评审过程公开、公正、公平,操作流程规范严格,评审结果科学合理";"对所有参评学校都出具了一份翔实的评估报告,并提出了建设性的建议,所有学校都表示认可,没有一所学校对评审结果有任何疑义。"除了在评估中及时听取被评估单

位的意见外,还结合区教育局、财政局对委托评估项目的绩效评估等机会听取评估对象的意见。评估所也进行了年度的问卷调查。相关问卷调查的评价均优良。如2014年,随机抽样35个被评估单位,其中10所中学、5所小学、10所幼儿园、5所随迁子女学校、5所非学历教育机构的问卷调查,对"标准把握""程序规范""服务态度""服务质量""收费标准""总体评价"等项满意率均为100%。

3. 不断实践和探索,反思评估成果,积极面临挑战

评估所在评估工作中取得了诸多成绩,然而也面临着很多挑战,还需不断探索和完善。包括:一是要不断探索教育工作管、办、评分离又联动的理论和机制。二是评估机构自身发展面临的体制、机制问题不断出现,如评估所在服务范围上还没有正式参与国际评估业务的许可等,还需要进一步予以突破。三是专业性评估队伍建设任重道远,评估所自身建设,新老交替,质量、技术上衔接需要一定的时间过渡;专家队伍的建设中由于年龄等问题也同样面临专家再储备的挑战。四是评估实践中的新问题对评估所提出了新要求。随着教育改革与发展的不断深入,法规政策的新调整,教育发展中的新事物、新情况、新问题不断出现。基于规范和标准的评估工作,势必要与时俱进。

第三节　基金会支持民办学校发展

一、上海市部分基金会概况

1. 上海市中小学幼儿教师奖励基金会

上海市中小学幼儿教师奖励基金会成立于1987年9月,是经上海市人民政府同意、中国人民银行上海分行批准、上海市民政局核准登记的全市性社会团体。业务主管单位为上海市教育委员会。其宗旨是:表彰中小学幼儿教师的功绩,提高教师的社会地位和待遇,鼓励他们教书育人,为人师表,忠诚于人民的教育事业,以全面提高教育质量,促进本市基础教育事业的发展,推动全社会关心和支持教育,弘扬尊师重教的社会风尚。基金会主要奖励本市中等学校(包括普通中学、中等职业学校和技工学校)、小学和幼儿园中在教书育人、管理育人、服务育人方面做出显著成绩的优秀教师和优秀教育工作者。设立上海市

园丁奖和其他奖励项目。通过各种形式宣传优秀教师的先进思想、先进事迹。举办各种有利于提高教师社会地位和对教师有利、对教育有益的活动。此外，还设立尊师重教奖，奖励在尊师重教方面作出突出贡献的先进集体和个人。

本市各区县均成立了教师奖励（教育）基金会，已形成网络，广泛开展了奖励教师、宣传教师、支持教育的各项活动。2006年市基金会被市人事局、市民政局、市社会服务局、市社团管理局评为"上海市先进民间组织"；经市社团管理局评估，市基金会被确认为4A级社会团体。

2. 上海市人文关怀阳光基金

成立于1994年5月7日的上海市慈善基金会，是一个民间非营利性慈善社团组织，其宗旨是："安老、扶幼、助学、济困。"2008年7月，由上海市慈善基金会、上海市作家协会、上海市民办中小学协会和上海民进企业家联谊会联合发起，成立了"人文关怀阳光基金"。该基金是隶属于上海市慈善基金会的助学专项基金，致力于教育扶贫、文化帮困、协助相关部门做好四川汶川大地震灾区的重建及灾后基础教育的恢复和发展，提高对贫困地区儿童帮困与助学的人文关怀扶助力度。近年来，基金形成了一大批社会效应良好的慈善公益品牌项目，在改善和提高西部贫困地区教育硬件和软件水平、资助和奖励西部地区贫困生、改善上海外来务工人员随迁子女受教育环境、帮助社会弱势群体、支援国家灾区重建等方面提供帮助和人文关怀。

3. 上海市民办教育发展基金会

上海市民办教育发展基金会成立于2014年8月15日，是由政府倡导、民办学校联合发起，以支持民办教育发展为宗旨的公益性基金会。该基金会成为"鼓励社会力量兴办教育"精神的重要举措，也是上海在民办教育改革上的"先行先试"。基金会充分发挥教育资金的"蓄水池"功能，积极筹集社会资源和资金，接收终止办学（退出办学）的民办学校形成的国有资产、社会资产、捐赠资产；发挥"孵化器"功能，资助公益性强、办学特色突出、符合社会需求的新创办的非营利性民办教育机构和中小幼民办教育机构。基金会还将资助民办学校教师教学科研和提高待遇，奖励为民办教育作出突出贡献的单位和个人。

二、基金会对民办学校的支持

1. 助力民办学生健康成长

近年来,上海民办教育发展迅速,办学规模不断扩大,民办学校就读的中小学生人数也随之增加。截至 2013 年底,上海有各级各类民办学历教育、民办学校 770 余所,在校生共 45.42 万人。其中,民办中学 106 所,在校生 7.66 万人,占 12.3%;民办小学 181 所,在校生 16.67 万元,占 23%。① 上海市各基金会对本市民办学校开展了一系列支持扶助工作,特别是为民办学校学生顺利就学提供了诸如奖助学金、赠阅书籍、心理咨询等学习和生活上的帮助。同时,上海市各个基金会更是满怀责任,为全国其他地区和城市的青少年成长提供各种帮助和支持。

专栏 5 - 4　"人文关怀阳光基金"援助民办学校学生

"人文关怀阳光基金"致力于 5·12 地震灾区的重建、灾后基础教育的恢复和发展工作,提高对贫困地区儿童的帮困与助学人文关怀扶助力度,进一步落实在沪青少年儿童尤其是进城务工人员子女的教育权利,促进其在城市化进程中的文化适应和身心健康发展,发展上海慈善公益事业。

第一,在本市突发公共事件后,对波及的青少年学生进行人文关怀,包括心理辅导、心理及生理创伤的治疗,给予精神上的援助和资助。

第二,在灾区学校的恢复重建中,组织上海作家赴都江堰学校开展"大作家进小课堂活动";为失去父母的孩子进行心理辅导和治疗。

第三,在民进上海市委西部教师培训班和讲师团等智力支边活动的带动下,会内外爱心企业家在"人文关怀阳光基金"下设"启华助学金"和"天扬助学金",定向资助贵州省金沙县和黔西南州的贫困学生,为他们提供学习奖励和生活补助。

(资料来源:胡卫《在人文关怀阳光基金成立大会上的讲话》,基金会内部资料)

---

① 数据来源:上海市民办教育协会网站.

2. 助力民办教师专业进步

教师是一所学校的灵魂人物。教师是学校文化的承载者,是教学质量的保障者,是学校发展的推动者。《上海民办教育发展报告》统计数据显示:2008 年,全市共有民办中小学教师 9254 人,其中 35 岁以下的青年教师和 56 岁以上的老教师超过了 70%,呈现出"两头大、中间小"的局面,而中间的成熟型骨干型中年教师较少;同时从教师的学历情况来看,民办教师具有本科及以上学历的占 78.23%,可见民办学校的教师学历水平普遍较高;此外,民办中小学教师的职称结构的基本特征可概括为"两个增加",即高级教师职称比例较往年有所增加,与此同时,未评职称的教师也有所增加。①

师资专业水平是民办学校教学质量提高的基础。优秀的师资队伍不仅能为学校的发展提供人力资源保障,更能成为学生开启完美人生的导航。多年来,上海市各个基金会对民办教师的支持,不仅体现在开拓各种途径、搭建各类平台,努力提高民办教师的专业发展水平;同时也利用基金会的经费和各种资源,奖励和带动民办教师的工作积极性。

基金会成立了多个专项基金,对民办学校的教师进行分层、分类扶持。

专栏 5-5　基金会扶持民办教师专业发展

1. 资助中青年教师的"萌芽计划"

民办教育发展基金会于成立之初的 2014 年,就首先实施民办中小学幼儿园教师发展"萌芽计划",促进民办中小学教师的专业发展,提升民办中小学教师积极反思、勇于创新的意识和科研能力。在市教委的指导下,在市民办教育协会支持下,根据遴选,本市共计有 100 所民办中小学、幼儿园 40 周岁以下,任职 3 年以上,有一定的研究能力与发展潜能的中青年教师得到课题研究资助。

---

① 李宣海,高德毅.上海民办教育发展报告(2005—2012)[M].北京:科学出版社,2014.

2. 推动骨干教师专业发展

同时，针对民办学校骨干教师流失率较高的现象，为营造民办学校教师安教、乐教、"做好做长"的环境，基金会还联合市民办教育服务发展中心组成课题组，开展民办学校教师从教奖励调研工作，形成了本市民办学校专职教师从教奖励研究报告和实施方案。

3. 随迁子女民办小学校长（学科骨干教师）培训与提高公益项目

2012 年 9 月成功立项，当年 9 月至 2013 年 12 月期间在 9 个区县举办"上海市随迁子女民办小学校长（学科骨干教师）培训与提高"系列活动。

（1）学习、解读与研讨《上海市随迁子女民办小学规范管理制度汇编》；

（2）交流分享规范办学提升质量的经验；

（3）聆听有关专家、学者等对上海二期课改教学要求的分析与讲解；

（4）现场展示经过培训后骨干教师的教学风采；

（5）骨干教师课堂教学展示活动及专家点评；

（6）制作相关学科电子教学平台光盘和印制发放《上海市随迁子女民办小学规程》。

（资料来源：上海市民办教育发展基金会内部资料）

3. 助推民办学校持续发展

民办中小学的发展，不仅开辟了社会力量参与教育发展的渠道，推动了本市教育体制机制的创新，增强了上海教育发展的活力，而且促进了多元化教育格局的形成，扩大了教育供给规模，为广大市民提供了多样化的教育需求。2005—2012 年，上海市民办小学学校数由 19 所增长到了 180 所，增加了 161 所，平均每年增加 20 所以上，年均增长率为 37.88%。相比之下，民办中学学校数呈现下降趋势。民办中学由 2005 年的 129 所降至 2012 年的 107 所，减少了 22 所，在全部中学中所占比例由 15.99% 降至 14.08%。[1]

上海市各基金会对民办学校的支持，主要可以总结为两点，一是支持民办学校硬件建设，比如经费支持、图书等实物赠与；二是支持民办学校软件建设，

---

[1] 李宣海，高德毅.上海民办教育发展报告（2005—2012）[M].北京：科学出版社，2014.

比如举办各种研究、培训、评选等活动。

受益的不仅有本地学校,还有其他地区学校。

专栏 5-6　"人文关怀阳光基金"援建民办学校

民进上海市委组织沪上近 30 家出版单位参加图书捐赠文化帮困活动,通过"人文关怀阳光基金"向贵州乡村地区学校捐赠图书近 16 万册,价值近 400 万元人民币。在民进市委的组织协调下,部分企业家会员通过"人文关怀阳光基金"捐款 67 万元,向贵州省金沙县贫困地区乡村学校捐赠多媒体设备,援建乡村幼儿园,改善当地的办学条件。

基金还启动"书送梦想·爱心萌芽"关爱上海外来务工人员子女受教育环境公益活动。首次活动就募集价值 7 万元人民币优质图书 0.6 万册,捐赠给青浦区 27 所外来务工人员子女幼儿园;募集价值 21 万元人民币的课桌 0.3 万张,捐赠给青浦区农民工子弟小学,改善学校教学环境。

(资料来源:胡卫《在人文关怀阳光基金成立大会上的讲话》,基金会内部资料)

第四节　家委会参与民办学校管理

"家庭"是学生生活和学习的重要场所,"家长"是学生的第一任教师。学生的健康成长离不开家庭与学校的顺畅沟通与通力合作。建立家长委员会,对于发挥家长作用,促进家校合作,优化育人环境,建设现代学校制度,具有重要意义。[①] 在国外,许多家长、社会人士都以"义工"的身份轮流到学校服务,有的辅助教学工作,有的协助进行学生管理,还有的在图书馆担任义工。这些来自社区或家庭的力量,很好地补充了学校教育在人力资源上的不足。美国所有中小学均成立了家长委员会,这一应联邦政府要求设立的机构不仅为学校工作出谋划策,并参与学校的管理与决策,还经常帮忙筹集社会资金以弥补学校经费的

---

① 教育部:《关于建立中小学幼儿园家长委员会的指导意见》(教基一〔2012〕2 号).

不足,有时还组织其他家长为学生开展社会实践活动提供资源或资金的支持,从而在学校教育管理中起到举足轻重的作用。①

2015年上海市教委要求全市各中小学校要按照国家和本市相关规定建立家长委员会,并将家长委员会纳入学校日常管理工作。要充分发挥家长委员会在参与学校管理、参与教育工作、沟通学校与家庭中的作用,健全家长和社区参与学校管理和课程实施的有效机制,增进学校与家长、社区等的相互理解支持。要推进中小学校家长委员会建设,指导中小学校开展和完善家长委员会建设。② 上海市各民办学校均能深刻地理解家委会建设对民办学校发展的重大意义,很多学校在建校之初就建立了家长委员会,并逐步形成了家长参与学校管理,促进家校沟通的实践智慧。

一、家委会参与学校管理

教育部在《关于建立中小学幼儿园家长委员会的指导意见》中说,参与学校管理是家长委员会在学校指导下应该履行的重要职责之一。对学校工作计划和重要决策,特别是事关学生和家长切身利益的事项提出意见和建议。对学校教育教学和管理工作予以支持,积极配合。对学校开展的教育教学活动进行监督,帮助学校改进工作。③

专栏5-7　上海市复旦万科实验学校
家校联谊会参与学校管理

复旦万科实验学校家校联谊会是构建学校、家庭、社会立体教育的桥梁,每两年一次,选举家校联谊会代表。家校联谊会每学期不定期举行例会,广泛征求家长委员们的意见和建议,商讨问题解决的方法,加强沟通和交流。

家校联谊会分为活动组、图书组、食堂组、资源组。

活动组的家长积极参与到学校的各项活动中,包括为各项活动献计献策。如在体育节中,担当裁判、纪律检查员、家长运动员等。

---

① 朱先云.美国:社会资源服务于教育[N].中国教育报,2013—01—11.
② 上海市教育委员会:《关于2015年深入推进本市中小学校依法治校相关工作的通知》(沪教委法〔2015〕12号).
③ 教育部:《关于建立中小学幼儿园家长委员会的指导意见》(教基一〔2012〕2号).

图书管理组的家长建立了家长义工制度,每周有 4 名家长来学校为学生服务,协助图书馆的老师为同学们借书。图书组的家长还参与学校的读书节活动,发动全校师生、家长为图书馆捐书活动等。

食堂组的家长定期参加学校的食堂管理会议,一起参与对食堂的卫生、午餐质量的管理。

(资料来源:上海市复旦万科实验学校家委会内部资料)

二、家委会开展教育实践

除了参与民办学校管理,家委会也充分发掘家长专业资源,发挥自身优势,参与到民办学校的教育教学实践中。通过"家长进课堂""微课堂"等形式支持家长参与到民办学校的课程实施、过程监控、成效评估等活动,使得家委会真正发挥自身参与学校教育的作用。比如,协和双语学校家长参与教育过程,很有意义。

专栏 5-8 上海市民办协和双语学校"种子课堂"

种子课堂旨在利用一节课的时间,邀请各行各业专家、学者、名人客座,以生动有趣的呈现方式分享各类新鲜有趣的知识和见闻,分享行业最新动态,讲述不为人知的业内趣事,旨在引导学生开拓眼界,胸怀天下,埋下职业希望和理想的"种子"。种子课堂项目常年接受家长讲师的报名,所有爱心家长可随时向各班级家委会主任报名,并注明讲课主题、家长姓名、学生姓名、联系方式。种子课堂课程时间安排由学校在每学期开学两周内制定好并给到家委会,由家委会安排联系家长讲师。目前协和双语学校报名参加种子课堂的家长讲师有 180 余名,讲过课的家长有 50 余名。

(资料来源:上海市民办协和双语学校家委会内部资料)

三、家委会促进家校沟通

家委会是家校沟通的桥梁,家委会的主要职责之一就是把学校准备采取和正在实施的教育教学改革措施,向家长作出入情入理的解释和说明,争取家长的理解和支持。同时,及时向学校反映家长对学校工作的疑问,帮助学校了解情况改进工作。多做化解矛盾的工作,把问题解决在萌芽状态。

专栏 5-9　闵行区推进学生成长信息服务平台建设

闵行区从区域推进的角度,通过完善制度建设,突破家校合作的时空限制,推进基于数字电视的"学生电子成长档案"建设,从学生"身心健康""学业进步""个性技能""成长体验"等角度,向家庭及时提供学生在校的成长信息。

闵行学生电子成长档案包括"一卡四库"。"一卡"是指上海市教委统一制作的学生电子学籍卡,"四库"指学生身心健康、学业水平、个性技能和成长体验四大维度的数据库。通过"一卡四库"实现学生校园成长过程的电子全记录。通过学生个性成长的数据积累,提供各类教育公共服务;深入挖掘数据背后的数据,分析学生总体发展状态,为对学生进行个性化干预指导提供数据支持。

目前,基于IPTV的学生成长信息服务平台已基本开发完成,家长能够在家中通过IPTV了解学生在校午餐、学生成长档案等各类信息。今后随着学生成长信息采集工作的进一步深入,IPTV还将向社区学生家长及社区家庭提供更多的教育信息公共服务。比如,通过IPTV可以更进一步了解家庭周围教育资源分布情况、周边学校招生范围、教育课程推送等多类教育信息。

（资料来源:上海市闵行区教育局网站）

第五节　其他社会力量为民办学校服务

学生不仅是在学校和家庭中获得成长,他们还在广阔的社会生活中增长见识,汲取知识。丰富多彩的社会资源如何服务于教育,历来各个国家都有着很多值得借鉴的经验。比如,在美国,学校没有围墙,一切讲求简约、实用。学校与周围社区相通相融,与社会资源相互共享。美国社会教育资源是学校开展实践教育、培养创新精神的重要阵地。[①]

2011年5月27日,教育部联合有关部委,在新闻发布会上表示,将充分利用各部委的系统资源,建立多类型、多主体、多形态的中小学社会实践基地。要根据

---

① 朱先云.美国:社会资源服务于教育[N].中国教育报,2013—01—11.

各行业的特色,建立中小学生参加社会实践的实施方案,通过建立一批示范基地,用社会实践这条线把社会和学校两方面的资源对接起来,形成全党全社会共同推进未成年人思想道德建设的良好局面。① 教育部认为:要把社会实践作为学校教育的重要组成部分,纳入学校教育教学的整体规划,以党委政府主导推动实践活动的开展,以政策机制保障实践活动的开展,以良好氛围的营造促进实践活动的开展。为此,教育部和国务院各部委以及全国性行业主管机构,要制定具有各行业特色、可供中小学上课的社会实践基地标准和实践课程实施方案,并建立一批示范基地。把社会的资源和我们要进行的专题教育教学融合,通过实践体验的途径学习知识、培养能力,给孩子们一个广阔的视野,激发他们的学习兴趣。

一、民办学校充分利用社会资源

民办学校在其发展过程中,对如何利用社会资源,丰富自身的课程特色,提供民办学生的综合素养,一直有着深刻的理解和认识。同时,也因民办学校本身满足社会多样化教育需求的内驱力,使得民办学校在充分挖掘社会资源上,形成了自身独特的实践经验。民办学校通过与校外机构开展项目合作,建立校外教育基地、走近社区等活动提高学生们的社会实践能力,丰富他们的社会阅历。

专栏 5-10　上海市西南位育中学开展学生社会实践

西南位育中学通过充分利用社会资源,让每一个学生亲身感受到课本以外的知识,也让每一个同学能够走出学校,走进社会,丰富阅历,开阔眼界,锻炼能力,在实践中学习知识提高自身素质。比如,学校组织初一年级学生前往位于徐家汇广元路的上海市信息管理学校(董恒甫高级学校)进行一天的学生劳技培训活动,亲身体验了一次奇妙的动漫之旅。学生在培训老师的指导下,在小组讨论中纷纷设计出自己满意的图案并配上了相应的颜色,进行了初步的设计尝试,体验了一番计算机技术的神奇功能。学生在培训老师的指导下各自独立制作了"奔跑的小人"和"行走的笨小鸭"的简单的动画动作,让每个学生感受到计算机独特的技术魅力。

(资料来源:上海市西南位育中学学校主页)

---

① 教育部.如何实现学校资源和社会资源对接[N].中国教育报,2011-05-28.

二、社会资源积极服务中小学生

上海这所城市有着丰富而深厚的文化底蕴,全市软硬件设施建设先进,各区县博物馆、图书馆、艺术馆、少年宫等适合中小学生活动的机构和场所非常多。同时,作为国际性大都市,世界各国的艺术展、博览会等争相在上海亮相,这些成为服务于全市中小学生的有益的社会资源。

第六章

立足本土纳百川

　　上海能够从一个小渔村发展成为 20 世纪上半叶亚洲最大的商业中心，直至今日，成为一个国际化大都市，成就她的主要原因就是开放、多元和包容。上海是"码头文化"的典型代表之一。码头文化，是一个极具包容性和开放性的平台，各色人等都可以在这个平台上发展。上海的城市变迁最有典型意义的发展阶段，即 20 世纪二三十年代，充分体现出这种"码头文化"的特点。世界各国的人，各种身份的人，从外国传教士到本地暴发户，从文化名人到流浪汉，都聚集在此。因此，上海也能较快地接受各种文化和教育思想的影响。近百年的上海教育具有鲜明的海派特色，上海是中国新教育思想的重要发源地，是教育改革的先行者，也是中西文化并存、碰撞和融合之处。

第一节 民办中小学国际教育探索的历史与现实底色

一、海派文化的特质

上海,有一种任何城市都无法比拟的气质,就是她的"洋气"。她的现代化和她的古典融合得那么完美,让人们无法抗拒。这座得国际风气之先的城市,从城市近一百年发展历史中,逐步形成了"海纳百川,兼容并蓄"的城市精神和文化传统。上海的文化在植根于中华传统文化的基础上,吸纳了吴越文化和其他地域文化,受到了开埠后世界文化主要是欧美文化的影响,逐渐形成了富有上海区域特色的海派文化。它既古老又现代,既传统又时尚,具有自成一体的独特风格。这种城市文化一脉相承,至今成为上海最有魅力的气质。

从地理位置来看,上海拥有得天独厚的环境优势。古往今来,长三角地区凭借其独特的经济地理区位和自然资源条件优势,构成我国"外通大洋,内联腹地"两个辐射扇面的战略枢纽点。以上海为经济中心城市的长三角地区,是我国人口最稠密、经济最发达、文化最繁荣、人民生活最富庶的经济区域。苏浙地区有一种以农耕为主,却也崇尚读书的几百年的耕读文化,在这种耕读文化影响下,这一带向来人才辈出。上海在这样的文化影响下,有着中国最传统的文化根脉。

上海能够从一个小渔村发展成为 20 世纪上半叶亚洲最大的商业中心,直至今日,成为一个国际化大都市,成就她的主要原因就是开放、多元和包容。上海是"码头文化"的典型代表之一。码头文化,是一个极具包容性和开放性的平台,各色人等都可以在这个平台上发展。上海的城市变迁最有典型意义的发展阶段,即 20 世纪二三十年代,充分体现出这种"码头文化"的特点。世界各国的人,各种身份的人,从外国传教士到本地暴发户,从文化名人到流浪汉,都聚集在此。因此,上海也能较快地接受各种文化和教育思想的影响。近百年的上海教育具有鲜明的海派特色,上海是中国新教育思想的重要发源地,是教育改革的先行者,也是中西文化并存、碰撞和融合之处。

一方面,上海是我国最早孕育和发展近代教育的地方。1896 年,盛宣怀在上海创立南洋公学,即今日上海交通大学的前身。由于当时尚无全国统一的学制,南洋公学先设师范院,这是我国师范教育的开端。公学后设外院(附属小学)、中院(中学)、上院(大学),三院相衔接的教育制度,成为我国近代大学、中学、小学三级学制的雏形。南洋公学上院以"专学政治家之学"为其办学目的,是我国最早成型的大学之一。1917年,黄炎培在上海发起中华职业教育社,次年创建中华职业学校,率先提出职业教育的思想。1932年,陶行知在上海郊区大场镇创办山海工学团,力图普及教育,他的"生活教育"理论至今都富有启示。此外,长期在上海生活的杨贤江是我国最早的马克思主义教育理论家和青年教育家,他于1930年撰成的《新教育大纲》是国内第一部运用马克思主义论述教育原理的专著。那时上海私立学校发展也非常蓬勃,以1929—1934年为例,上海初、中、高各级私立学校占同级学校年平均比例分别为:72.20%、86.16%、70.61%。① 可以说,私立学校成为上海民国时期基础教育的主要力量。

另一方面,外国传教士和教会机构举办的各类教会学校也在上海蓬勃发展。在"五口通商"之后,很多外国人在沿外滩一带不仅建立了生活区、居住区,还建立了西方的法制体系和教育体系。裨文女中、徐汇公学、中西女中、圣玛利亚女中、格致书院、圣约翰书院、中西书院、震旦大学、沪江大学等,据史料记载,从19世纪末到20世纪初期,上海共创立教会学校63所,其中小学33所,中学25所,大学5所。国立学校、私立学校、教会学校……形态多样的中外教育机构及多种教育思想和教育实践,在上海这块热土上兼容并蓄,呈现出百花齐放、国际交融的特点,共同构成了上海教育多元、包容、开拓、创新的文化品格。

二、改革开放促进民办学校发展国际教育

改革开放以来,特别是20世纪90年代以来,上海,这座曾享有"远东第一都市"盛誉之城,开启了城市第二次国际化发展旅程。时至今日,上海已经逐渐成为一座新时期的国际化大都市。据统计,截止到2010年,超过750家外国跨国公司在上海设立办事处。② 上海2014年的人均GDP达到9.73万元;全市第三产业实现增加值15271.89亿元,比上年增长8.8%,占全市生产总值的比重为

① 施扣柱.民国时期上海对私立学校的管理模式[J].社会科学,2007(2).
② 上海时间——世界眼中一个中国城市的变迁[N].国际先驱导报,2010-05-10.

64.8％，对全市经济增长的贡献率达到 76.3％；全市常住人口数为 2425.68 万人，比上年增长 0.4％。其中，外来常住人口 996.42 万人，增长 0.6％。① 2013年，上海拥有跨国公司地区总部的数量达到 445 家；上海拥有 8 家世界 500 强企业总部。② 2014 年，上海 9700 家企业中，1500 家设立了研发机构，研发人员约 10 万人。其中，在沪外资研发中心已达 378 家，世界 500 强企业研发机构120 多家，分别占全国的四分之一和三分之一。同时，已有 70 多家跨国公司在沪设立全球性和区域性研发中心，包括飞利浦、陶氏化学、微软、英特尔等一批具有世界影响力的跨国企业。跨国公司在沪研发机构，已从早期的"服务中国"，发展到"服务亚太"或"服务全球"，这一反向创新模式成重要趋势。例如通用电气上海研发中心是其全球 4 大研发中心之一；罗氏制药的上海研发中心是其全球 5 大研发中心之一；超微半导体落户在上海的研发中心，是其全球范围内最大的研发机构。③ 这些都证明着上海在国际化大都市建设方向上的努力和成绩。正是上海整体城市国际化进程的提速，带动和激发了上海教育不断突破自我，寻找更加宽广而深远的生长点。在这样的城市发展基础上，上海的基础教育也日益呈现出更加开放、多元的特点。

改革开放以来，上海出现了闸北八中的"成功教育"、向明中学的"创造教育"、一师附小的"愉快教育"和"青浦教改"等在全国有影响的教育实践模式。同时，上海是全国最早的教育综合改革试验区，包括课程、考试、学制都拥有区域自主性。事实上，上海一直特别重视外语教学，从小学一年级就开设外语课，而全国其他地方要从小学三年级开始学外语。"改革开放以来，上海基础教育战线思想非常活跃，改革实践丰富多样，既有在本土教育实践基础之上产生的教育思想和教育理念，又有许多借鉴国外的教育理念、模式或流派，汲取其精华，学习其经验的实践探索，上海基础教育发展始终呈现出百花齐放的局面。特别是 20 世纪 90 年代以后，在发展社会主义市场经济的背景下民办教育的兴起，为上海基础教育的改革和发展增添了新的活力。"④

---

① 2014 年上海市国民经济和社会发展统计公报，http://www.stats-sh.gov.cn/sjfb/201502/277392.html.
② 单素敏.中国总部经济调查[N].瞭望东方周刊，2014 年 4 月 8 日.
③ 马亚宁.世界 1000 强研发企业落沪 上海成名企"必经地"[N].新民晚报，2014-11-19.
④ 尹后庆.多样化、选择性和高质量[J].上海教育，2014(33):30.

上海教育不断经历着模式的转变与创新,而国际教育的实践与探索始终是推动上海教育现代化进程的重要力量,同时也是上海教育现代化巨大成就的重要体现。

伴随着全球化、数字化进程加速,人们认识自我、认识世界的半径越来越大。在这个进程中,教育既是被动的跟从者,也是主动的引领者。国际教育的发展,不仅是教育适应城市发展的必然,也是国际化大都市建设的重要组成部分,甚至是引领城市发展的战略部署。如今,教育的国际交流日益繁密,教育早已跨越了民族国家的边界,成为一种国际化现象。随着教育资源在国际间进行配置,教育要素在国际间加速流动,教育国际交流与合作日益频繁,世界各国教育相互影响、相互依存的程度不断提高,各国教育在相互交流、相互竞争、相互包容、相互激荡的过程中,共同促进世界的繁荣和发展。为适应经济全球化的趋势,培养既有世界眼光又有民族精神的新型人才,必须从基础教育抓起。从世界基础教育改革的方向来看,国际化已成为一股世界潮流。"跨入新世纪以来,世界教育发展呈现出新的趋势,教育发展已不仅是教育家关心的事,国家和公众把教育与国际竞争力和人的全面发展更加紧密地联系在一起。无论是一国政府还是人民,都积极推动着教育变革。"①众多发达国家的基础教育从原本立足于为本社区服务的目标逐步向国际发展的方向迈进。如日本基于资源缺乏的国情,明确提出"只有做一个出色的国际人,才能做一个出色的日本人";韩国提出"努力提高学生的国际化意识,包括提高外国语能力,增强自主的世界公民意识,加深学生对各国多种多样的社会文化、知识的理解,制定系统的国际问题研究计划"②;英国的教育专家甚至认为当今世界的教育根本性任务就应该是培养"国际公民",因为在信息化和经济全球化的时代,每个人每时每刻都接受着本土以外的因素影响并与之交流。从美国、日本等国的基础教育改革来看,都是在加强民族化、本土化的同时,提倡基础教育的国际化,一方面大力开展国际理解教育,另一方面大量开展国际教育交流合作。可以说,上海基础教育的国际化探索顺应了世界基础教育发展的国际化潮流。

---

① 上海市教育决策咨询委员会秘书处,上海市教育科学研究院.2013年上海教育发展报告:价值引领发展[M].上海:华东师范大学出版社,2013:24.

② 杨德广.经济全球化与教育国际化[J].高教探索,2001(4).

三、居民多元的教育需求,激发民办教育探索国际发展路径

在这样的时代背景下,上海的民办教育从 20 世纪 90 年代迈开了探索国际教育的新步伐。民办中小学校的国际教育探索,可以说是上海城市历史与文化的传承与发展。民办教育拥有比公办教育更灵活的体制优势,更敏锐的市场嗅觉,以及更迅捷的反应速度,这些深植于民办学校基因中的特点,让民办学校与国际教育能更快地产生物理接触,发生化学反应。近年来,上海本土居民及在沪居住的外籍人士对多元化、国际化的学校教育的需求不断增加,激发了民办中小学国际化的实践。

随着上海经济对外依存度的日益提高,越来越多的跨国公司和文化机构落户上海,对外交流与合作日益频繁,工作和居住在上海的外籍人士不断增多,其子女受教育需求日渐突出。以浦东新区为例,2011 年,有资格直接从境外招收外籍学生的学校 16 所,其中有国际部或国际部教学点的学校 4 所,国际学校 12 所,境外学生 11856 人,较 2010 年增加 2483 人,占全市的三分之一,其中在国际学校就读的境外学生 7942 人,较上年增加 400 余人;在国际部或国际部教学点就读的 428 人,较上年减少 20 余人;在其他本土学校就读的 3486 余人,较上年增加 2000 余人。①另一方面,上海本土居民对子女外语能力,国际交往能力,国际视野及未来留学等方面的教育需求日益显现。相关研究机构数据显示,各国驻上海领馆每天平均接待 69 名中国学生出国留学的申请。这一方面反映出本土家长经济条件不断提升,对国际教育的热情日益高涨,但同时也折射出本土教育,包括基础教育和高等教育难以满足当前多元教育需求的现状。很多家长选择让孩子在中学阶段出国留学或学习国际课程,部分原因是对国内教育的不满、无奈和逃避。目前,三类本土学生及家庭对国际化教育需求最为旺盛:① 家长有留学背景;② 家长有海外工作背景;③ 家庭经济条件比较优越,有意愿送子女出国留学。这些家长通常有较高的学历水平,有海外学习或工作经验,有国际视野和经济实力。他们希望孩子能够保持学科上的传统优势,特别是语文和数学,也希望孩子的外语能力卓越,达到国际交流的水平。但他们对以学业成绩为导向,学习负担较重的学习方式比较不满,他们希望尊重孩子的

---

① 　浦东新区教育发展研究院,国际教育交流中心 2011 年提供的内部资料.

个性,有灵活的课程设置以满足包括中国高考和海外留学通道等多种选择。

在这样的市场需求推动下,面对家长日益旺盛且多元的选择性教育需求,上海的民办教育有责任为满足这部分市场需求作出自己的贡献。同时,"民办学校是一块比较宽松自由的土地。一切创新的事物,开始时只能在约束较少的地方发生与发展。"①相比于公办学校,民办学校在课程、管理、经费等机制上具有更灵活的特点,在探索国际化这个领域能够更迅速地响应市场需求。上海的基础教育也要继续发展,要向国际水平基础教育发展的前沿靠拢。而民办教育可以在上海的基础教育和国际教育发展的前沿中间起一个桥梁作用,因为民办教育具有体制机制的一种优势,可以在很多方面率先尝试、率先改革,积极推动教育改革发展。② 无论采用招收外籍学生还是开设针对本土学生的国际课程班形式,对接的都是一个目标——市场需求。在教育市场日益细分的现实情况下,一些民办学校在国际化办学实践中也开始细分国际教育这个市场需求。例如世界外国语小学率先在上海开设了针对港澳台胞子女的境外部和针对外籍人士子女的国际部。在上海这座易得风气之先的城市,基础教育蓬勃的国际交流已是一个不争的事实。

第二节　民办中小学国际教育的价值追求与历程

在上海的中小学校家长群体里,有这么一句俚语:"中小学不上民办,大学就要上民办。"尽管这个判断难免偏颇,却也反映出一部分家长对民办中小学校的认同。与公办学校相对一致和标准化的软硬件设施以及教育教学模式不同,民办中小学之所以能够吸引到众多拥趸,多是因为他们各具特色的办学定位,以学生为中心的教育教学服务,以及对家长需求的主动满足等特点。民办中小学校好似一个百花齐放的花园,每朵花都有其独一无二的美丽和韵味。在这个大花园中,有这么一批因为国际化特色明显的学校,尤为别致。

---

① 吕型伟.一个可以大有作为的领域——关于民办教育的几点看法[M].吕型伟教育文集(第二卷).上海:上海教育出版社,2007.

② 徐晶晶.永葆活力的探索之路:对话上海民办教育 20 年发展的三位见证者[J].上海教育,2014(33):36.

一、学习国际教育精粹,推进本土教育改革——民办中小学校国际教育的价值追求

放眼世界,世界各国的基础教育发展发生了一系列相似的变化,体现出全球基础教育发展的大趋势。根据上海师范大学张民选教授的观点,目前全球的基础学校教育出现了五大共同趋势,包括:教育目标从"成绩第一"变化为"人的发展",强调关注和培养学生能力的多面性与综合性,共同迎接信息技术挑战,创设更有利于学生发展的环境,以及国际教育成为学校教育的重要内容。关于国际教育成为世界基础教育的共同内容,原因大概有二。其一在于现代人类生活方式变化和生活半径扩大的要求。地球村在现代交通和通讯技术的网络里,已经不再是个概念,而是切切实实的生活方式了。世界各地的人们接触与交流的便利性和可能性大大提升,跨文化的思维方式、沟通技能以及理解能力成为当今世界生存和竞争的必要条件。在这个经济全球化的世界,我们必须为我们的儿童、青年和成年人提供国际装备,这样他们才能够在全球生活,他们才能够在全球竞争中工作。原因之二在于,全球化进程中的世界各国人民越来越强烈地感受到增进国际理解的必要性和重要性,以确保全球人类可持续的共同发展。相比于高等教育,基础教育的国际化更为重要。因为国际化不仅仅是建设好一个国际化的大都市,而且要让人们有能力在全球生活,能适应全球化带来的变化,成为有挑战能力的世界公民。基础教育培养的是人性,而高等教育培养的是人才。从这一角度上来说,基础教育事关人的终身发展,更应该引进国际化的教育方式,融合中西方理念来塑造培养人性。这就要求首先把国际理解教育深入到中小学的教育体系中。

上海的民办基础教育工作者们顺势而为,开展国际教育的实践探索,既是顺应市场需求,也符合国际基础教育发展趋势,更是民办学校不断突破自我,丰富办学内涵的主动选择。在这个过程中,民办学校的教育工作者们清醒地认识到了国际教育探索和实践的价值。第一,在于学习各国先进教育理念、内容和方法,为本地课程改革提供借鉴;第二,作为民办学校必须以质量求生存,以特色求发展,而实践国际教育本身就是一项很有吸引力同时也很有挑战性的特色创建过程;第三,市场机制下的民办学校通过实践国际教育也能满足市场的需

求,为部分有选择性就学需求的家长和学生提供更多的选择;当然,国际教育的开展也可能使民办学校在经济和社会影响两方面获益良多。

在实践探索国际教育的过程中,上海的民办学校不断反思国际教育探索之路的意义与价值。首先就是对国际教育是什么,以及国际教育能够为我们的基础教育发展和改革带来什么的思考。

部分民办学校办学者,对国际教育提出自己的认识。

专栏 6-1　上海宋庆龄学校校长封莉蓉对国际教育的认识

国际化不应该仅仅是一个学习西方、模仿西方的过程,其更多的责任应该是为人类贡献自己的优秀文化成果。所以在我们的办学过程中,始终坚持把民族文化作为自己的根。有很多外国家长,在中国生了孩子,尽管自己不会说一句中文,但是坚持把孩子送到本土的民办学校就学,就是想让孩子学习中国文化。这些案例使我们非常深刻地感受到我们民族文化的博大精深。中国这样一个大国,确实肩负着对整个世界和人类的责任。同时,我们也在思考,我们要培养什么样的孩子? 我们认为培养的孩子应该是推进和引导世界文明与进步的公民,所以只有当孩子拥有民族文化根的时候,他才会更好地包容、接纳和学习不同的文化。

从另一个角度来看,国际教育对孩子来说是一个不一样的经历。因为在教育过程中会发生文化的冲突,而在冲突的过程中去解决或融合,对孩子一生都会是有益的,这可以让孩子们逐渐形成这样一个世界观——尊重、包容、接纳和分享。

在我们的价值观取向中,一直希望国际教育让孩子们学会彼此尊重和关怀。国际教育的核心价值是理解教育,就是通过一个个教育环节,让孩子彼此之间学会理解、尊重和包容。我们希望不同的文化和不同的课程在校园里彼此分享,彼此交流,彼此研究,然后形成新的理解。

(资料来源:根据访谈录音整理)

尽管学校的实践各不相同,但是对于国际教育的基本内涵,上海民办学校的教育工作者们存在相对一致的认识。国际教育,是在经济全球化的背景下,

以培养国际化人才为目标,不同国家教育思想、教育内容、教育方法、教育模式的相互交流与合作的过程。新一轮国际教育的主要特征是:更加突出教育观念的国际化,把教育观念的国际化作为国际教育的前提,强调从全球视角来认识本国的教育改革与发展问题,强调从战略高度重视国际教育。把教育对象的国际化作为教育国际化的核心,主张教育应该培养的是那些具有全球视野、能进行国际沟通、具有国际竞争力的人才。[①] 一言以蔽之,国际教育本身不是目的,归根结底是要实现人的国际化,是培养具有世界眼光,在素质、知识和能力诸方面具有国际竞争力的优秀人才的必要手段。[②]

什么样的中小学是国际性的呢? 对于"中小学国际性"可以界定为:在经济全球化的背景下,国际教育在中小学校的表现和实践过程;以培养国际化人才为目标的不同国家、文化背景的教育思想、教育内容、教育方法、教育模式的相互交流与合作过程(交互过程);也是在国际视野背景下重新思考和定位中小学校自身发展的自然过程(发展过程),即用国际意识和视野来把握和发展中小学校,主要体现在以下几个方面:办学理念与目标、课程与教学、管理与领导团队、教职员工及专业发展、学生服务与资源管理、国际合作与交流、学校评估与认证、社区关系与学生发展。中小学的国际性既有显性表现,如开展国际间交流和项目合作,引进国际课程,开办国际学校或国际部,招聘外籍教师,互派师生等外在行为;也有隐性表现,即"国际理解教育",通过教育途径培育人类"真正互相理解"的理念,学会理解与共存,形成与发展国际性的视野、眼光与思维方式等。相对而言,"隐性国际教育"具有更重要的价值和意义,它在相当程度上影响着、支配着甚至决定着"显性国际教育"。

国际教育概念中另一对重要的关系是,如何看待和处理好"国际"与"本土"之间的关系。开展国际教育探索的目的是要改革我们的学校教育,改革我们的课程,提升我们的教师水平,最终服务于培养我们的孩子成为有国际胸怀、国际视野,甚至有国际竞争力的公民。我们的基础教育有着不可置疑的优势,但是我们也必须承认不足。我们的教育中的很多不足或许能在国际教育中寻找到改进和完善的借鉴。以 IB 课程为例,它强调培养学生成为探究者、思考者、交

① 刘正良,刘厚俊.教育国际化的国际背景及对我国的启示[J].教育探索,2005(6).
② 董秀华.从国家化走向国际化——21 世纪中国教育发展的一大趋势[J].全球教育展望,2001(6).

流者、冒险者,令其知识渊博、讲原则、有爱心、思想开放、平衡发展、善于反思,这里的有些内容正是中国基础课程里所缺失的培养目标。IB课程这些目标体现了国际教育改革的潮流,这样的目标是中国课程改革需要重视的内容。同时,国际教育探索和实践可以引进国际教育资源,可以借鉴先进的国际教育理念、内容和方法,但是必须保持与本国意识形态、历史、文化、社会、经济发展水平等内涵的一致性。上海的基础教育已经存在的很多独特的模式和特色,不能因为引进了国外的资源或理念,就被否定,割裂与历史和现实的联系,自我否定或片面矮化本国教育并非进行国际教育的初衷。通过探索国际教育,才有可能进行从理念到实践层面的比较研究,才有可能对本土教育发展与改革的问题有更深刻的反思,从而寻找到突破瓶颈的有效途径和方法。上海民办中小学的国际化落脚点在"人",形式上的学习、模仿、借鉴、融合都服从于培养"有国际胸怀、国际理解、国际竞争力的公民"这个目标。上海民办中小学的国际教育探索并非赶潮流和时尚,而是符合城市文化与精神的实践探索,是城市文脉的传承;是为上海基础教育改革问题与发展瓶颈寻找借鉴和突破,改革与创新是其内源动力。

二、民办中小学国际教育实践的历史进程

自改革开放至今,上海民办中小学探索国际教育的历程大概可以分为三个发展阶段。

第一阶段是由"三个面向"开启民办学校实践国际教育的大幕。改革开放开启了新中国社会经济全面改革的大幕,邓小平为景山学校"三个面向"的题词则启动了基础教育的改革。可以说,上海中小学校的国际教育探索便发端于此,具体表现在中小学校开始重视外语教学及其质量的提升。上海是在全国率先从小学阶段全面开始外语教学的地区,在这个过程中外语教师队伍不断加强,外语教学质量稳步提升。伴随着社会开放程度的提高和学生外语水平的提升,上海地区的中小学校与国外中小学校之间的师生交流与互访项目逐步启动。

新中国成立后上海的第一批民办学校基本上都创建于20世纪90年代,恰逢上述这个时期。一些学校从建校初期就意识到外语作为与世界沟通工具的重要性,着力打造外语特色学校。如创办于1993年的世界外国语小学,就是为

适应我国改革开放需要,满足各界人士择校需求而创办的一所具有外语特色的民办学校。学校开合作办学之风,取中外教育经验之长,融中西方文化之优,一直围绕如何以国际社会的未来发展为背景,探索我国基础教育改革。学校努力实践着"让孩子走向世界,让世界走进学校"的口号,努力把世界外国语小学办成高质量、有特色、国际化的现代一流学校,争取为国家培养出尽可能多的能了解世界、参与国际竞争、立足中国、面向世界的国际人才。像世界外国语小学一样,一些民办中小学校在外语教学方面独树一帜。成功的外语教育,为民办中小学校探索更深层次的国际教育奠定了坚实的基础。

第二阶段,从 21 世纪初期至今,主要体现在民办学校开展的国际交流与合作日益频繁和多元。伴随着中国国际地位的提升,与不同国家城市之间缔结的友好城市关系,促进了学校国际教育探索的进程。学校之间的交流与合作的内容与形式呈现出日益丰富与多元化的趋势。高等教育阶段,新中国成立后最大规模的公派留学生便发生在这个时期,同时,越来越多的大学生选择自费出国留学。在基础教育阶段,中小学校与国际的教育、文化交流日益频繁,内容形式日渐丰富:教师的长期、短期出国交流与培训;学生团体之间文化性、体育性交流互访;很多本土学校与国际学校缔结姐妹校关系,使得学校的国际交流逐步规范化和日常化。随着上海民办中小学校外语教学水平的稳步提升,越来越多的民办中小学校师生也加入到与来自世界各地的师生的文化交流中去。

第三阶段,从部分学校引进国际课程开始,上海的民办学校国际教育实践形态日益多元,并且逐渐触及本土教育改革的重点领域。21 世纪初期,部分民办学校为了进一步探索国际教育的新路径,开拓国际教育的新空间,开始尝试开设国际班、境外部等形式,民办中小学的国际教育探索逐步进入"深水区"。部分优质的民办学校尝试打造具有国际性的学校,其实施路径包括:引进国际高中课程,为境外学生提供国际课程服务,开展国际理解教育项目,建设国际化的师资队伍,借鉴国际课程经验改造和优化本土课程,获得国际教育认证,营造国际化学校氛围等。世界外国语小学在 2007 年通过 IBO 组织的认证,成为第一所获得 IBO 组织认证 PYP① 课程的本土学校。此前,在中国境内通过 IBO

---

① PYP(Primary Years Programme)是国际文凭组织(International Baccalaureate Organization,简称 IBO)于 1997 年启动的小学项目的简称.

认证的都是招收境外学生的国际学校。这也标志着上海的民办学校已经达到了国际通行办学标准。随着国际教育探索的不断深入,国际教育实践逐渐成为上海部分民办学校丰富自身内涵,提升办学水平,并形成自身特色的重要资源。目前,上海市开展国际教育实践探索的民办中小学已达 30 余所。

回顾上海民办学校的国际教育实践历程,是学校立足本土、放眼全球、多元文化融合的过程;是探索把国际的维度或观念融入到学校的各主要功能中的历程,包括学校的各种活动,如课程的改革、人员的国际交流、合作项目等;以及对学生、教师和行政人员的国际化知识、技巧和态度等方面的能力建构与提升,并在部分学校中形成和发展出独特的国际精神气质与校园文化的历程。

第三节 民办中小学国际教育探索之路

探索和实践国际教育之路绝非轻易之事,几乎所有尝试国际教育的民办学校都遇到过挫折、困难,甚至失败。世界外国语小学、平和双语学校、协和双语学校等国际教育实践经验相对丰富、相对成功的民办学校,在探索的道路上也多经历了从低级阶段向更高级阶段发展的过程,从国际交流、师生互访、姐妹学校到引进外教、招收境外学生,再到引进国际课程,发展到对国际教育与本土教育的相互整合等。

目前上海民办中小学校国际教育探索的模式包括:举办针对境外学生的国际部,世界外国语小学、世界外国语中学、平和双语学校、协和双语学校等都开设了为境外学生提供国际教育服务的国际部;开设针对本土学生的国际课程班,一些公、民办高中正在尝试国际课程班,目标在于为高中生提供多元出口,顺利衔接国际高等教育机构;以国际理解为目标的导向模式,例如福山正达外国语学校以及震旦外国语中学开设的多语种教学和国际理解教育项目,提升学生国际理解和交往能力;发展面向中外学生,兼具中外教育精华的融合课程,这是上海民办中小学校在一定的国际教育实践与研究基础上,对本土教育进行深刻反思与改革的创新实践,西外外国语学校、协和双语学校、包玉刚实验学校等可谓这种模式的典型。

下面,就国际教育在不同民办学校的实践图景进行简要描绘。

一、外语, 敲开世界的大门

金苹果双语学校校园内有一条标语, 写着"Internationalization starts as bilingualism", 明确表达出很多民办学校对国际教育路径的共同认识。

国际交流需要语言的沟通, 外语是增进人们国际交往能力的重要手段, 是人们了解世界、走向国际的必要利器。熟悉和掌握一门外语是成为国际化人才的必备条件, 在经济全球化影响无孔不入的今天, 世界各国对外语教育的重视程度也越来越高, 许多国家把外语作为基础教育课, 从小学阶段, 甚至学前教育阶段就开始进行外语教育。学生掌握外语这个多元文化交流和国际合作的重要媒介, 在20世纪末成为上海很多民办学校着力建构和强化的特色。

20世纪90年代, 自民办学校开始逐渐出现的时候, 就有部分民办学校有意识开始探索外语教学, 在英语学科课程教学改革上进行了独树一帜的探索, 并取得显著成效。上海的基础教育, 具有外语教学的"海派"优势, 在此基础上的民办学校的外语教学也相对起步较高。世界外国语中学现任校长厉笑影回忆起20世纪90年代创建世外中学时说道:"我们的老校长罗佩明原来是上外附中的校长, 又有德国留学的经历, 她是真正有国际化背景的校长。这样一位校长在上海徐汇区, 海派的区域内办了一所有外语特色的学校。从罗校长自己的经历来讲, 她认为上海当时太缺少真正能够应用娴熟的外语, 进行国际对话交流的人才。如果我们未来的学校能为上海和中国培养出善于交流、交际, 善于吸纳多元文化, 为我们民族所用的人才, 应该成为我们培养人的使命。这样的办学目标定位正是基于个人的认识和国家大背景的需要。"

可是, 当上海所有学校都在起点年级开设了英语课之后, 所谓的双语学校或者外国语学校的特色又如何体现呢? 民办学校如何在红海中实现突围呢? 上海震旦外国语中学外语特色创建的案例也许会带给我们一些启示。

在中国已融入世界经济全球化的大趋势下, 我们的教育必须立足世界, 用世界的眼光来办学。震旦外国语中学校长张惠莉说:"在培养学生具有传统美德的同时, 还要锤炼他们放眼世界, 了解在改革开放的当今社会, 世界潮流和市场经济的走向, 以及未来社会的特点与要求, 养成发展的、灵活的、观察问题的习惯。"震旦外国语中学培养出来的人才必须是国际化的。他们具有思维国际化、能力国际化的特点, 在全球化的经济竞争中, 立于不败之地, 进而不断为国家培养和输送高素质人才,适应国家在政治、经济、科技和文化等方面同世界各国交流的需求。震旦外国语中学认为,学生在学四年,仅仅学好外国语言是远远不够的,还必须了解各国,特别是主要的英语国家的文化历史和发展现状。因此,学校决定,将单纯的外国语言教学,上升到外国语言文化的教育。让学生在中外文化的比较中,继承民族文化,学习先进文化,培养学生的综合素质。为此,学校采取了一系列措施,在重点构建外语特色的前提下,融入外语文化。

在课程建设上,震旦外国语中学确立了"强化英语,实践双语,探索多语"的思想,提出"一个目标、双语教学、三大板块、五小语种"的课程框架,保证学生外语特长的发展。"一个目标"是指学生的英语基础、应用和交际能力达到同龄人中的较高水平;"双语教学"是指进行英语数学、体育、音乐等学科的双语教学;"三大板块"是指设置牛津英语、英语听力和英语口语三大课程板块;"五小语种"则包括日语、韩语、法语、德语、西班牙语选修课程。学校在英语特色的基础上,要求每个学生选修第二外语,将外国语教学从单纯的英语一个语种发展到法、德、西、日、韩等多语种。学生除了精一门外语以外,达到"通两门,会三门",从而极大地丰富了面向国际的内涵。从一门双语数学的教学试点,拓展到体育、音乐等多门小学科双语的实验;从单纯的语言学习提升到外国先进文化的学习;从国内学习拓展到赴国外多个国家的学习,拓展学生的全球视野;通过英语节、英语角、英语日、每天英语晨读、每周看原版片、生活拓展课等多种渠道,优化学生外语学习的环境。同时站在全球角度,同世界先进教育接轨,同国外名校合作。以英语为基础,多国外语教学为突破,从只注重外语的工具性价值向重视语言所承载的文化价值的转变,震旦外国语中学的实践经历,正好体现出民办学校对外语教学认识的深化与实践的创新之路。

二、国际交流,感受世界

如果说学生通过学习外语,敲开了世界的大门,那么通过走出国门,亲自感受异域的风土人情,或者邀请世界各地的人们走进学校,让我们的学生了解不同文化背景下人们的思想和文化则是让学生真正走进了世界。

20世纪初,从双语教学到多门外国语教学。因为沟通工具的掌握,使得这批学生获得了更多一种认识世界、了解世界的可能性。他们通过走出国门,感受异域文化,同时,学校在走出国门的过程中,与世界各地的学校教育进行了比较和借鉴。有师生的短期互访,师生短期交换学习,文化艺术体育交流;有尝试与海外校建立姐妹校关系;有就某个教育项目的国际合作;有与国外学校互派教师教学,等等。例如尚德实验学校的一项统计,每年外事活动 20 次左右,建立的国际姐妹学校 13 所,与部分关系密切的姐妹学校每年有为期一个月的师生互访团等。例如,金苹果双语学校建校以来,接待了很多高层次的外国代表团访问,包括澳大利亚驻沪领事杨传照先生、俄罗斯楚瓦克共和国教育部长,联合国教科文组织国际公约与建议委员会主席大卫·汗伯姆先生,西澳大利亚洲议会议长、教育部长和课程委员会 CEO,美国校长联盟代表团,出席世界名校校长论坛的校长代表团等。学校与美国、英国、澳大利亚、新加坡和韩国的十余所兄弟学校经常保持联系并互访。其中,5 所学校已与该校正式签署了合作协议。上外静安外国语小学建立了社会实践基地,开展丰富多彩的社会实践活动,服务社会,增强小公民意识。加强与市内、全国各地同类学校的交流交往,开拓视野,提升学生全面素质。2008 年,与英国 Jack Hunt School 签署了为期四年的"梦想与团队"(Dream and Team)学生领导力培养项目。共有 26 所英国学校和 26 所中国或泰国学校参与,旨在通过体育和语言交流,发展青年学生的领导才能,促进校际文化交流。每学期,学校均有计划地组织师生赴美、英、澳、加、新、韩、日等国进行短期休学旅行,开阔师生视野,增长见识,并在英语国家培养英语的应用能力。

　　一批有一定办学实力、国际交流意识强的民办中小学积极开展探索国际交流,并呈现出持续不断和愈加深入的态势。很多学校已经度过了出国"走走看看,开开眼界"的时期,进入有目的、有意识向海外学习的阶段。教师出访都带有学习体制、课程、教法的任务,回来后有义务向全校教师汇报学习成果。对于学生出访,学校事先也有一定的礼仪和民俗培训,回来之后也有任务。这样"有意识、带任务"的国际交流,让师生的受益更大。在这些与世界沟通交往的过程中,民办学校开始在课程建设、教学方式、环境创设、师资培训、学校管理等各方面进行比较,进而开始深刻地自我反思和借鉴国际教育经验。随着国际交流的进一步开展,在一些国际交流时间较长的项目中,教师在海外学校讲授中文,边工作、边学习,已经从向海外学习到向海外传播经验,从单纯"看世界"过渡到反观民族文化、树立爱国信念的阶段。

三、从学习语言到学会理解

世界的国际化发展趋势,使不同国家、地区、民族的交往日益便捷和深入,地球越来越成为一个地球村。教育要走向国际,其最终目的是培养具有国际视野和世界意识,具有国际理解和国际悦纳能力,具有国际交流和国际合作能力的人才,这种人才立足于本土,放眼于世界,积极主动地参与国际合作与竞争。

随着外语教育开展的深入,外语交流能力的提高,学生国际理解素养的培养提升到议事日程,教育界的有识之士们感到,国际化人才的培养不应仅停留于语言的学习,更主要是对多元文化的理解和认同,具有国际视野和胸怀。在办学实践领域里,国际理解教育课程在上海一部分民办学校悄然兴起,沿袭多年积淀的外语教学的扎实基础,大力开展国际理解教育的研究与实践,开设国际理解教育课程,实施国际理解教育,培养具有国际视野、世界眼光的中国人。对于绝大多数较少机会走出国门的学生来说,如何进一步感受世界和理解世界呢? 上海一些民办学校以实施国际理解教育的途径来提升全体学生的国际感受和跨文化理解能力。

国际理解教育,即通过在教育教学中适当渗透国际文化因素,培养学生广博的知识、国际的视野和高尚的人格,为成为适合未来发展要求的国际性人才奠定基础。与福山外国语小学同属福山教育集团的福山正达外国语小学,将"国际理解教育"课程列入课表,专门由学校"国际理解教育"课题组的老师任教。学校还编写了国际教育读本。与此同时,学校开展多层次、多角度、多方位的主题活动,目的在于培养学生用历史的眼光、发展的眼光、全球的眼光看问题的科学的思想方法,交流、沟通、合作的技巧,激发学生热爱祖国、热爱生命、热爱自然的情感,锻炼学生采集、处理信息的能力,开发了学生的多元智能。学校选择当下热点话题开展主题活动,如外语节、科技节、奥运会等,这些主题活动都成为课程的有效延伸。另外,学校从培养学生的综合素养出发,要求每位教师在各课程中渗透国际理解教育,开展国际教育的学科渗透探索。学校根据各学科教材的内容,明确教学目标,整理与之相关的内容,有机地结合课堂教学,把国际理解教育的课程内容渗透到课堂教学、课外延伸中,帮助学生更深入地了解相关知识,并且在收集资料、整理资料的过程中积累信息,提高处理信息的能力,有效地提高了教学效率,推动了素质教育的发展。例如在教学语文《赵州桥》时,结合教材内容,发动学生确立主题,查找与桥有关的资料。于是同学们或以桥的结构、或以造桥的材料、或以造桥的年代、或以造桥的国度等为主题,从图书馆、从报纸杂志中,特别是从网上找来了许多资料,把国际理解教育渗透进去,最后以"我最喜欢的桥"和"我设计的桥"为高潮将教学演绎到最佳状态,同时也把国际理解教育在学科中的渗透演绎得淋漓尽致。再比如,崇明隧道开通的时候,让学生进行"隧道畅想"活动;还举行校园世博会,让学生和家长共同设计"你眼中的中国馆和外国馆"。这些都促进了学生的个性化发展,拓宽了他们的视野。教师都将对科学知识的了解自觉提升到对人和文化的理解。由此培养学生的文化自觉,培养他们抓住文化差异点进行横向比较和纵向比较的习惯,教育学生正视人类共同的精神财富,尊重理解,立志为人类的文明与进步作出贡献。

以"国际理解教育"为抓手,促进本土学生的国际胸怀、国际视野和国际竞争力的提升,带动了学校的国际化进程。要与一个国家打交道,就须先了解该国的政治、文化、历史;了解他们的思维方式,他们的风俗习惯和宗教信仰,否则就可能会产生不必要的麻烦甚至是误会。在世界大家庭中生活的人有着许多共性和共识,面临着诸如环境、能源、民族等共同问题,这是国界所无法划清的,也并非一个国家、一个民族就可以单独解决的。

四、引进国际课程,开启另一扇窗

课程是教育教学的主阵地。随着上海民办学校探索国际教育的深入,逐渐进入了课程和教学的核心领域。引进国际课程,能够通过物理形态上的共生,促进中外教育在理念、内容、形式、评估、师资、学校管理、学生发展等各方面的化学反应。引进国际课程,也标志着上海民办中小学校实践国际教育站上了一个新的历史台阶。

直接引进国际课程,是不少学校国际教育的新探索。其实,这对于 20 世纪 90 年代中期经上海市教委审批相继成立国际部的几所公办高中来说,并不是什么新鲜事。国际部实际上是国际学校的特殊形式,是专为外籍学生设立的相对独立的教学管理部门。面对来自世界各地的生源,国际部的课程设置必须与校本部有很大区别,它们必然要引进国际课程,与世界主流教育衔接。以上海中学国际部为例,它们设立中国国家课程、沪港组合课程,另外还引进 IB 课程和 AP、SAT 等美国课程,引进国外教材多达五百余种,从而形成中英文两大系列四大类的子课程体系,较好地满足了来自不同国家或地区的学生的学习需求。但是,对于上海的民办学校来说,国际课程的对象更多的是本土学生,而非境外学生。通过与境外学校的合作,引进境外高中的课程、师资、评价、管理等教育模式,让中国学生不出国门就能享受国际一流教育,更能无缝地与海外大学接轨。自 21 世纪初期至今,先后有近 20 所民办学校引进世界主流的国际课程,例如平和双语学校的加拿大 CTC 课程、教科实验中学的加拿大 BC 课程、文来中学的美国高中课程和日本高中课程、金苹果双语学校的西澳课程、新虹桥学校的美国高中课程,以及世界外国语中学、尚德实验学校、协和双语学校、包玉刚实验学校、平和双语学校开设的 IBDP 课程。其中,IBDP 课程能对接世界各地的知名大学,对很多学校和能力较强的学生更有吸引力。目前,得到 IBO 组织认证的在上海开设 IBDP 课程的学校有 18 所,其中 6 所是民办学校。[1]

民办学校开设国际课程,最初或多或少包含着一个功利主义的目的,那就是为学生出国留学服务。因为国际主流课程与很多发达国家的大学接轨,学生通过考核即可进入国外大学。然而,对于高中教育而言,引进或试点国际课程的意义和价值绝不仅限于此。世界主流课程体系有许多值得我们借鉴和学习的地方。发达国家的主流教育具有以人为本、课程高选择性、小班化授课、探究式教学模式、过程性评价与终结性评价相结合、师生关系平等诸多特点,引进国际课程为国内高中深入研究和系统学习国际教育领域一切先进事物打开一扇窗口。

平和双语学校引进和开设国际课程的背景与思考,较为典型地反映出引进国际课程的民办学校的共同思考。随着上海国际化大都市建设步伐的加快,越来越多的有国际背景的人群聚拢在上海,包括海归人员、外企人员以及中西合璧的家庭等人群对中国基础教育提出了日益多元的要求。部分有经济实力的家长,面对中国基础教育的学业负担过重和考试压力,无奈地选择让孩子出国留学这条道路,而且出国留学愈显低龄化趋势。面对这样的现状,平和双语学校考虑通过提供国际通行课程,减缓留学低龄化趋势,同时,也为本土基础教育

---

① 根据 http://www.ibo.org/en/programmes/find-an-ib-school/网页信息整理.

改革提供直接的实践参考。

通过高中国际课程的多年实践，国际课程、国际教师以及国际教育资源的进入，让平和双语学校对国际教育理念、教学模式和评价机制有了更直观的感受和冷静的观察。例如国际课程的实验课注重创意，实验由学生设计，而不是简单重复教科书上的实验过程，验证书本上的结论；国际课程采用小班化授课，并根据学生在语言基础及学习背景上的差异情况制定"个性化课表"，给予符合每位学生特点的个性化指导；课堂上，学生们通过动手实践、小组合作、探究讨论、上网查询等方法学会主动学习，拓宽思维空间，课堂气氛十分活跃；学生学习内容更具有个性化特点，要求学校提供的课程涵盖学科更广泛，课程选择更多元，促进学生个性化知识与技能的形成；对学生的评估更全面多元，在重视考试结果的同时，更注重每名学生学习过程的记录与评估；除了认知领域的能力发展之外，国际课程还注重对学生升学和职业发展的指导，帮助学生明确自己之所长，培养学生发挥自己优势智能领域的特长；国际课程在培养学生的社区和社会责任感、服务弱势群体等方面，都有很多实践操作性的经验。

通过对国际课程和本土课程的比较发现，中国基础教育的优点在于强调勤奋，强调标准和强调操练；而西方基础教育的优点在于面向理想，面向大众和面向未来。通过国际课程的本土化实践，培养学生勤奋和思考的两个品质，形成学生在技能与兴趣上的两个平衡。培养国际化人才首先要立足于中国文化背景，学校将中国历史、中国地理、书法等中国传统文化的精华内容整合融入国际课程。因为，学校培养的是有中国心、有国际视野、有国际竞争力的中国人，尽管国际课程班的学生多数要出国，但只要他们认同中国传统文化和价值，无论走到哪里，都能为中华民族的复兴作出贡献。

引进高中国际课程既不是对中国基础教育的全盘否定，也不是对西方教育的全盘接受，而是希望通过国际课程在本土学校的实践经验，实现本土教育对学生在文化与历史传承，民族身份认同与归属感方面的愿景，同时兼顾国际教育对学生在多元选择、综合创新能力培养以及国际合作与竞争力提升等方面的要求。

五、融合——国际教育的必然趋势

"融合"包括学生的融合，即中外学生在同一个班级上课，还包括课程的融合，课程内容和教学形态适应国际人才需求。融合,是一种办学思想,融合,更是一种发展趋势,这种趋势已经在一些有全球视角的办学者的实践中初见端倪。

本土课程与国际课程的相互对接与融合,是上海民办学校国际教育探索的重要趋势。事实上,国际课程在民办学校直接而生动的实践经验,对于学校在课程理念、课程内容建设、教育教学管理、学生评估以及教师专业发展方面的影响无疑是具体而深刻的。尤其是上海一些生源国籍多元、办学模式灵活的民办学校,尝试研究"中外融合"的教育,逐渐明确了一条走中外教育精华融合的创新之路,在实现中外学生融合、中西教育优势互补、东西方文化合璧上做了很多开创性的尝试。例如世界外国语小学是中国第一所被 IBO 认可的 PYP 学校。PYP 项目是国际文凭组织为 3~12 岁学生设计的一个国际性、强调学科交叉的项目。世外小学建校校长王小平指出:PYP 有很多优越性,但是不能直接拿来用,必须把这些课程与中国本土课程进行结合,才有生命力。① 平和双语学校自主研发的校本化国际课程;包玉刚实验学校基于上海二期课改以及国际课程先进理念和内容整合研发的融合课程;协和双语学校为本土学生提供融合国际教育精华的课程,为外籍学生提供融合了本土语言文化和学科优势的国际课程,都进行了这方面的尝试。西外外国语学校,是一所由海归回国投资举办的从幼儿园到高中的 15 年寄宿制学校。从创办人徐子望和林敏先生建校之初的设计开始,就规划办一所中西教育理念融汇的国际化学校,从而培养出具有国际视野,有接受未来挑战能力,逐步成为未来的国际精英人才的学生来。

将课程作为教育国际化的"载体",研究融合中外课程优势的课程方案无疑是国际教育探索给民办学校带来的最深刻的影响之一。没有本土参与的课程并非真正意义上的国际化课程,单方面适应本土或国外课程标准的课程也不能称之为国际化的课程。本土的某些学科课程有其国际比较优势,必须坚持和提升,而基于学生个性与学习需求差异的尊重,提供的丰富可选的菜单式国际课程的理念,及在对现实问题的发现、思考和解决等综合探究课程内容与实施方式等方面,国际课程值得我们借鉴和吸收。国内外课程都非常重视培养学生对本国、本民族的热爱,以及对世界多元文化的理解和尊重。

---

① 徐晶晶.永葆活力的探索之路:对话上海民办教育 20 年发展的三位见证者[J].上海教育,2014(33):36.

包玉刚实验学校、协和双语学校和培佳双语学校在中外课程融合方面进行了有益探索。

专栏 6－2　包玉刚实验学校双语双文化的全人教育

包玉刚实验学校创办于 2007 年 4 月,是由"世界船王"包玉刚先生的长女包陪庆捐赠创办的一所非营利的民办学校。创办以来,学校始终坚持"发展全人教育、传承中华文化、拓展国际视野"的三大使命,在传承中国教育教学精髓,保留中国九年义务教育阶段教学基本内容的基础上,引进国际先进的教学理念和教学方法,汲取西方教育教学的优秀因子,形成中西合璧的教育模式,把学生培养成为学贯中西的国际化人才。

"双语双文化"是包玉刚实验学校的鲜明特色和响亮口号。不同于其他一些学校单独设立国际部的做法,包玉刚实验学校追求的是真正的融合:中外学生在同一个教室里上课,中外教师在同一个办公室里办公,中文和英文在同一节课上出现。如语文课和英语课每天各一小时;体育课采用双语教学,中外教师同时授课;三年级以上的艺术课用全英语教学;计算机全英语教学,等等。中文和英文课程在总体上持平,保证了中国和外国孩子都能从多渠道、多学科、全方位地习得中英两种语言,体会中外不同的文化。

为把有利于培养学生综合能力的方法融入课程,学校专门设立了 EU(探索单元)课程,内容涵盖自然科学、社会学、地理、历史等多学科知识,并按照主题式教学的模式,每个主题用两个月左右时间,让孩子们通过质疑、讨论、探究,体会和学习如何学习。EU 课程由来自中方和外方的两位教师同时备课、同时上课,教师并非相互翻译,而是交替推进教学。同时,其他学科的教师也会按照 EU 课程的主题进行学科渗透和整合。以"自然灾害"主题为例,因为涉及人员伤亡和财产损失,数学课上就要及时把千、万等较大数目的含义、读法和计算方法教授给孩子们;语文教师可以找到有关"自然灾害"的文章,着重培养孩子人文关怀的品德;美术课可以聚焦于抗震建筑的观察、描绘和设计。总之,能够匹配的内容尽可能匹配,利用多学科资源发挥整合效果。

(资料来源:包玉刚实验学校官方网站)

专栏 6-3　培佳双语学校借鉴国际课程理念，
提升学生学习素养

　　培佳双语学校借鉴国际课程理念，设置了学生个人项目计划书、单元主题教学计划单和特色课程选择表。这一书、一单、一表基于问题哲学思辨，基于概念整体学习，基于核心技能的培养，构建了坚实的学生发展平台，帮助学生学会探究，学会学习，学会选择。

　　单元主题教学计划表是要求教师融合国际课程理念，实现从单元的视角重新整体设计教学目标、方法、评价，考试不再是评价学生学业水平的唯一手段。以美术课程来看，国际课程和本土课程无论是在理念、实施还是评价方面都具有高度的一致性。教师尝试借鉴国际课程中的部分做法优化本土美术教学。根据单元主题将对学生评价的作业进行了整理，列出了五大类作业。同时，教师还为每个学生准备了一本美术作业发展手册，记录学生作品变化的轨迹，展现出学生自我的批判思维能力。随着整体教学理念的不断深入，教师们认识到，不仅本学科单元内、单元之间具备联系，各学科之间也有着不可分割的联系。因此，让学生在更广阔的背景中进行跨学科学习，对多角度、整体性认识世界有着重要意义。单元主题教学计划表一方面帮助学生学会系统思考，使学生把所学到的零散知识整体化、结构化和条理化，进一步找到知识的内在规律性；另一方面帮助学生学会运用知识，将所学知识与现实生活联系，解决实际问题，理解真实世界，成为真正会学习的人。

　　个性化的项目计划书则是帮助学生学会探究。在培佳，每个孩子都要完成一份特殊的长期作业，被称之为"个人项目"。学生在规定的时间里选定课题，在导师的帮助下，分阶段、有步骤地完成项目研究，并选择合适的方式展示研究成果。这份长期作业的选题极为广泛，既可以是对课堂中有争议的问题进行深入探究，还可以对自己感兴趣的领域进行创意设计，也可以与其他人合作解决某一个实际问题。不拘一格的选题给参与的学生提供了发挥的空间。每年，培佳五年级的学生都会举办项目成果汇报会。一般汇报会分成四个展区，分别为项目论文答辩、毕业制作展览、毕业设计展览、才艺演出。每个学生都展示出自己的作品。个人项目锻炼了同学们的探究能力，在导师的帮助下，学生一步一个脚印完成项目的过程也是学习探究的过程。

多元化的特色课程安排表,意在指导学生学会选择。培佳有着丰富的课程设置。每个培佳新生在入学的第一天,都会拿到一张特色课程班申请表。学生会以特色课程来分班,特色课程包括国际文凭起点、棒球、管乐、计算机、双语等,实现"一班一特色"。此外,培佳自主研发的生活课程、表现课程、语文拓展课程、英语拓展课程以及众多的社团,都是为了满足学生进一步需要而自主研发的。培佳的特色不仅仅停留在提供丰富课程的层面,教会学生根据自身发展需求选择合适的课程是更重要的工作。教师在学生选课过程中,帮助学生分析自我,设计进一步发展的路径。

（资料来源:根据张平"基于新课程国际化的教育转型实践",《上海教育》2014－11B改编）

综合来看,中外融合的课程呈现以下共同点:① 培养目标国际化:培养学生在对本土文化的认同感和民族自尊的基础上,拓展国际意识,提升国际交往技能,增强国际竞争的能力等;② 课程设置国际化:体现对学生多元差异和需求尊重的多样化,高选择性的课程设置,选修课、社团、俱乐部、外出学习、专题讲座丰富;③ 保持本土课程的传统优势,特别是数学、中文、历史、地理,借鉴国际先进教学理念,拓展课程内涵与外延;④ 注重美德教育的综合性和实践性,通过美德活动提高学生的个人修养和对社会的责任感;⑤ 强调价值观教育,培养有中华民族价值认同,又有全球意识和国际胸怀的公民,在悦纳差异、社会公正、冲突解决、持续发展、互相依存等价值观教育领域,提高全球意识和培养国际胸怀;⑥ 加强本土学生的英语教学和针对外籍学生的汉语教学,让学生拥有接近母语的外语水平;⑦ 在科学、音乐、艺术、体育、综合实践和项目探究等学习领域,充分借鉴国际课程的优势,培养学生的人文艺术修养及综合实践与问题解决能力。

然而,中外融合并非"1＋1"式的叠加,形式上的中西融合、国际化并不难做到,真正的融会贯通还需要一个过程。在上海市教科院副院长胡卫教授看来,国际化存在一个"道"和"术"的问题,我们不能简单复制西方教育的皮毛,不能停留于"中学为体,西学为用",而应深入系统地吸收西方教育形式背后所蕴含的精髓。融合是指从有形向无形转化。不得不承认,不管是理念、课程、教法,还是培养出的人的素养,我们的教育与国际主流教育之间尚有较大差距。

探索中外融合的教育,上海的民办学校依然在路上!

第四节　民办中小学国际教育探索的特点与趋势

在上海民办中小学探索国际教育的历程中,有几方面的力量至关重要,包括社会和家长的需求以及政府的规划与设计。一方面,社会和家长作为民办学校的市场需求方,其日益多元和丰富的教育需求,促使学校不断提升自己的办学水平和凸显自己的办学特色。正是家长和社会对民办学校的这种多元需求,鞭策着民办学校不断调整自我,适应市场,在国际教育探索之路上大踏步前进。另一方面,政府在推进基础教育改革进程中,一直对民办学校寄予厚望,其阶段性的政策规范和引导,也是影响民办学校国际教育探索的重要因素。

在这两方面因素的作用下,当前,上海民办中小学国际教育探索呈现出以下特点:从形式上的浅层次的国际教育实践形式,向更高层次的教育内涵和理念过渡。国外先进的教育,有些是明显物化的,例如课程、资源等,有些是隐性的,例如理念以及某些特征,比如低基础、高选择的课程形态就是国际教育的明显特征之一;综合主题课程就是一种国际教育色彩浓厚的课程形态;重视价值教育和人的品行教育,并且通过学生的亲身实践来体验和感悟对社会的责任和担当,也是国际教育的另一特点。随着民办学校国际教育实践的不断深入,逐渐触及了学校教育的核心问题,对民办中小学校的内涵提升与完善,对学生的综合素质培养,乃至上海整个城市的国际教育服务能力都产生了影响。

一、本土情怀和国际竞争力兼具

民办学校国际教育实践中最直接的受益者就是学生。无论是外语能力的提升,还是在国际交往中不断拓展的国际视野,抑或是站在多元文化背景下对异质文化的尊重与理解,或者是多元创新综合素质提升,甚至是通过在本土接受国际高中教育,走向全球各地的高等学府,国际教育的探索带给学生们的是最直接的影响。

学生就是未来! 一批既熟练掌握中外交流工具,又熟悉中外文化;既有中国情怀和民族认同,又能与国际接轨和对话;既有扎实的学科基础,又具有独立思考和创新能力的学生,正是上海建设国际化大都市的目标人才,也是在世界大舞台上展现中国风采和国际竞争力的未来领袖。

民办学校的国际教育探索,不意味着仅仅引进国际课程,实现课程的国际化,也不意味着培养世界公民,更不是留学预备化和单纯的外语强化。事实上,国际化是教育质量提升的一种体现,是学生国际理解能力的一种培养。协和双语学校、平和双语学校这些获得国际课程组织认证的学校,不仅拥有国际课程开设的资质,更重要的是,他们拥有与惠灵顿、哈罗公学、德威等国际学校竞争的优势,他们培养着具有国际竞争力的优秀人才。[①]

二、学校内涵不断提升

民办学校对市场需求有着天生的强敏感度。在国际教育探索过程中,民办学校或多或少也存在明确的市场导向,学校开设什么课程,提供什么服务,市场的需求起很大的影响作用。但是,十多年的国际教育探索历程,可谓大浪淘沙,唯市场的国际教育实践往往会被市场淘汰。因此学校必须遵循教育规律,与此同时只有真心学习和研究国际教育,并且将国际教育与本土需求相结合起来的办学行为,才能在实现满足市场需求的同时,让学校有所发展,有所进步。只有不断提升办学内涵的学校,才有可能站稳市场,做大做强。

在部分对国际教育有着相对较深刻理解和实践经验的学校中,中外教育的融合,原本是学校发展的一个重要方向和方式。因此,国际课程、国际教师、国际学生都是学校特色或学校发展的应有之意,而非外部强加于他们。他们对国际课程的态度也更多是基于研究学习之上的为我所用以及改造本土教育教学和管理等,其最终指向的是提升学生的国际化视野、能力和竞争力这一个最终培养目标。世外、平和及协和、包玉刚、西外等学校,都致力于将国际先进课程理念引进国内课程体系,改造和优化本土课程,使得更多本土学生在素质提升、分析问题、解决问题等方面获得全新的教学改革思路与素质提升。

国际教育对民办学校内涵提升的影响,首先体现在学校教育目标的转变。从过去的"成绩第一"到"目中有人",关注学生作为人的发展;而发展也从关注

---

① 刘莉莉.特色创建与教育创新,满足多样化需求[J].上海教育,2014(33):40.

知识增长到关注综合能力发展,而且特别强调培养解决问题的能力、创新精神与能力以及动手操作的技术技能。

相应地,学校在课程设置方面,就必须做出对应教育目标的调整。很多民办学校逐渐形成中外融合的课程理念——即既强调立足中国社会和文化土壤,坚守本土情怀、道德观,以及有优势的学科基础上,吸收国际上优秀课程的理念和实践,为学生提供既有民族文化认同,又强调有跨文化理解能力的课程平台。同时,提升课程的丰富性,以满足学生个性化发展的需求。

在引进国际课程或国际教育因素的过程中,越来越多的民办学校感受到科学合理的校本课程设置对于学生能力培养的重要性。西外外国语学校的校本课程内容涵盖人文修养、科技探究、艺术审美、强身健魄和社会实践五大部分。不同年级不同内容的中外景点宣读课,对学生理解中西文化很有帮助。中文辩论队、少儿芭蕾、戏剧表演等65门拓展课很受学生的欢迎。为了规范校本课程的学习,学校还在全市中小学中率先实行了学分制,规定学生必须修满学校规定的拓展课学分,才能顺利毕业。小学各年级基本上每天下午都有拓展课、活动课。请英国外教开设创造性批判性思维训练课。学生早晚自习开始前收看英语电视新闻,将学生社团活动、社会实践等都列入学校课程设置。

与满足学生个性特点的高选择性课程设置相匹配的,是学校对教育教学的认知变化、行为变化以及教育技术手段带来的教学模式的翻转。课程与教学,不再局限于传统教室或学校的围墙,学校教育地平线不再是教室的天花板,也不再是学校的楼顶,教材不再是学生的全部世界,草原辽阔的天空、长河落日、各地的风土人情、网络连接着的世界任意一个角落里的人和事件,都可能成为学生的教材。教学方式的转换则是教师在课堂上践行国际教育理念的重要体现,越来越多的教师尝试并习惯于"一抓一放"的教学模式——一手抓学科基础知识和基本技能,这是中国学校教育基础扎实的优良传统;另一手则放给学生,通过激励学生自主发现问题,质疑,挑战,多种途径搜集信息,整合所学知识,寻找解决问题的各种办法,并最终解决问题的探究学习。这种学习方式让学习成为一个没有终点、无限循环的历程。而面对生活和生命中的各种问题和挑战,正视真实的世界,具备探究的能力,掌握探究的方法,保持探究的热情,才有可能成为真正的终身学习者。这对于作为示范者、引导者、协助者的教师角色,提出了更为全面和综合的专业要求,是更大的挑战。

当然,以网络为核心的现代信息技术,促进了学习者与知识之间无界限的双向互动,慕课、翻转课堂、微课,等等,民办学校与世界教育改革保持着相似的节奏。同时,走班分层教学等以学生为本的灵活的教学组织形式,在国际化办学特色明显的民办中小学中层出不穷。让部分学生根据学科水平的高低在不同年级上课,以使学生扬长避短,适应了学生在不同优势智能领域发展的差异性,为每个孩子提供了适应自我发展水平的课程选择。

学校的环境创设和资源配置也跟随课程、教学、管理等发生了巨大变化。物理环境上,学校的任何环境布置,都暗含了中外语言、多元文化、开放创新、学生中心的理念。除了传统的学校和班级环境创设之外,充分发挥创意,开发学校内部环境的多重教育教学功能,也成为很多民办学校的实践特点。例如楼梯可能成为学生们学习体积与面积的实践场地;餐厅则可能变身为烹饪课的教学现场;操场除了体育运动和集会的功能外,还可能成为学生研究微生态环境的基地;甚至连厕所都可能成为训练学生个人行为自律的重要场所……

除了学校内部环境和资源外,学校开门办学,开发与整合社会资源的理念和能力也在不断提升。家校关系不再是传统的形式,家长被视为教育的合作者,与学校共同承担起学生成长和发展的共同责任。家委会代表可以巡视学校,对学校部分管理工作有建议权、参与权甚至是决定权,对学校教育改革提出见解。同时,家长也是学校教育的重要资源提供者和合作者,志愿者爸爸妈妈帮助疏导校门口交通,整理学校图书馆,维持学校大型活动的秩序,走上讲台,为学生们讲述各自职业发展的经历和经验,他们甚至捐资助学,奖励优秀教师,等等。这种积极的家校合作关系,正是国际教育带给民办学校的重要财富。

在国际教育实践过程中,最重要的财富之一就是一批有国际教育理解和国际教育教学执行力的本土专业教师队伍。国际教育一方面需要国际教师带来纯正地道的异域文化,但是更重要的是本土教师的国际教育能力的建设和提升。这支本土教师队伍专业素质过硬,中外语言精通,勇于创新、善于合作、善于沟通。很多民办学校十分重视教师队伍建设,通过多种途径提升教师素质。一是通过课程建设促进教师发展,让越来越多的教师尝试不同的课程形态、不同的教学方式,教师在课程实施中成长,并反过来丰富课程建设。二是通过聘请中外教育专家,从国际教育的理念、学校管理、课程设置与开发、差异化教学等各方面培养国际教育骨干人才,引领团队持续发展。三是改进教师评价机制,引领教师成长。改革传统的教师教学评价,是给本土教师尝试国际教育和变革教学模式的重要手段。只有多元的评价方式,才可能激发教师尝试教学的创新。

同样是评价,对学生的评价在国际教育实践过程中,也得到不断丰富和完善。国际教育非常重视对学生个人学业和个性发展的重要事件的记录,因为任何人的成长里程碑不应只有学业成绩,非智力能力和某些关键事件对于人的一生而言,可能更为重要。因此很多民办学校引进了个人成长手册制度,用于记录学生学习和生命历程中至关重要的事件,一方面学生可以以此进行自我反思,为下一阶段的学习和生活设置更合理的目标,同时学生也能与家长、老师、同伴分享成长的历程。对于学生学业的评估,很多学校一方面借鉴了国际教育重视过程性评估的做法,将学生的日常表现、学习态度、团队合作、进步程度等方面作为评估的重要内容,同时,坚持本土教育重视结果的评估方式,有效地将过程性评估与终结性评估相结合。

三、与国际化大都市相匹配

上海,作为要努力建成有全球影响力的国际化大都市,必须提升其对境外来沪人员的综合服务能力,才有可能吸引和留住全球精英人才。上海的民办中小学校,在为来沪境外人士子女提供基础教育阶段服务方面,发挥着日益重要的作用。

上海最早开设专门招收日韩等国家和地区的高中阶段留学生的民办学校可追溯到 2001 年,一些民办学校开办了"华文教育中心",招收境外学生,提供以对外汉语为主要学习内容的课程。在很多民办学校,境外学生的比例相当可观,例如西外外国语学校的 1400 多名学生中,中国港澳台和外籍学生占了近20%。外籍学生来自英国、新西兰、美国、澳大利亚、意大利、葡萄牙、日本、韩国、刚果(布)、南非等十多个国家。包玉刚实验学校的境外学生比例更是高达 40%。

目前民办中小学开展国际教育实践的有二十余所,在校境外学生约 3000人,约占在本地学校就读小学和初中的境外学生总数(约 5000 人)的五分之三。[1] 可以认为,除了外籍人员子女学校和市教委批准的本土学校国际部之外,

---

[1] 该段内数据来自市教委国际交流处 2015 年国际学生内部统计.

民办学校是服务境外人员子女在沪基础教育的主要场所。

正是一批有国际教育特征的民办学校的存在，丰富了上海教育多样化的生态，满足了境外人士对其随行子女接受国际教育的需求，促进了全球高端人才向上海的流动。

第七章

特色创建塑品牌

　　公办学校为学生提供基准的公平教育服务,民办学校则是以特色立身满足社会的多元教育需求。纵观上海民办中小学诞生、发展的历程,政府鼓励兴办民办学校,其目的就是为上海市民提供更多样、更有特色的教育资源,激发上海基础教育的活力。因此,民办学校可以说是为特色而生,肩负着特殊的历史使命。

第一节　民办中小学特色创建背景

一、顺势而动，激发上海教育活力

公办学校为学生提供基准的公平教育服务，民办学校则是以特色立身满足社会的多元教育需求。纵观上海民办中小学诞生、发展的历程，政府鼓励兴办民办学校，其目的就是为上海市民提供更多样、更有特色的教育资源，激发上海基础教育的活力。因此，民办学校可以说是为特色而生，肩负着特殊的历史使命。

但是，民办学校在创办之初，要创建特色谈何容易，特别是在公办学校一统天下的情形之下，民办学校也只能走"先模仿、后创新"的道路。"先模仿"指的是先向公办学校学习，吸收公办学校的长处，先规范发展；"后创新"是指在规范发展的基础上，充分发挥民办学校的体制机制优势，并紧贴上海市民的教育需要，在为市场服务的同时明确自己的特色创建之路。如上海第一所民办高中扬波中学在闸北区教育局大力倡议和推动下于 1992 年 8 月 10 日成立后，学校先是在艰苦的条件下，努力利用和整合资源，使学校达到规范办学的标准；接着在达到一定的基础后，学校适应市场发展和教育发展的规律，逐渐形成自己的"成材又成人"、全面均衡的教育特色。

而现在办学成就斐然、受到广大家长和社会广泛好评、一位难求的世界外国语小学也是如此，其创业校长王小平是受徐汇区教育局的委派，承办民办学校的。最初她根据以前在公办学校的经验，克服种种难以想象的困难，使学校不仅生存下来，而且在规范中发展。但是，她又不像公办学校那样完全依赖政府的指导，而是在与市场的密切接触中发现了富裕起来的中产阶层子女接受国际教育的新需求，于是顺势而为，大胆探索，逐渐形成了学校的国际教育特色。

二、适应差异，催生民办学校特色发展

随着经济和社会的发展，家长和学生对教育的需求越来越多样化，单一的公办学校体系已经无法满足他们的需求。民办学校诞生以后，如何适应这一新

的形势,探索出一条不同于公办学校的发展之路,就显得尤为重要。对于上海来说,是摸着石头过河,边改革边探索。1992年,上海市区试办了5所民办中小学。这5所学校虽然学生数量少、规模小,但却标志着上海基础教育由原来公办学校包办的单一结构走向公、民办共同承担的多元结构,虽然谈不上减轻了政府多少财政上的负担,但却在呼应社会不同的教育需求、促进上海基础教育差异化发展上迈出了坚实的第一步。

打破单一的办学模式,鼓励民办学校多元办学。总结上海民办教育诞生初期的办学情况,其办学形式主要可以归纳为以下几种类型:一是白手起家型。即创办者依靠自己的力量创办学校,比如,几位热爱教育、志趣相投的退休校长或教师集资办学等。二是国助民营。即政府适当资助,由民办学校负责运营管理。比如,政府把校舍建好,由举办者添置设备设施后,开办民办学校。三是国有民营。即学校资产为国有,通过租赁的形式交给民办学校经营。比如,一些新建住宅小区的配套学校,政府主管部门通过租赁形式交给民办学校管理和经营。四是多元合作。即由企业与学校共同出资创办民办学校,由董事会聘请民办学校校长进行管理。五是公办转制。即由公办中学转制为民办中学,这主要是为了淡化重点中学概念,同时厘清义务教育的边界,推进初中就近入学。上海在1995年到1997年完成了重点中学初高中脱钩,当时约有70余所市、区重点中学进行了这项改革。不少重点中学的初中部转制成了民办学校,即"名校办民校"。

专栏7-1 两所学校的"前世"

创立于1999年的华育中学,教师来自原来上海中学的初中部,校长吕宝兴自1982年起就在上海中学工作。民办劲松中学是上海外国语大学附属大境中学的"小儿子";民办申江中学对口的是敬业中学;民办立达中学的校长曾是上海高中"八大金刚"之一的大同中学的校长;民办明珠中学的校长也曾管理格致中学。

创立于1995年的永昌学校所在的校址是绍兴中学原址,因民办公助政策扶持,教育局把场地租借给上海永昌实业有限公司,公司老总夫妇热心教育事业,就有了今天的永昌学校。

(资料来源:民办中小学校长访谈)

办学模式的创新,激发多元办学主体的创造性,政府锐意改革,虽然缺乏相关的管理经验,走了一些弯路,但总的路径和方向是对的。民办学校虽然当时也无特色可言,但这些体制机制的探索,却为他们今后的特色探索之路打下了坚实的基础,培植了求新求异的基因。

三、满足需要,跟随市场顽强成长

作为中国东部发达地区的上海,在 20 世纪 90 年代初,经济发展的速度和水平已远远超过教育,经济领域已经是多元并存,差异发展,而教育还是公办学校一统天下。虽然上海教育并不缺资金,但资源单一,形式单调,没有形成竞争性的教育市场,富裕起来的市民、各路创业精英、高科技人才对子女接受优质多元教育的需要日益迫切。

然而民办学校在创办之初,并没有马上让人眼前一亮,反而是默默无闻,毫不起眼。因为他们与公办学校相比,很多方面处于弱势:一是教育教学设施极差,有些是租来的校舍,有些是闲置的校舍,还有些甚至根本不是学校。面积小,功能不齐,整个教育教学的正常开展都受到影响。二是师资队伍不稳定,结构极不合理。许多初创的民办学校大多是招聘退休老教师,年轻教师比例很小;兼职教师居多,专职教师比例较小,教师队伍整体水平与公办学校相距甚远。三是招生困难。当时,对于老百姓来说,民办学校还是新生事物,其声誉和影响远远不及公办学校,因此,老百姓对民办学校普遍不放心,优秀学生根本不选择民办学校,在生源上,他们是以招收公办学校的落榜生为主,只有那些进不了公办学校的学生才无奈被动地选择民办学校。四是财政艰难。民办学校由于主要依靠市场生存,不能从政府手中获得财政资金,其收入主要依靠学生的学费收入,来源单一,捉襟见肘,没有先进的设施,学校无法在外观形象上吸引家长和学生。

这些客观因素的制约,给民办中小学特色办学造成了困难。但是民办学校发挥了办学自主权的机制优势,在向市场学习、敏锐把握市场机会的过程中,凸显出自己的特色。比如:在小班化教学、双语教学、国际化教育等方面,民办学校总是走在上海整体基础教育前沿。而当民办学校在逐渐踏准市场节拍以后,由最初的跟随公办学校发展到跟随市场办学,往往表现出较强的前瞻性和敏感性,其办学质量和办学特色也越来越得到社会的认可和肯定。

随着上海经济和社会的发展,众多的外来务工人员涌入上海,给上海的基础教育带来了一个数量庞大的随迁子女受教育群体,也使一批民办随迁子女学校应运而生。随迁子女学校的诞生完全是市场需要的产物,它解决了外来务工人员子女在父母身边异地就读的大难题,使外来务工人员能更好地服务于上海的现代化大都市建设。随迁子女学校诞生之初,条件简陋,师资薄弱,与上海的基础教育整体均衡发展不符。为改变这一现象,上海市教育主管部门在全国率先实行对随迁子女学校进行大幅度的生均经费补贴和专项扶持,以提升随迁子女学校教师待遇,同时改善其办学条件。

四、技术创新,促民办学校内涵提质

作为全国教育改革试验区的上海,在 2010 年颁布的《上海市中长期教育改革和发展规划纲要(2010—2020)》中明确提出了从"为学习者提供更加开放、便捷的学习环境"的理念出发,把应用信息技术促进教育教学模式转变放在教育信息化的核心地位。同时正式把推动"电子书包"和"云计算辅助教学"的发展写进规划,并落实具体措施,争取在未来 10 年内,实现教育现代化基本学习条件和信息化支持服务系统的变革。这是一种全新的教育发展观,意义重大。

虽然上海的教育信息化建设在政策发展上根据时段有所倾斜,但在公、民办学校类别待遇上并未进行相关划分与区别对待。在国家与上海的中长期教育规划中,赋予了民办教育新的历史地位和重要使命,强调了"三个重要原则",也由此激发了民办学校特色、主动发展的积极性。为了在与公、民办学校的错位发展中寻求更好的发展机遇,民办学校积极寻求学校建设的多元化特色,而教育信息化建设正是其中非常重要的一个实践创新点。

第二节　民办中小学特色建设推进

一、民办学校:坚持内涵发展

民办学校创办之初,条件非常艰苦,正如上海市世界外国语小学创始人王小平校长在对话《上海教育》的节目中,谈到第一次去看学校时的情景:

当我去看这所学校时,我看到的是巨大的反差。学校当时只有 1.28 亩地,而且已经空了两年没有人去,附近小区也没有多少人,要买东西吃饭都很不方便。当时真的想打退堂鼓了,因为这里的杂草长得比我还要高。我所能拿到的只有 76 把钥匙,每一间教室都是空荡荡的。当时已经是 5 月份了,我特别担心,这样的话到 9 月 1 日能开学吗? 这是一个办学的地方吗? 我只在那里待了一会儿,脚上就被蚊子咬得一塌糊涂。当时真想赶快离开那个地方,但是已经射出去的箭要收回肯定是不行的。①

但无论条件多么艰苦,民办学校从一开始就紧紧抓住内涵建设这根主线,苦练内功,不与公办学校比硬件、比投入,而是立足市场,通过错位竞争、强化特色来谋发展。首先他们必须有清醒的定位。民办学校必须找准市场的需要,明确自己的办学理念。由于最早创办的民办学校校长多由拥有丰富经验的老校长担任,他们多年的办学经验和独到的教育眼光,使许多民办学校刚一诞生就站在较高的起点上。比如,上海市民办新世纪中学作为首批创办的民办学校之一,办学伊始就提出了"踏实办学、诚信服务、悉心育人、注重实效"的办学方针,提倡"要成才、先成人"的教育思想,并确定了"学会做人、学会求知、学会健身、学会办事"的素质教育培养目标,多方面地培养学生的综合素质,使每一个学生在新世纪中学都能获得成功。学校一名考上北京大学的学生王茜在给母校的信中这样写道:

当年暑假进校时有 3 天的集训,那时的大礼堂是没有凳子的,放眼望去只有漆得光亮的木头地板。集训的时候,我们就盘膝席地而坐,不许驼背,不许乱

---

① 王小平.永葆活动的探索之路[J].上海教育.2014.11B.

晃。我天性好动,坚持不了多久脚就麻了,偷瞄周围,趁老师不注意,软下腰板,扭扭脖子,捶捶大腿,放松放松,窗外的知了声好像催眠曲哦!冷不防老校长的声音传来,"人就靠一个精神,坐都坐不好,还谈什么做人!"一个激灵,倦意全无,赶紧正襟危坐。是了,人才人才,要成才,先成人。多年以后再回头来看这句校训,突然觉得感慨万分,初中毕业之后,好像就再也没有人和我说过这样的话了。然而当时,仍是觉得震撼的。短短三天,不过是漫长人生里的弹指一瞬,然而却让我站到了一个新的高度去看待、审视我的人生,这是不是就是成长,是不是就是潜移默化里的成熟? 直到今天,老校长当年的话语仍清晰地回荡在我的耳边:要成才,先成人。①

从学生的感言可以看出,虽然民办学校在初创的时候条件艰苦,但他们没有放弃自己的教育理想,降低培养的目标,而是坚持了正确的育人方向。

还有些民办学校,从上海城市未来发展的需要出发,胸怀未来,放眼世界,从一开始就准确把握了上海发展的方向。上海世界外国语小学创立于 1993年,学校开合作办学之风,取中外教育经验之长,走出了一条教科研相结合的民间办学道路。学校以围绕如何以国际社会的未来发展为背景,大力探索我国基础教育改革,致力于培养"有教养的、有竞争力的国际型人才的后备力量"。基于其先进的理念和丰富的办学成果,联合国教科文组织于 2007 年正式授权世界外国语小学为 PYP 学校,成为中国校长办成的第一所 PYP 学校。创建于2003 年的协和双语学校,虽然时间比较晚,但是从办学伊始,他们就确立了中西文化融合的办学理念,汲取中外优秀教育理念,凸显双语教学,致力于培养具有国际视野、竞争力和国际文化理解能力的一代新人。这些民办学校的探索,从一开始就表现了求新求异的特点,也体现了民办学校举办者独到的眼光和视野。

二、主管部门:坚持引导性扶持

民办学校的诞生,本身是政府政策推动的结果,因此,民办学校的特色发展也得到政府部门的大力支持。随着《国家中长期教育改革和发展规划纲要(2010—2020)》中明确提出"支持民办学校创新体制机制和育人模式,提高质

---

① 上海市民办中小学协会,上海教育杂志社.特色为本——上海民办中小学发展之路[M].37-39.

量,办出特色,办好一批高水平民办学校",上海市也积极响应和落实,并在《上海市中长期教育改革和发展规划纲要(2010—2020)》中提出了从 2010—2012年要启动和实施 10 项教育综合改革重点试验项目和 10 项重点发展项目,而"促进民办教育规范特色发展试验"是"教育综合改革重点试验项目"之一,这表明政府要引导民办学校朝着既规范又具有特色的双重方向发展。

在具体落实措施上,政府实行资金扶持和专家指导相结合,并专门出台了相关政策。在资金扶持方面,政府主要采用了专项扶持的方式。为此,2012 年8 月,上海市教育委员会发布《关于开展上海市民办中小学特色学校(项目)创建工作的通知》,颁布了《上海市民办中小学特色学校(项目)创建实施方案(试行)》《上海市教育委员会关于开展上海市民办优质幼儿园创建工作的通知》,规定"市教委将民办中小学特色学校(项目)、民办优质幼儿园创建纳入本市中长期教育规划纲要市级专项经费支持范围,给予经费资助。经区县审核推荐、市教委复核确定为创建学校(项目)、创建园后,给予每个特色学校创建校市级创建资助资金 30 万元～40 万元,每个特色项目创建校市级创建资助资金 20 万元,每园市级创建资助资金 20 万元,区县根据办学规模和层次给予相应配套资助,经绩效评估合格后再由市、区县教育行政部门给予相应的支持"。2012 年12 月,上海市教育委员会发布《关于开展民办中小学特色学校(项目)创建校、民办优质幼儿园创建园校(园)长培训的通知》,正式启动上海市民办中小学特色学校(项目)创建校长、民办优质幼儿园创建园校(园)长培训计划。这一系列政策文件的发布,表明上海民办中小学特色学校、民办优质幼儿园创建工作已强劲启动,政府将其纳入到中长期教育规划纲要市级专项支持项目,足见其起点之高,扶持力度之强,这就为上海民办中小学未来的特色发展营造了良好的政策环境。

在专家指导方面,由市教委委托华东师大教育部校长培训中心,在全市范围内聘请知名的、具有丰富的理论和实践经验的专家学者,采取定点定期的形式,帮助民办学校梳理特色建设思路、完善目标规划、优化实施措施等,为民办学校特色建设把脉,提供智力支撑。不仅如此,华东师大还策划了丰富多样的进修与培训活动,组织民办学校校长赴海外教育先进国家或地区进行考察学习,开阔视野,交流经验。另外,还聘请国内外的著名教育专家为民办学校进行校长和教师培训。

在区级政府层面,各区积极响应,积极支持和鼓励区域内民办学校积极创建特色。比如,徐汇区对此就非常重视,共有西南位育中学、世界外国语中学等6所民办学校成为了第二轮特色创建校,在全市居于首位。闵行区则引进优质教育资源,兴办民办学校。比如引进上海中学开办了"星河湾国际学校",使闵行区民办学校的国际化特色又向前推进了一大步。

对于随迁子女学校,为了引导他们走内涵发展之路,提升教育质量,保证农民工子女享受公平免费的义务教育,上海市早在2008年就启动了"进城务工人员随迁子女义务教育三年行动计划",对不达标的多所学校予以关闭,对达标的多所学校纳入民办教育管理。通过政府购买服务等形式加大扶持力度,增加财政投入、加强财务管理与年检制度,增加图书室和体育运动设备,加强教师培训,逐步引导这些学校实现三大转变,即由生存型向发展型转变,由规模扩张型向内涵型转变,由粗放型向特色型转变。①

同时,上海市教育委员会委托上海市民办中小学协会,在市教科院民办教育研究所的支持下,组织编写随迁子女学校相关规范性制度,加强对随迁子女学校的规范性管理。在2012年的3月至5月期间,编写组前往宝山、闵行等8区(县)召开了随迁子女民办小学校长座谈会,访谈了学校的中层管理人员、教师和学生,翻阅了学校现有的相关制度和档案,在拟定了编写纲目的情况下,听取方方面面的意见,经过反复修改,在2012年8月编印了由校务管理等10部分组成,共计70条规范管理制度的随迁子女学校《学校规范管理手册》,并将800册《学校规范管理手册》免费发给150多所随迁子女民办小学。各校组织全体教师认真学习,领会贯彻到学校各项工作之中。政府主管部门通过制度建设,努力规范各项基础管理,逐步提升了随迁子女学校的办学水平。

另外,为进一步加强对随迁子女学校的办学管理,进一步促进和引导学校规范办学,提高这类学校的办学水平和办学效益,2012年,全市启动了对以招收进城务工人员随迁子女为主的民办小学的绩效评估工作。首轮参与评选的17所学校通过自评,形成自评报告,向所在区(县)教育行政部门提出申请等程序,市教委委托市评估院组成专家组对该类学校进行评估。

---

① 黄忠敬.让公平在校园中闪光——上海农民工子女学校转制后的现状、问题与对策[J].思想理论教育,2013(2).

　　评估组专家通过听取学校汇报,审阅有关资料;对学校管理人员、教师、学生进行访谈和座谈,并进行相应的问卷调查、观摩教学、巡视校园等评估程序,最终向社会公示上海市级"办学绩效评估优良学校"名单。上海市民办中小学协会农民工子女专业教育委员会的有关专家参与了本次绩效评估。

　　政府对民办教育的大力支持,使上海的民办中小学特色建设呈现出"高端民办创品牌、低端民办保底线、全体民办共发展"的特点,使老百姓对教育的多元需求得到更好的保障与满足。

三、民办协会:坚持课题推进

　　协会在民办学校特色建设过程中,也发挥了重要的促进作用,而这种作用主要是通过课题研究的形式来体现的。早在上海教委的相关政策颁布之前,上海民办中小学协会(上海市民办教育协会中小学专委会前身)就积极响应中国民办教育协会中小学专委会的倡议,组织上海民办学校积极申报专委会在全国范围内发布的特色建设方面的课题。2010 年,上海市民办中小学协会就鼓励15 所学校成功申报课题并立项,并成为全国民办学校办学特色研究实验校,这在全国各省市中处于前列。当时,上海民办教育协会的一位领导畅想了上海民办学校特色建设的愿景目标:"第一步目标是使上海现有的 100 多所民办中小学中,有三分之一的学校有明确的特色建设目标和探索项目,以后再逐步扩展到二分之一的学校,直至所有的学校,从而在上海进一步推动民办学校的内涵发展与特色建设。同时,协会也正在与政府沟通,由政府给予有课题立项的学校以一定的经费支持。"[①]2012 年,上海市民办教育协会成立后,李宣海会长更是明确地指出:"目前,特色学校创建的政策环境已经形成、扶持资金也已就位,教委、学校和协会各方都在积极努力。未来几年,政策导向依然坚持扶优扶强扶特扶需,政府应会加大扶持力度创建特色学校;学校之间在课程设置方面也会日趋整合,从而形成学校特色日益明显、设置布局更加合理的局面;在分类管理日益推进和教师保障机制不断完善的情况下,教师队伍也会日益稳定,从而为特色学校建设扫清最大障碍。在这种情况下,考验学校举办者和办学者智慧的,就是思考如何从学校自身出发,策马扬鞭,积极作为,逐步建成特色学校、品

---

①　朱怡华.上海推进民办学校特色建设的情况介绍[J].发展中的民办中小学,2014,29.

牌学校"。①

协会指明了上海民办学校特色发展的方向,也体现了上海民办教育协会在贯彻政府意图、支持民办学校特色建设方面发挥的重要推动作用。迄今为止,所有民办特色学校和特色项目学校都申报并开展了相关课题的研究,使民办学校更进一步聚焦学校特色建设中的问题,将特色建设落到实处。

为了促进随迁子女学校质量的提升,上海民办教育协会农民工子女教育委员会与上海市教科院民办所密切合作,借助他们的智慧,利用他们的科研成果推进随迁子女学校的内涵发展。

专栏 7 - 2　助推随迁子女学校内涵发展

2013 年 4 月 27 日,"闵行区随迁子女学校改进课堂教学展示活动"在民办咏梅小学举行。闵行区教育局朱越副局长介绍,自从 2008 年以来,对"纳民学校"的管理逐步规范化,今后将在精细化和高效化上努力推进。学校要在内涵发展上苦下功夫,办出特色和品牌。

上海市教科院民办所唐晓杰副所长提出,当前"纳民学校"已经迈入转型发展阶段,即学校的内涵发展和特色建设成为今后的主要工作。学校的内涵发展,教师专业素养提高是关键,教学质量的提高也必不可少。学校面对流动的学生群体,要关注他们的心态和健康成长,为他们提供适切的教育。对于自然分材教学,要合理借鉴和有效利用,让更多的教育教学流派在学校实施和开展,促进学校内涵的提升。

(资源来源:上海教科院网站)

这样的与课题研究相结合的课程与教学展示活动,各个区每年都在开展,全市层面也开展了一些跨区域的活动,使随迁子女学校的教育教学质量逐年得到提升,随迁子女学校通过课题的研究,使教师的专业水平大幅度提升,学生的素质也在发生喜人的变化,部分学校学生的学业成绩甚至已经赶上或超过了同级公办学校学生的水平。

---

① 刘荣飞.迎接民办教育新春天——访上海民办教育协会会长李宣海[J].民办教育新观察,2013(7).

第三节　民办中小学特色建设成果

上海民办学校诞生二十多年来,逐渐从基础教育的补充,到今天基础教育的重要组成部分,以及改革和发展的重要动力和新的增长点,其地位和定位都发生了显著的、本质的变化,这标志着社会对民办教育有了重新的认识。而促使人们的认识发生重大转变的原因,自然是民办教育"用成就说话"和"用特色证明"。

一、目标达成:培养自主而全面发展的学生

在今天的上海基础教育领域,特别是在小学、初中义务教育学段,民办学校已成为上海优质教育资源的重要组成部分,高中阶段也有一些民办学校异军突起,整个民办基础教育内涵发展和质量建设的形势非常喜人。

从关注升学成绩到关注学生的发展,部分民办学校在内涵发展上下功夫。

专栏 7-3　上海外国语大学附属双语学校:
艺术育优雅　文化立品格

"教育有其独特的使命,教育者需肩负神圣的使命感"——这是上海外国语大学附属双语学校在建校初期就明确的责任。"培养既有生活情趣又富艺术修养,在根植于传统文化的同时又具有国际视野的学生"——这是学校的育人目标。办学 13 年,在不懈的追求中,上外附属双语学校就像一个充满渴望的生命体迅速成长起来:从最初只有 6 个班级的办学规模发展成一所拥有 2300 名学生,近 60 个教学班的小、初、高一体的大型民办学校。

学校并不仅仅满足于以优秀的学业成绩赢得社会的认可,更加秉承着对教育价值的选择——要办成一所"有态度"的学校。"有态度",即不功利、不盲从,坚守教育理想,以"人"内在的和谐与丰富为教育的终极目标。

因此,"人文"校本课程建设是学校实践育人目标的重要途径。学校的人文课程是以人文精神的孕育为核心、以语言为载体、以艺术为表现形式的课程,同时也是将文化融合于语言与艺术之中、兼顾东西方背景的差异、具有上外附属双语学校特色的课程系列。

在厘清课程价值与目标的基础上,学校力求发挥小、初、高一体的办学优势,关注学段课程体系的一致性和培养目标的渐进性。在课程的实施中,关注学段之间的衔接——幼小衔接、小初衔接、初高衔接。其中,小学阶段关注兴趣、习惯和品行的培育,初中阶段关注个性、爱好与修养的形成,高中阶段关注独立、探索、求真的品格树立,让学校教育在孩子的精神成长中烙下深深的文化印记。

(资料来源:华东师大教育部校长培训中心上海市民办中小学特色创建班总结材料)

上海外国语大学附属双语学校的案例表明,民办学校已经逐步认识到应试教育的弊端,不再片面追求考试成绩,而是着眼于学生的全面发展以及核心素养的培养,为学生的终身发展奠基,这意味着上海民办学校已由生存型发展进入到一个质量型发展的阶段。

二、课程整合:汲取中西教育优点

"二期课改"以来,上海基础教育在课程改革方面做出许多有益的探索,而民办学校更是充分发挥自己的市场意识,主动了解国际课程改革的动态,学习国际上教育先进国家的课程改革经验,然后结合国家课程和上海本地特色,许多学校基本形成了具有学校特色的校本课程体系。

专栏7-4 "四立"课程,立己达人

上海民办立达学校经过多年摸索确立了以"立达教育"作为办学特色创建主题,学校经过多方讨论和多轮修改,最终制定了《传承与发展中的立达教育》特色创建方案,对"立达教育"的历史渊源进行了仔细梳理,明确提出

当前学校致力于创建的"立达教育"是立达中学在传承"立己达人"办学传统的基础上,根据21世纪社会经济发展对人才培养的新需求、初中生发展特点和民办学校办学特点提出的一种人才培养模式。学校努力在充分关注选择民办学校教育模式的家长和学生对高质量教育和个性化教育的内在需求的基础上,引导学校管理者和教师传承"立己达人"的办学理想,通过终身学习和专业发展实现专业成长和自我价值("立己"),通过扎实创新的教育教学帮助学生发展和成长("达人"),使每一位立达学生通过四年"立达教育"能够"立德""立智""立能""立身",掌握21世纪必备的品德、学识、能力和素养,全面发展,学有特长,从而为高中及今后的可持续发展打下坚实基础,将来成为既能使自己在社会上安身立命,又能与他人互帮互助、服务社会的"立己达人"之才。

特色创建方案从学生发展角度,阐释了实施"立达教育"的四个重点领域,如图7-1所示。需要指出的是,"立德""立智""立能""立身"这四个领域之间是彼此交融,互相渗透的,其中"立德"作为核心基础,起着奠基性的作用。特色创建方案还明确了"以'立达教育'为特色主题,以全体教师为创建主体,以课程教学为实施载体,以学生发展为最终目标"的特色创建思路,制定了特色创建的总体目标和具体工作目标,从"四立课程"体系构建和教育教学方式改进等方面规划了特色创建的内容和举措。规划为学校有条不紊地开展特色创建工作打下了基础。

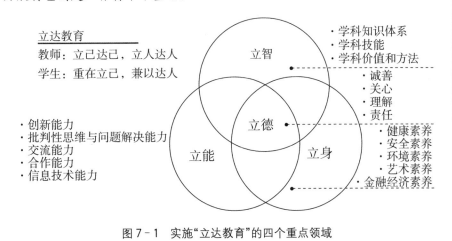

图7-1 实施"立达教育"的四个重点领域

"四立课程"的开发构建与已有的"基础型—拓展型—探究型"三维课程框架下的课程紧密融合,遵循"夯实基础型课程—发展丰富拓展型课程—研究实践探究型课程"的课程开发思路,并渗透在基础型课程、拓展型课程和探究型课程三维课程中。学校还通过必修课和选修课的合理设计和安排,使每位学生都能获得丰富多元的"四立课程"学习机会,既确保了他们在四个领域的全面发展,也允许他们根据自身基础和兴趣需求,按需要选择课程,开展个性化学习。

（资料来源:华东师大教育部校长培训中心上海市民办中小学特色创建班总结材料）

立达学校的"四立课程"特色非常鲜明,既吸取了我国传统教育中的精华,又体现了现代课程的要求,理念先进,结构完整,切实可行,达到了较高的课程建设水平。从上海民办学校课程建设的整体情况来看,表现出如下特点:一是开始由重数量向重质量转变。民办学校由于要直面市场,要重视家长和学生的评价,因而更注重实效和质量。二是民办学校注意成本核算,课程设置灵活。对受学生和家长欢迎、反响好的课程能加大投入,做优做强,而对那些反应较差,难以形成特色的课程则及时调整,不浪费时间和精力,所以民办学校的课程体系不呆板、僵化,而具有较强的动态性。三是民办学校的课程建设具有较强的前瞻性。由于民办学校关注市场需要,眼界开阔,善于学习,因而其课程建设总是具有一定的超前性,能较好地把握课程改革和发展的前沿趋势。

专栏 7-5 借鉴国际课程,打造本土课程

尚德实验学校以国家课程校本化实施为核心,通过三年创建,建设高生长性的尚德课程体系,让尚德的课程满足学生的发展需要,促进学生有个性地全面发展,帮助学生成为终身学习者和负责任的世界公民,使尚德成为人民群众心中优质的教育品牌,并借鉴IB课程的先进经验,构成具有尚德特色的课程图谱,如图7-2所示。

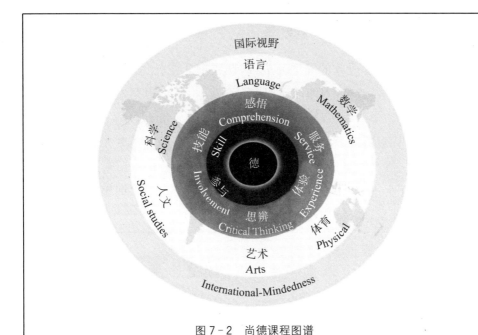

图 7-2 尚德课程图谱

尚德课程图谱以立德树人为核心;参与、体验、感悟是富有尚德特色的德育模式;掌握技能、学会服务、懂得思辨是每一位尚德学子的必修课程;六大领域的课程在尚德是均衡发展的,要做到学科融合,上下贯通,在各学段都提供丰富的课程选择,确保学生在不同的领域获得强势发展;所有的课程都要为学生提供宽广的国际视野,这为学生将来成为世界公民奠定基石。课程图谱是尚德课程的一个总纲,从一年级到高中、从国内部到国际部课程设置都要遵循这样多元平衡的课程结构。

(资料来源:华东师大教育部校长培训中心上海市民办中小学特色创建班总结材料)

尚德课程体系的构建实际上是国家课程、国际课程与校本课程的合理整合,视野开阔,富有新意,也适应了上海这座国际化城市发展的需要,因而受到了社会的认可和欢迎。而上海民办学校在校本课程的探索方面已呈现整体推进的态势,并成为民办学校创建的核心内容之一。以课程建设为抓手,带动了民办学校教师队伍的建设,课堂教学模式的创新以及学校文化的建设,等等,从而使特色建设更加聚焦和有效。

三、课堂教学:适应学生差异

课堂教学是课程改革的关键环节,即课程理念在教学实践中的落实和贯彻,如果课堂教学不改革,则即使课程理念再先进,最后也是虚的,也是不成功的。因此,课堂教学改革在学校内涵发展中的地位非常重要,关系着课程改革的成败得失。而对随迁子女学校来说,课堂教学改革的意义更大,是提升教师教育教学水平、提高学生核心素养的主阵地。民办学校的生源来源广,学生之间差异大,为了促进学生的多元发展,许多民办学校结合各自的教育理念,在课堂教学上积极探索,取得较丰富的成果。

专栏 7-6 尊重学生差异,促进学生多元发展

理念最终落实的环节在课堂。如何在课堂中促进不同层次学生发展的需要呢?教科院实验中学结合分层教学的理念,在课堂教学中进行了大胆的探索,改革教学方法,提高课堂效能,建设以提高不同层次学生的思维质量为核心的课堂教学模式。以培养学生自主学习能力为重点,由"以教师为中心"向"以学生为中心"转变,切实转变教师的教学行为和学生的学习方式,促进学生生动活泼地学习和主动发展。

学校高中部从定性和定量两个方面出发,了解学生的学习基础和状况,为分层教学提供可靠、确切的依据。教师确定有针对性的教学目标与分层内容,选择具有针对性的教学方式,建立与分层教学相配套的分层评价机制。学校鉴于现行基础课型课程,确立语文、数学、英语为分层核心课程,从学生现有差异性出发,重视教学的坡度、力度和效度,确立分层的教学目标及相关的教学内容。

在教学中,学校还提出了"四个离不开":学生自主学习离不开教师指导,灵活运用多种教学方法离不开教师讲解,多种学习资源的整合离不开教材,教师专业发展离不开校本课程。为了保证学生的多元发展,学校要求将分层教学的理念渗透到教学的各个环节,备课不仅要从课程标准出发,不仅要备教材,而且要研究不同层次学生的学习基础、思维水平和情感特点;上课时,要重视不同层次间学生的互动,作业也要重视分层,教师应分层进行评价,对学生及时反馈,以提高教学效果。

　　在所有课程的教学中,以新教材为核心,结合教材中的精华部分,增添现实
生活中的鲜活素材,实现教学内容的重组。要求教师正视学生间的差异,根据
学生实际,采用"隐性分层"教学策略,优化课堂教学策略,提倡精讲粗练,指导
学生自学,鼓励学生提问,激发学生兴趣,建构教学情景,关注个别化学习需求。

　　针对 A 类学生(层次较高),注重为他们创设更多自主学习、自主探究的
空间,强化任务驱动模式;针对 B 类学生,强调精读多练,提高教师传授与学
生训练的针对性,帮助学生更透彻地掌握应该掌握的内容;针对 C 类学生,则
细化阶段目标,设置更为平缓的坡度,同时加强课后个别辅导,从而让每一位
学生的个性特长得到充分发展,并注意形成训练阶梯,确立分层指导的"度"。
同时,开展各学科的课外延伸训练,一些学科特设"专家门诊",专为学生解决
拓展学习中遇到的"疑难杂症",确立分层评价方案,帮助学生确立近、远期的
学习目标。学校在提高优良率的同时,狠抓低分率,保证在基础性学科上学
生的合格率,不让一个学生掉队,提高基础型课程的教学质量。

　　(资料来源:华东师大教育部校长培训中心上海市民办中小学特色创建
班总结材料)

　　民办学校高中生源质量较差,教科院实验中学的高中部也是如此。为了让
每一个学生都得到适合自己的发展,他们采用分层教学的模式,尊重和了解学
生的差异,因材施教,较好地满足了学生不同的发展需求。而通过对课堂教学
的不懈探索,教师的专业能力不断增强,教学的有效性和教学质量都得到持续
的提升,学校特色建设成效日渐明显。

四、文化建设:凸显民办学校特色魅力

　　从整体来看,上海民办学校目前已跨入内涵发展阶段,办学特色日渐明显,
特别是特色学校申报校和特色项目申报校,它们不仅已完全度过了生存艰难
期,不必为生源困难发愁,而且有些学校已开始进入生源优质期,家长们已开始
追捧民办学校,甚至出现了学额一位难求的火热景象。优质民办学校大多已开
始进入品牌提升阶段,非常重视学校的价值取向和理想追求,着力打造学校的
"文化软实力"。其文化营造主要体现在以下几个方面:

　　一是明确自己的核心价值取向。许多民办学校经过多年的实践摸索和努

力,对要办什么样的教育已越来越清晰,对自己的梦想和追求已了然于心,从而更加坚定了自己的办学方向。许多民办学校的价值理念已为广大家长和学生所接受,并展现出强大的感召力。比如,西南位育中学提出的"中和位育"思想,协和双语学校提出的"中西文化融合",包玉刚实验学校以"仁、义、平"为核心提出的"发展全人教育、传承中华文化、拓展国际视野"三大使命,民办东展小学提出的"让每一个孩子都有一个快乐的童年",等等。

专栏 7-7 融合多元文化的办学理念

东展小学有70%的学生来源于境外,这些来自不同种族、民族、宗教等背景的学生相融在一起,既彼此间互相尊重与包容,又各自保持着自有的传统文化、价值观,形成了学校独特的文化背景——多元文化的相互融合。学校自开办以来在就在东西方文化的碰撞中寻找既能保持东方教育传统的精华,又吸收西方教育先进的思想,满足不同文化背景学生需要的教育方式,同时又积极地积累与运用这些文化中符合学校发展的优质资源,而这种资源的累积,久而久之就形成了东展的教育理念,"关爱生命、提升学生的生命质量"成了学校教育价值的所在。教育服务于学生生命个体的成长,尊重和关爱生命、培育和引导生命的成长成为学校的主要任务。学校提出的"让每一个孩子都有一个快乐的童年"和"立人为本、成人于品"的办学理念,就是充分体现了这一教育价值观。

东展的孩子都自信、阳光,他们充分享受到孩童时代应有的愉悦和快乐。每天,他们在充满阳光的晨间活动中拉开学习的序幕,下午又是在酷爱的艺术、学科选修活动中告别一天的学校生活,课间、午间他们尽情地在操场上运动游戏;同时,参加着孩提时代每个隆重而又有童趣的活动,让孩子们能够感受到生命过程中每一个关键时刻的意义,从而体会到人生成长的快乐。东展是孩子们快乐成长的乐园,是培养未来成功者的摇篮。

(资料来源:华东师大教育部校长培训中心上海市民办中小学特色创建班总结材料)

二是围绕培养目标设计课程与教学。随着办学思想的逐步明晰,民办学校

对要培养什么样的学生也越来越自信,在课程设置和教学实施上,主动积极地开展探索,将课程体系、教学方法与育人理念紧密结合,较好地体现了理论与实践的一致性。在课程方面,他们尊重学生差异,开发多元课程,尽量适应不同学生的优势智能,使他们中的每一个都能得到最好的发展。在教学方面,他们则大胆尝试探索新型的教学模式,倡导以生为本,以学定教,积极促进传统课堂向现代教学转型,培养具有现代意识的新公民。

专栏 7-8　激活课堂,自主发展

金苹果"2Z(自主学习、自动建构)3H(优化、深化、内化)唤醒课堂"模式就是在"为学生的终身发展奠基"的办学理念指导下,构建能尊重学生个性、启迪学生思维、引领学生探究、引爆学生潜能、唤醒学生智慧、促进学生心智发展的具有生命活力的生态、智慧课堂。它在教学资源的遴选上,重视"针对性"和"发展性";在教学策略的运用上,重视"合作性"和"开放性";在教学目标的达成上,重视"层次性"和"生成性"。它追求的是课堂的真效益、教学的真质量、教育的真规律、育人的真途径。

从"不知"向"知"的转化是学生获取知识的过程,教师对学生"知"与"不知"互动的运作是对学生捕获知识过程的运作。在这一运作过程中,教师边组织学生捕获知识,边将捕获的知识织成一张捕获知识的网,这是金苹果一贯的教育方法——既"授之以鱼",又"授之以渔",最终织成一张动态的活性的网。

教学模式具体是指:

自主学习,学生通过"独学",明确"知"与"不知";

自主建构,学生将"知"与"不知"以问题形式抛出,进行对学、组学、群学,对"知"进行提升,对"不知"进行探究;

优化,教师将多次过滤、聚焦后的"不知"进行优化,形成即时目标;

深化,师生围绕新目标,共同探讨,由扩展的"已知"解决现在的"未知";

内化,学生最终将"知"与"不知"互动的成果内化。

(资料来源:华东师大教育部校长培训中心上海市民办中小学特色创建班总结材料)

在金苹果"2Z3H唤醒课堂"上，正是因为有了教师的引导、激励、追问、点拨、调控，才有了学生的自学、交流、合作、质疑、探究。学生是主体，是学习的真正主人；教师是主导，是学生的学长，同时也是最优秀的学习者。师生平等交流，思想碰撞，教学相长，师亦生、生亦师，学中教、教中学，一个民主、开放的"学习共同体""教育共同体"亦即诞生。在这样的教育共同体中，教师的角色已悄然变化，与其说是引领者，不如说是陪伴者。在陪伴中，唤醒学生，唤醒他们的好奇心、审美力、质疑力、求知欲、创造力、引领力和担当力，使学习者们主动地追本溯源，积极地合作探究，敏锐地辨伪求真，自在地吐故纳新。金苹果"2Z3H唤醒课堂"的价值追求与《上海市中小学学业质量绿色指标》实现了无缝对接。

三是围绕育人理念打造校园环境。随着一批特色民办学校的兴起，他们独特而美丽的校园环境日益成为吸引社会和家长关注的重要因素之一。这些民办学校不仅有漂亮的教学楼、有先进的教学实验设施和现代化的信息技术，而且他们所体现出的文化气息和内涵气质也让许多家长和学生沉浸其中，深受他们的喜爱。比如，尚德学校的文化走廊、协和双语学校万源城校区的中西合璧、包玉刚学校的国际化氛围，等等。这些学校的校园环境建设无不是围绕其育人理念而设计的，真正体现了外延与内涵的统一。

专栏7-9 凝聚攀登理念，营造育人氛围

同洲模范学校创办以来，结合"攀登教育"这一教育科研课题，在学校文化设施建设上，开辟了同心艺术广场、同力体育广场、同创科技广场、同达世界广场四大广场，并兴建了相应的标志性建筑。同时，学校还兴建和改建了一批设施一流的专用场馆，为校园文化活动提供了广阔的空间。如：有中央空调和视频管理系统的15间钢琴房；由著名音乐家贺绿汀先生亲笔题名的音乐厅；由中国棋院院长陈祖德先生亲笔题名的可同时容纳700名棋手对弈的围棋馆；以及其他如体育馆、科学馆、跆拳道馆、陶艺馆、茶艺馆、攀岩壁、鼓乐厅等一批现代化的教学设施，为学生的发展搭建了丰富多彩的舞台。

（资料来源：华东师大教育部校长培训中心上海市民办中小学特色创建班总结材料）

同洲模范学校的校园建设主题非常鲜明,那就是围绕学校"攀登教育"这一核心理念,精心设计和打造了校园的广场文化、场馆文化和特色设施文化,使学校的育人功能整体地得到提升。与公办学校相比,民办学校由于拥有较强的办学自主权以及经费使用的相对自由,学校的环境建设能较好地体现举办者和管理者的教育理念,并能较少地受到外界的干扰,这使民办学校的文化建设具有较强的传承性和延续性。可以展望的是,随着上海民办学校特色建设的日渐深入,民办教育体制机制潜能的充分发挥,上海民办学校将进入一个健康良性的发展时期。

五、信息化建设:分层次推进

目前上海民办中小学按原有的基础及发展态势,可以分为三个层次,分别为优质校、普通发展校及外来务工人员随迁子女小学①,而民办学校的教育信息化建设进展主要体现在高低两端,即优质校与随迁子女学校。

1. 优质校:以教育信息化作为学校品牌特色及建设重点

作为一所学校,要实践教育信息化,除了理念、技术及相关人才资源外,还需要有大量的基础设施设备建设,因此教育信息化在建设初期是个很耗资源的项目,对民办学校而言尤其是个"高风险高投入"的项目。因此,上海民办校在教育信息技术发展运用的过程中也经过了大浪淘沙的几番沉浮。目前上海的民办学校在教育信息技术运用方面较有特色的一般都是些优质校,他们有的是把教育信息化与学校特色课程建设相结合;有的则通过信息技术提高学校的教育管理效能;还有的甚至是以此作为整个学校特色建设抓手,以此来引领学校工作的方方面面。

(1) 积极探索"信息技术与课堂教学整合"。为了体现上海二期课改中"信息技术应用"的特色,从 2001 年 9 月份起,上海所有小学就已经全部开设了信息科技必修课,确保了上海率先实现"全面普及信息技术必修课"的工作目标。并在多轮实地调研的基础上,提出了上海信息科技课程改革"加强宏观指导,建设多元化课程教材体系"的建设性建议。上海民办中小学也通过各自的办学规划,进行了积极的尝试与探索。民办华二初中将信息技术与学科教学巧妙地整合起来,极大地激发了学生的求知欲和创造力,而这正是学校特色建设的目的所在。

---

①　2008 年,上海启动农民工同住子女义务教育三年行动计划(2008—2010),开始规范管理农民工同住子女学校。截止到 2013 年,初中基本实现公办学校随班就读,小学 157 所,属民办学校.

（2）以教育信息化统领学校特色建设。因为民办学校在课程建设与学校管理方面有更高的灵活性与主动性,学校往往也会把教育信息化建设作为其学校工作的一个方面(或课程或教学或管理),相对而言把教育信息化作为整个学校的建设发展目标的则很少,因为教育信息化对该校资源配置及其持续性以及师资建设的挑战极大,但"很少"并非就是"没有",上海市虹口区的民办丽英小学就是其中的佼佼者。

专栏 7－10　上海民办丽英小学的教育信息化建设之路

图 7－3

丽英小学在办学之初,基于对信息技术重要意义的认识和实践教育创新推动内涵发展的迫切需要,明确提出了"全力开发现代信息教育新特色"的办学目标。而具体的实践则始于 2001 年,并与上海二期课改的教学实践紧密结合。在 2001—2004 年,学校聚焦于信息技术与学科教学的整合,尝试根据各学科的教学规律及其内容、教法、学法,寻找到学科教学与信息技术的最佳结合点;充分发挥信息技术作为资料来源、认知平台、交流工具的巨大作用,科学地安排教学过程的各个环节和要素,努力实现教学过程的优化。实践研究以语文学科入手,逐步拓展到数学、外语、科常、音乐、美术等七门学科,并形成了一套七种 12 分册校本教材。2005 年,随着学校迁入新址,丽英小学斥资大力建设校园信息系统,形成了互联网、电视网、广播网"三网合一"数字化校园平台建设,完成了覆盖每间教室的网络多媒体系统。在 2005—2009 年,学校致力于技术应用与师资培训,全校教师在最新信息教育软硬件应用过程中不断尝试在整体优化各种教学资源、各个教学要素和教学环节的基础上变革传统教学模式。2009 年,学校成为"上海市中小幼教育信息化先进集体",信息化建设也进入新的十年。基于"为了每一个学生终身发展"的理念,学校越来越关注学生的需求和成长,开始把目光聚焦于学生的个性化发展,围绕"信息技术促进个性化学习"课题,初步开展了实践研究,先后成为教育部教育信息化试点学校、教育部体制改革重大项目"数字化课程环境建设和学习方式变革实验"试点校与英特尔"一对一"数字化学习项目实验校。

从 2010 年开始,丽英小学申报了"上海民办学校特色创建",并在五个方面对学校的信息化特色作了深入拓展:一是课程建设。立足学校特色,提出了丽英小学学生信息化素养培养目标(见图 7-3 丽英小学学生信息素养培养的目标体系),根据目标重新编制了《课程实施方案》《基础型学科信息化教学建议》,并推进综合型课程的开发实施、学生成长记录的数字化设计与实践。二是创新教学模式,初步构建班级授课制及现行课程教材体系背景下,运用信息技术促进学生个性化学习的课堂教学模式。三是创新德育模式,彰显信息化教育特色。即运用信息技术拓展德育内容、优化德育形式,开展丰富多彩的网络德育活动;在"让学生具有理想信念、公民素质和健全人格"这一德育目标之下,充分依托信息化教育特色,创新德育模式,提升德育实效性。四是最大限度地开发、利用、整合管理信息,探索现代、便捷、高效的数字化教学管理方式。五是制定实施《丽英小学教师队伍建设三年行动计划》;建设校本自培课程,分类规划培训内容,并结合校情及对教师队伍实际情况的分析,编制《丽英小学教师信息素养标准》,推动教师队伍整体信息素养的提升。

(资料来源:孙幼丽:《运用信息技术,促进个性化发展》,上海科学普及出版社,2014 年版)

如何认识信息化技术在学校发展和特色创建中的作用,在不同学校中存在着不同的意见。大多数学校只将信息化作为一个教育教学的辅助手段,但丽英小学将信息化建设贯穿于课程建设、课堂教学、德育模式、学校管理和教师专业发展等各个方面。丽英小学具有很强的前瞻眼光,新世纪伊始,就预见到信息化在教育中的重要作用,很早就确立了学校建设信息化特色的目标,经过多年的努力,已经由点到面,全面整合,真正实现了信息化引领学校的全面改革和发展,整体提升了学校的办学质量和办学效率。

2. 民办随迁子女小学:完善基础配置,提高教育现代化水平

从 2010 年开始,上海的教育信息化建设基础配置的受益面进一步扩大,开始从市区两级投入逐步开展对全市 157 所民办随迁子女小学进行教育信息化的改造与基础配置,成效显著。

专栏 7－11　上海闵行区民办塘湾小学信息化推进

在"2013第十届上海教育信息化博览会"闵行展馆,民办塘湾小学令人瞩目。该校在闵行教育"三新三化"发展策略的指引下,信息化水平3年来得到了跨越式发展。塘湾小学当前共有电脑170余台,多媒体教室30余间,门户网站及子网站10余个,网络模块近300个,摄影、摄像设备4部,集成化监控设施一套,正在建设的数字录播教室1个,信息教学班7个,成为闵行随迁子女小学教育信息化建设的领头羊。

塘湾小学的教育信息化之路起步于2008年,当年学校建立了信息中心,并配备专职人员,开始筹建独立的校园网站。学校以校安工程为契机,争取教育部门经费支持彻底改造校园老化的弱电布局,并从超五类网线升级为六类网线,百兆交换机更新为千兆交换机,着力为学校的信息化建设"架桥铺路"。2012年在闵行区实事工程的推动下,教育局又为学校配发了53台教师办公电脑和55台学生机房电脑,加上学校原有办公用电脑,师机配备比列达1∶1。目前学校共有服务器3台,其中1台PC影像资源服务器(自建)、1台联想万全ftp文本传输服务器与网络硬盘服务(自购)、一台惠普网站服务器(下拨),并在每个楼层安装多个无线网络,现已经基本实现校园无线覆盖。

至2013年,学校已自行改版了四次校园门户网站,每次改版都大大提升了网站美工、信息发布以及综合应用的功能,基本实行了校园无纸化管理。学校强化学科校本资源建设,采取"引进一点、收集一点、创造一点"的策略,立足学校教育教学需求与教育教学的实践,按学科进行分类,使资源得到有效利用。尤其是自2012年开始,学校开始建设校本教学资源库,给老师提供一个数字平台,老师自行注册、收集、上传、管理自己学科的资源,其他老师根据分级管理要求可共享。经过两年来的运行,学校课件教案资源库正逐步充实完善。视频课件点播系统的视频资源已达到500个,涵盖了所有学科,大大方便了教师上课、教研活动时视频资源的直接点播使用。

此外,学校也同步加大教师的教育技术应用培训。在随迁子女学校中最早全员参与了区教育学院组织的PPT应用深度培训,又借助区教育学院培训平台组织全体教师开展了flash动画培训,为教育技术有效应用于教育教学实践打下了基础。

（资料来源:民办塘湾小学校长访谈）

随着上海教育、闵行教育信息化的转型发展和深入推进,这类学校如何与区域层面对接,如何在学校 30 个班 1600 多名学生的规模下,实现教育信息化的进一步推进,逐步开放"大数据时代"背景下的学生电子成长档案袋系统、教师专业成长平台系统、学生健康卫生管理系统、学校资产管理系统、教学质量管理分析系统、教师教研与培训、家校联系以及学校各类应用系统,开发应用更好地体现互动性、服务性,这是学校和区域共同需要努力的方向。

3. 民办普通学校:贯彻课改、提高效益

上海市在推进基础教育领域的教育信息化应用工作上一直与"二期课改"实践紧密结合。在十多年的发展过程中,不仅建设并完善了全市中小学信息化建设的基础配置,形成一批在实际教学中广泛应用的电子白板和虚拟实验室,更积极探索信息技术与课程整合,力求实现规模化和常态化。上海开展一系列数字化课程环境建设和学习方式变革试验,使一批学校不断磨炼信息化内功,凝聚信息化特色,成为信息化建设与应用典型校,在全市教育信息化进程中起到了很好的引领作用。而在典型引领下,信息技术在学校教育教学中的魅力和价值日益彰显,学校师生乐于掌握信息技术、应用信息技术的良好文化氛围正在形成。学校自主探索信息技术新应用,各区、校之间相互交流新技术、新资源、新平台,通过现场展示、数字教师网络研讨、博客论坛等多种形式进行,探索电子白板、虚拟实验室、MOODLE 学习平台的应用。

教育资源库建设对全市中小学的信息化是一个巨大的促进,众多的民办中小学都能享受与公办学校一样的资源服务,从而也使民办中小学能平等地参与到各项信息化建设中,包括高端的机器人项目等。在过去的二十年里,信息技术对教育系统的渗透作用越来越明显,利用信息技术提高教育竞争力,实现教育整体变革已经成为教育领域的共识。上海民办学校的教育信息化探索虽然在强大的公办教育资源与政策优势下没有体现整体优势,但在高、低两端确实都有所突破。随着对信息技术支持的学与教深层次变革逐渐聚焦,如何摆脱实践层面上改革者的"技术导向"思维,如何更好地让信息技术从"工具"走向"环境",不仅是民办教育特色突破的重大命题,更是上海基础教育发展的重大挑战。

结语

发展，永远在路上

　　上海民办中小学从无到有、从小到大，有序而又健康地发展，在教学改革、课程建设、领导班子建设、师资队伍建设等方面，从课程、从国际教育探索，一直到评价等，均做出许多有益的探索。

上海民办中小学从无到有、从小到大，有序而又健康地发展，在教学改革、课程建设、领导班子建设、师资队伍建设等方面，从课程、从国际教育探索，一直到评价等，均做出许多有益的探索。

不容回避，上海民办中小学在二十多年的实践中取得了不错的成绩，但同时也存在一些长期以来未能解决的实际问题，尤其是随着国家民办教育发展政策环境发生较大变化，以及上海城市经济发展、人口结构等新发展，面向未来，上海民办中小学必须进一步实现向高质量、精品化的内涵发展合理转型，这种转型是在法制的保障下，政府的主导下，政府、社会和民办教育界共同深化教育改革，促进教育和谐发展的过程。

一、在未来的社会发展和教育生态中，民办中小学依然有着不可或缺的重要作用

改革开放之初，我国大力鼓励社会力量办学，其背景是当时国家财力有限，公办教育资源严重不足，急需民办教育来补充。近年来随着国家经济的快速发展、公共财政不断加大对教育投入，公共教育资源供需矛盾基本缓解。对于上海而言，更是如此。尤其是近期社会上出观了一种观点，认为公办教育资源基本能够满足社会需求了，民办教育的历史使命已经完成。面向未来，上海是否还需要发展民办教育？

从世界公认教育发展水平较高的国家看，例如经济发达的美国，虽然公共教育经费比较充足，但美国政府同样非常重视促进民办教育的发展，20 世纪 90 年代甚至尝试将一些公立学校进行民营化的探索，其目的就是要充分发挥民办教育的优势，为公众提供更多的教育选择，同时通过发展民办教育形成竞争，推动和促进公办教育的发展。因此，社会经济发展与政府财力水平的提高，不应当成为放弃发展民办教育的理由，而是对民办教育要有新的、更高的要求，需要民办教育通过改革实现新的发展。

从上海民办教育的实际贡献看，改革开放三十多年来，民办教育为上海教育事业的发展作出了重大贡献，在补充社会急需的教育资源、缓解政府公共财政压力的同时，在一定程度上满足了公众对教育服务的多样化需求，并推动了教育体制机制的创新，增强了上海教育的活力。截止到 2016 年底，上海民办中

学 106 所(不含纳入民办学校管理的随迁子女学校),在校生 7.66 万人,占全市各类中学在校生的 12.3%;民办小学 181 所,在校生 16.67 万人,占 23%。可以说,民办教育已成为上海教育事业的重要组成部分。

从教育生态看,教育发展有其内在的规律,需要良好的生态环境。单一的公办教育不但难以满足社会的需要,而且也影响到教育水平的总体提高。只有公、民办教育共同发展、相得益彰,才能形成百花齐放的局面,办出人民满意的教育。国家和上海颁布的中长期教育改革和发展规划纲要也提出,要坚持教育公益性原则,健全政府主导、社会参与、办学主体多元、办学形式多样、充满生机活力的办学体制,形成以政府办学为主体、全社会积极参与、公办教育和民办教育共同发展的格局。

因此,从促进上海教育长远发展的战略高度审视民办教育的重要性,必须确保民办中小学在上海基础教育事业中始终占有合理的比重。可以说,在未来的上海教育改革发展中,如果民办教育缺席,上海的教育很难说是成功的。

二、未来的上海基础教育格局中,需要公益性、有质量、有活力的民办中小学

首先,上海民办中小学发展必须秉持公益性。教育是一项崇高的事业,民办教育作为教育事业的组成部分同样属于社会公益事业。也就是说,民办教育的主要任务与公办学校一样,都是为社会主义培养建设者和接班人。因此,上海需要的是对国家、对社会、对学生负责任的民办教育,是以培养人才为第一要务的民办教育。因此,上海民办中小学在未来的发展中,必须坚持公益性的原则。这一点上,在 2016 年 11 月通过的《民办教育促进法》修正案及其配套法规中,都明确了义务教育阶段民办学校必须坚持非营利性。

其次,上海民办中小学需要在质量和特色上苦下功夫。在民办教育发展的早期,教育资源总体有限,公众迫切需要受教育的机会,政府公共财政因社会经济发展水平的限制无法满足社会公众的需要。因此,无论是公办还是民办的学校,只要能够办起来就不愁生源,学校的办学条件、教学质量、办学特色等难以得到足够的重视。当前上海正处在经济社会发展转型的关键时期,知识经济的重要性日益凸显。这就要求教育必须相应进行全面、深刻的变革,在教育理念、培养目标、教育内容、教育技术、教育模式、教育管理等方面都要有创新和突破。这是对

公办教育与民办教育共同的要求。面对这样的形势，上海民办中小学发展需要在进一步提升质量、打造特色上狠下功夫，这也是民办中小学发展的核心竞争力。

再次，上海民办中小学需要进一步释放活力。当今社会，生产方式与经济水平加速发展，对教育服务的要求也不断变化。因此，需要充分发挥体制机制优势，紧跟社会公众需求步伐，不断改革创新民办教育，进一步释放活力。回顾上海民办中小学走过的路程中，一些民办学校倒闭，表面上看是因为生源减少等客观原因，实际上根本原因还是在于办学模式单一、缺乏特色，办学质量不高。因此，面向未来，上海民办学校应该主动调整发展战略，改革原有办学模式，释放办学活力，推动民办教育实现新的发展。

三、未来的上海民办中小学发展，需要政府、学校、社会进一步合力推动

首先，政府要积极支持。纵观全球，几乎所有发达国家的政府都强调，在民办教育办学公益性与自主性的基础上，政府对民办学校予以扶持。例如日本、韩国的《私立学校法》都明确规定要发挥民办学校的公益性，保障民办学校的健康发展。我国也在朝着这一趋势发展，比如，修订后的《民办教育促进法》明确义务教育阶段民办学校坚持非营利性，政府将对办出特色的非营利性学校予以资助。

民办教育新法新政，主要体现在所有条款和措施都围绕营利性与非营利性民办学校分类管理的重新设计和组合，以新的思维、新的策略和措施重塑民办教育发展的格局。因此，政府对民办学校的支持，除了资金的资助，更需要制度的设计。一是要统筹规划。政府应将民办教育纳入上海教育事业的总体规划，对本市民办和公办两类不同学校在培养目标、办学定位、总体布局等方面的发展战略做通盘考虑，形成公办学校与民办学校共同发展、相互促进的发展格局。二是要政策支持。公共政策的主要作用在于协调社会主体之间的利益关系，解决社会问题，保证社会健康和谐发展。目前上海关于民办教育的政策有很多在全国已经处于比较领先的水平，但有待完善的地方也仍然存在。市区政府、各有关部门要加强沟通协作，按照部市合作协议的要求，在健全和完善民办学校财务管理制度、切实落实民办学校法人财产权、完善公共财政对民办学校的资助制度等方面改善民办教育发展的政策环境，促进民办教育整体健康、快速发

展,为市民提供更多的优质教育资源。

其次,学校要进一步办出特色。民办教育的发展,外部支持固然重要,但自身的建设更为关键。未来相当长一段时间,上海民办中小学必须进一步办出特色,提高办学质量。一是办学定位要找准。新中国成立以前,私立学校、教会学校在上海教育中占有很大比重,而且风格迥异、特色鲜明,各种流派、模式争奇斗艳,上海因此也被称为"教育万国博览馆"。目前上海一些民办小学和民办初中创出了社会认可度较高的办学品牌,但也有不少民办学校同质化现象严重,办学质量和生源吸引力不尽如人意。因此,可以预见,未来上海民办中小学的发展,特色和质量将继续成为其核心竞争力。这也要求民办学校必须遵循教育规律和市场规律,牢牢把握育人的第一要务,办出特色和质量。二是队伍建设要加强。民办中小学师资流动大,是影响学校发展的主要因素之一。未来民办学校要加强师资队伍建设,要想方设法留住一批骨干教师,通过加大加强师资培训,开展与公办学校的合作,培养一批优秀的青年教师。这些需要政府和公办学校的大力支持。三是管理水平要提高。民办学校要从实现可持续发展的角度,坚持党的领导,全力加强自身建设,依法办学、规范治校。

再次,社会要共同营造有利环境。未来上海民办中小学的发展继续需要各方面共同关心、共同支持。一是各级政府、各有关部门要加强协作。民办教育的规范和发展不是教育部门一家的事。在纵向上涉及市区两级政府,在横向上涉及发展改革委、财政、民政、工商、税务、物价、人力资源和社会保障等多个部门。各部门应通力合作,共同促进民办教育健康规范发展。二是公办学校要积极支持。相比较而言,公办学校的办学历史比较长、办学资金也较为充足,拥有更为丰富的办学资源。同时,支持民办教育的发展也是公办学校的一项社会责任。面向未来,上海公办学校应该能够更加大气、更加主动、更加全面地对民办学校进行支持。这不仅仅是民办学校单方受益的事情,对公办学校同样有着重要的促进作用,共同为社会提供更多优质的教育资源、培养更多高素质的社会主义事业建设者与接班人。三是中介组织要完善服务。民办中小学的发展还需要行业协会等各类社会中介组织的支持。增强行业自律、完善社会服务、加强沟通建议,促进民办中小学健康发展。四是家长、社区和媒体的支持。家长和社区将会进一步成为民办中小学发展的有力资源;媒体要多发挥积极作用,营造民办学校发展的有利环境。

附录

一、重要文件选编及相关文件目录

（一）重要文件选编

上海市实施《中华人民共和国民办教育促进法》、《中华人民共和国民办教育促进法实施条例》若干问题的暂行规定

（上海市人民政府 2005 年 3 月 24 日发布）

第一条　（目的依据）

为了促进本市民办教育健康发展，根据《中华人民共和国民办教育促进法》和《中华人民共和国民办教育促进法实施条例》及其他相关法律法规，结合本市实际，制定本规定。

第二条　（适用范围）

本市行政区域内举办民办学校及其他民办教育机构（以下统称"民办学校"）的活动，适用本规定。法律、法规另有规定的除外。

第三条　（指导思想）

市和区县政府应当把民办教育事业纳入国民经济和社会事业发展规划。市和区县教育部门、劳动保障部门及其他有关部门应当做好民办教育事业的发展规划，积极鼓励、大力支持、正确引导、依法管理民办教育事业，促进民办教育事业健康发展。

第四条　（基本原则）

民办学校与公办学校具有同等的法律地位。市和区县政府及其相关部门应当依法保障民办学校的办学自主权及其他相关权益。

民办学校的教师、受教育者与公办学校的教师、受教育者具有同等的法律地位。市和区县政府及其相关部门，民办学校及其举办者应当依法保障民办学校教师及其受教育者的合法权益。

第五条　（政府鼓励）

市政府每年对捐资举办民办教育表现突出的组织、个人以及为发展民办教育事业作出突出贡献的组织、个人予以表彰和奖励。

市政府设立民办教育发展专项资金。专项资金的设立和使用管理办法,由市财政、教育部门会同其他有关部门另行制定。

各区县政府可以根据本地区民办教育发展的情况,设立民办教育发展专项资金。

第六条 （政府职责分工）

市教育部门主管本行政区域内的民办教育工作。

市教育部门负责管理本市实施高等学历教育的民办高等学校和研究生层次非学历民办教育。

区县教育部门负责管理本行政区域内中等及中等以下各级各类实施学历教育的民办学校以及非学历教育的民办学校。

市与区县劳动保障部门负责管理本行政区域内实施以职业技能为主的职业资格培训、职业技能培训的民办学校。

其他有关部门在各自的职责范围内,做好民办教育的管理工作。

第七条 （设立标准）

各级各类民办学校的设置标准,参照同级同类公办学校的设置标准执行。

第八条 （审批权限）

民办学校的设立,按照以下权限审批:

设立实施学前教育、义务教育阶段教育、高级中等教育、中等及以下职业技术学历教育以及非学历教育的民办学校,由学校所在地的区县教育部门审批,并报市教育部门备案。

举办研究生课程进修班层次的非学历教育,由市教育部门按照国家有关规定登记备案。

设立实施高等学历教育的民办学校,由市教育部门统一受理,征求市有关部门意见后,由市政府审批,报国务院教育部门备案。其中,普通高校按照国家有关规定举办本科层次的独立学院,由市教育部门统一受理,报国务院教育部门审批。

设立实施以职业技能为主的职业资格培训、职业技能培训的民办学校,按照国家和本市有关规定,由劳动保障部门审批,并抄送同级教育部门备案。

第九条　（申报材料）

申办民办学校，应当按照审批机关公示的要求，提交申办材料。

审批机关应当依法公示审批事项、依据、条件、程序、期限以及需要提交的申办材料等。其中，申办民办高等学校应当提交的材料，由市教育部门依法确定并公布。申办民办中等及中等以下学校应当提交的材料，由区县教育部门依法确定并公布。

第十条　（审批决定）

审批机关应当依法做好审批工作，并将审批结果以书面形式送达申请人。其中不予批准的，应当说明理由。

审批机关对批准正式设立的民办学校，应当发给办学许可证，并告知依法办学有关的法律、法规规定。

第十一条　（政府公示）

审批机关应当将批准设立的民办学校的名称、地址、层次、类别、规模、招生范围等信息，通过政府网站等媒体向社会公示。

审批机关应当将经批准正式设立的民办学校的章程以适当方式向社会公示。

审批机关应当要求责任部门将审批材料整理归档。

第十二条　（民政登记）

民办学校取得办学许可证后，应当依法到民政等有关部门办理相关登记手续。

第十三条　（民办学校的决策机构议事规则）

民办学校应当依法制定决策机构议事规则。议事规则包括下列主要事项：

（一）决策机构的产生、变更方式及其人员构成、职权、任期；

（二）决策机构负责人的产生、变更方式及其职权；

（三）决策机构召开例行会议的安排、议题确定及召开方式；

（四）决策机构召开临时会议的情形、提议人和议题确定以及召开方式；

（五）决策机构表决形式和有效结果；

（六）决策机构文件生效的要件、决策机构会议记录和资料保存要求；

（七）决策机构授权规则；

（八）争议解决办法。

第十四条　（决策机构人员构成）

民办学校决策机构的人员构成应当明确以下要求：

（一）民办学校决策机构由举办者或者其代表、校长、教职工代表等人员组成，可以吸纳教育专家和社会知名人士参加。其中，三分之一以上的理事或者董事应当具有5年以上教育教学经验；

（二）民办学校理事会或者董事会由5人以上组成，设理事长或者董事长一人。理事长、理事或者董事长、董事名单报审批机关备案；

（三）民办学校应当依照法律法规的规定，在学校章程中明确决策机构人员构成。民办学校决策机构人员变更时，其构成比例应保持稳定，其中教职工代表应当经教职工民主推荐产生。

第十五条　（校长聘任）

民办学校应当聘任专职校长。校长任职条件参照同级同类公办学校标准，年龄可以适当放宽，并报审批机关核准。

第十六条　（财会人员要求）

按照《中华人民共和国会计法》的要求，民办学校的会计工作人员必须取得会计从业资格证书。担任单位会计机构负责人（会计主管人员）的，除取得会计从业资格证书外，还应当具备会计师以上专业技术职务资格或者从事3年以上会计工作经历。

第十七条　（民办学校的法人治理结构）

民办学校应当建立和完善法人治理结构，依法建立校内民主决策制度，完善教学、科研、学生、人事、财务、安全等各项管理制度，强化监督制度，保证学校稳定健康发展。

第十八条　（教职工的职务待遇）

民办学校教职工在业务培训、职务聘任、教龄和工龄计算、表彰奖励、科研项目和课题申报、社会活动等方面，依法享有与公办学校教职工同等的权利。

政府部门在组织开展有关教师工作时，应当为民办学校教师提供同等的机会。

第十九条　（教职工的福利待遇）

民办学校应当依法保障教职工的工资、福利待遇，并为教职工缴纳社会保险费。

鼓励民办学校为教职工购买补充养老保险,以提高教职工的退休待遇。

第二十条　(人事争议处理)

民办学校应当与教师、职员订立聘用合同,建立聘用关系。发生人事争议的,按照《上海市事业单位人事争议处理办法》的规定处理。

第二十一条　(受教育者的合法权益)

民办学校的受教育者在升学、转学、就业、社会优待、医疗保险、参加先进评选、争取科研项目和课题等方面,享有与同级同类公办学校受教育者同等的权利。

第二十二条　(收费标准的确定)

制定或调整民办学校对接受学历教育的受教育者收取的学费、住宿费标准,由民办学校提出书面申请,按学校类别和隶属关系报教育部门或劳动保障部门审核,由教育部门或劳动保障部门报物价部门批准。

民办学校对非学历教育的受教育者收取的学费、住宿费标准,由民办学校自行确定,报物价部门备案。

民办学校申请制定或调整学历教育收费标准,应当按照国家以及本市物价、教育、劳动保障部门要求,提供有关材料。提供的材料应当真实有效。

民办学校应当依法办理税务登记,使用税务发票,并在终止办学时依法办理注销税务登记手续。

第二十三条　(学校收费方式及用途)

民办学校在招生时,应当向社会公示学校的收费项目、收费标准等相关内容,公示后不得擅自变更。

实施学前教育的民办学校,以月为单位收取费用。

实施中等及中等以下学历教育的民办学校,以学期或学年为单位收取费用。

实施高等学历教育的民办学校,以学年或学期为单位收取费用,不得跨学年预收;学费收取实行老生老办法,新生新办法。

实施非学历教育的民办学校,以学期为单位收取费用;不足一学期的,以培训周期为单位收取费用。

收取的费用应当主要用于教育教学活动和改善办学条件。其中,实施高等学历教育的民办学校应当根据教育部的有关规定,提取相应经费,建立帮困与勤工助学基金,资助贫困学生。

第二十四条 （学校资产与经费管理）

民办学校举办者应当及时、足额履行出资义务,办学出资需办理验资、过户等手续。举办者的资产应当与投入学校的资产相分离。民办学校对举办者投入民办学校的资产、国有资产、受赠的财产以及办学积累,享有法人财产权。民办学校存续期间,所有资产由民办学校依法管理和使用,任何组织和个人不得侵占、挪用。

民办学校接受的国家资助、依法接受的社会捐赠、向学生收取的费用以及民办学校举办者投入民办学校的资金,应当进入学校银行存款基本账户,不得挪作他用。民办学校使用和处理较大数额的经费和财产,应当经过学校决策机构集体讨论决定。

民办学校资产的使用和财务管理,受审批机关和其他有关部门的监督。在每个会计年度结束时,民办学校应当依据《中华人民共和国民办教育促进法实施条例》中规定的比例,提取发展基金,制作财务会计报告,委托会计师事务所依法进行审计,并公布审计结果。

第二十五条 （违规使用办学资金的处理）

民办学校违规使用办学资金、财务管理混乱的,政府有关部门可以委托审计机构进行审计,并根据审计结果依法处理。

审批机关发现民办学校有虚假出资、抽逃或挪用办学资金犯罪嫌疑的,应当移送司法机关处理。

第二十六条 （专业设置）

实施高等教育和中等职业技术学历教育的民办学校,可以按照办学宗旨、培养目标和市场需求,自行设置专业、开设课程,自主选用教材,并将所设置的专业、开设的课程、选用的教材报审批机关备案。但民办高等学校设置、调整管理权限范围外的本科专业、第二学士学位专业和国家控制的其他专业,按照国家有关规定审批。

民办学校设置专业、开设课程、选用教材等,应当符合国家和本市规定的有关条件和标准。

审批机关应当对民办学校的专业建设情况进行检查,或者委托中介组织进行评估。

第二十七条 （民办学校的招生计划）

民办学校享有与同级同类公办学校同等的招生权,可以自主确定招生的范围、标准和方式;民办高等学校的学历教育招生计划应当按照国家有关规定,纳入本市普通高等教育招生计划管理。

第二十八条 （招生简章和广告）

民办学校应当按照《中华人民共和国广告法》等相关法律法规的规定,发布招生简章和广告。民办学校的招生简章和广告,应当在发布前向审批机关备案。发布的招生简章和广告应当与向审批机关备案的材料相一致。

招生简章和广告应当真实、准确。招生简章应当载明学校名称、办学层次、办学形式、办学地址、培养目标、招生专业、招生办法、收费项目、收费标准、证书发放等事项。其中,需要经过行政机关批准的内容,应当注明批准文号。

民办学校组织的教育教学活动,应当与招生简章、广告等向学生承诺的相一致。违反有关规定,利用广告作虚假宣传的,由工商部门、教育部门、劳动保障部门等依据各自法定职责,依法予以处理。未能履行有关承诺的,应当承担相应的民事责任。

第二十九条 （民办教育的中介服务组织）

本市鼓励社会中介机构和行业自律组织为民办教育服务,促进民办学校依法自主办学。

社会中介机构可以接受民办学校或者教育部门、劳动保障部门委托,开展行业人力资源预测;进行民办学校设置资质、办学水平和教育质量的评估;为民办学校的教学改革、专业建设、课程与教材建设和教师培养、毕业生就业等提供服务。中介机构对民办学校办学水平和教育质量的评估,应当客观公正。

民办学校行业自律组织依照其章程,开展民办学校之间的交流与合作,加强民办学校行业自律制度建设,促进民办学校依法规范办学。

第三十条 （委托义务教育经费拨付）

区县政府应当依法承担义务教育阶段的教育经费。委托民办学校承担义务教育任务的,应当与学校签订委托协议并拨付相应的教育经费。拨付教育经费的标准,按照本区域同级公办中小学的生均教育经费标准执行。

受委托的民办学校向协议就读的学生收取的费用,不得高于本区域内同级同类公办学校的收费标准。

第三十一条 （行政监督）

民办学校管理混乱,影响教育教学活动正常开展的,审批机关应当依法采取必要措施,指导和监督该民办学校恢复正常教育教学活动和管理秩序,保护受教育者的合法利益。

第三十二条 （法律责任）

民办学校违反《中华人民共和国民办教育促进法》和《中华人民共和国民办教育促进法实施条例》相关规定的,由审批机关或者其他有关部门依法责令限期改正,并予以警告;有违法所得的,退还所收费用后没收违法所得;情节严重的,责令停止招生、吊销办学许可证;构成犯罪的,依法追究刑事责任。

第三十三条 （施行日期）

本规定自印发之日起施行。

上海市社会力量办学管理办法

（1989年7月23日上海市人民政府第12号令发布,根据1997年12月14日上海市人民政府第53号令修正并重新发布）

第一条 为鼓励和支持社会力量办学,加强管理,促进本市社会力量办学的健康发展,根据国家和本市有关规定,制定本办法。

第二条 本办法所称社会力量系指民主党派、人民团体、社会团体、企事业单位以及公民个人办学者。

本市社会力量单独或与非社会力量联合举办的向社会招生和各类学校(包括班,下同)必须遵守本办法。

第三条 各级人民政府和教育行政部门应鼓励和支持社会力量办学,维护学校的合法权益,帮助解决办学中存在的困难。

第四条 社会力量办学必须坚持四项基本原则,遵守国家法律、法规和规章,保证教学质量。

第五条 社会力量办学可根据各自的办学力量和条件,开办各种类型的职业技术培训、基础教育、中等专业教育、高等教育自学考试辅导、大学后的继续教育以及社会文化和生活教育等。

第六条　社会力量办学应具备以下条件：

（一）有学有专长并熟悉教学业务和学校管理的人员主持学校的日常工作；

（二）有明确的办学宗旨、培养目标、办学方案和教学计划；

（三）有一定数量的能胜任教学工作的专职和兼职教师；

（四）有必要的教学场所和教学设备；

（五）有办学和教学的管理制度；

（六）有正当可靠的经费来源。

第七条　单位申请办学须经其上级主管部门同意。城镇待业人员申请办学须经所在地街道办事处或乡（镇）人民政府同意。离、退休人员申请办学须经原工作单位或所在地街道办事处（或乡、镇人民政府）同意。

第八条　社会力量办学在取得有关单位同意办学的文件后，应按下列规定办理审批手续：

（一）凡举办需国家承认学历的各级各类学校，应按照国家或本市的学校设置有关规定办理审批手续。

（二）凡举办需国家承认技术等级的学校应向市或区、县劳动行政部门办理审批手续；市或区、县劳动行政部门批准后，应抄送市或区、县教育行政部门备案。

（三）举办不需国家承认学历、技术等级的学校，应向学校所在地的区、县教育行政部门办理审批手续；其中举办职业技术、法律、艺术、卫生、体育、旅游等内容（包括岗位培训）的学校，由教育行政部门会同区、县以上劳动、司法、文化、卫生、体育、旅游等行政主管部门审批。

（四）凡举办符合前项规定的各类函授、刊授、广播电视学校或已设立的学校开办符合前项规定的各类函授、刊授、广播电视班，必须向市教育行政部门办理审批手续。

前款第（三）、（四）项规定举办的学校，经批准后，由教育行政部门发给《社会力量办学许可证》。

第九条　外省市社会力量举办的学校在本市招生或设立教学点的，应持学校所在省教育行政部门批准办学的证明文件，向市教育行政部门提出申请；其中需国家承认技术等级的学校，应持学校所在省劳动行政部门批准办学的证明文件,向市劳动行政部门提出申请,经审查批准后,方可在本市招生或办学。

第十条　未取得颁发国家学历证书、技工技术等级证书资格的学校,不得自行颁发上列各类证书。学生学习结束,成绩合格,可由学校发给市教育行政部门印制的《结业证明》,注明所学专业、课程、学习时数和考试成绩,并由学校校长在《结业证明》上签章。

第十一条　社会力量举办的学校,其名称应体现学校的类别、层次、性质,不得采用行政区划名称命名。

第十二条　凡在本市跨区、县设立分校、教学点的学校,应向其分校、教学点所在地的教育行政部门或劳动行政部门办理审批手续。

社会力量举办的学校变更校名、类别、层次、专业、举办单位、举办人或改变隶属关系,均须向原审批部门办理审批手续。

第十三条　学校的招生广告,须报经原审批部门审查同意后,方可刊登、播放、张贴、邮寄。招生广告的内容必须以核准的办学范围为限。

第十四条　学校可以聘请在职人员任兼课教师。应聘人员应经所在单位同意。

学校聘任教师或学校管理人员应签订聘用合同。教师的兼课报酬应按市有关规定执行。

第十五条　学校办学的经费自行筹集。学校可按市有关规定向学员收取合理金额的学杂费,不得以办学为名非法牟利。

第十六条　学校必须建立和健全财务制度,收费均须使用全市统一印制的专用收据。学校应定期向审批部门上报收支情况报表,接受教育、劳动、财政、银行、审计等有关部门的监督和检查。

第十七条　学校停办时应向原审批部门办理注销手续,并应在原审批部门监督下及时进行财产清理,妥善处理各项善后工作。

第十八条　学校必须接受市、区、县教育行政部门和劳动、司法、文化、卫生、体育、旅游等有关业务主管部门的管理和业务指导。学校应于每期招生开学后一个月内将开班情况、师生名册报审批部门备查。

第十九条　学校应向审批部门缴纳管理费。管理费标准由市教育行政部门和劳动行政部门会同市物价局制定。对为老年人、残疾人教育举办的学校,不收取管理费。

收取的管理费必须全部用于有关社会力量办学的业务指导和行政管理,做到专款专用,不得移作他用。

第二十条　社会力量办学接受外资或与外国组织联合在国内或国外办学,应按照国家有关规定办理。

第二十一条　国家举办的各类高等学校、中等职业技术学校、中学、小学等在完成规定的教育计划外,兼办各种非学历教育的培训班,可参照本办法执行。

第二十二条　对违反本办法的,可根据不同情况,由教育行政部门给予罚款、没收非法所得、暂停办学、吊销《社会力量办学许可证》等处罚;其中属劳动行政部门审批的学校,由劳动行政部门给予罚款、没收非法所得、暂停办学等处罚。

第二十三条　本办法由上海市成人教育委员会负责解释。

第二十四条　本办法自一九八九年八月一日起施行。一九八五年七月十日上海市人民政府批准的《上海市社会力量办学试行办法》同时废止。

上海市民办学校管理办法

(1994年4月19日上海市人民政府第61号令发布;根据1997年12月14日《上海市人民政府关于修改〈上海市民办学校管理办法〉的决定》修正并重新发布)

第一章　总则

第一条　为了促进民办学校的健康发展,维护民办学校合法权益,根据国家有关规定,结合本市实际情况,制定本办法。

第二条　本办法所称的民办学校,是指企事业单位、社会团体和个人自筹资金设立的实施学历教育的非营利教育机构。

第三条　本市范围内的民办学校,除国有企事业单位和农村基层自治组织为本系统或者本区域成员子女设立的实施学历教育的机构,以及境外机构和个人在本市举办的民办学校之外,均适用本办法。

第四条　上海市教育行政管理部门是本市民办学校的行政主管部门,负责对本市民办学校的统一管理工作;其中,民办技工学校由上海市劳动局统一管理。

区、县教育行政管理部门负责本区域内民办学校的管理工作,并接受市教育行政管理部门的指导和监督。

第五条 民办学校的办学经费自理。各级人民政府和教育、劳动行政管理部门可根据实际情况,对民办学校给予必要的资助。

第六条 民办学校必须遵守法律、法规、规章的有关规定,贯彻国家的教育方针,并达到基本的教育质量要求。

第七条 民办学校应当接受教育行政管理部门、市劳动局的管理、检查和监督。

第二章 民办学校的设立

第八条 设立民办学校应具备以下条件:

(一)有学有专长并熟悉教学业务和学校管理的校(院)长;

(二)有明确的办学宗旨、培养目标、办学方案和教学计划;

(三)有按学校类别、层次与规模配备的符合国家规定的学历要求并能胜任教学工作的专职和兼职教师;

(四)有符合市教育行政管理部门、市劳动局规定的教学场所和教学设备;

(五)有学校的组织章程;

(六)有办学和教学的管理制度;

(七)有相应的开办资金和保证日常教学正常开展的经费来源。

第九条 经批准设立的民办学校,其学校名称应当明确表示学校的类别、层次。

第十条 设立民办学校的申请审批程序,按下列规定办理:

(一)申请设立普通小学、初级中学、完全中学和高级中学的,向其所在地的区、县教育行政管理部门提出;区、县教育行政管理部门在接到申请之日起30日内作出审批决定,并在作出审批决定后10日内报市教育行政管理部门备案。其中,申请设立跨区、县招生的普通小学、初级中学、完全中学和高级中学的,向其所在地的区、县教育行政管理部门提出;区、县教育行政管理部门在接到申请之日起30日内作出初审决定,对初审合格的,报市教育行政管理部门审批;市教育行政管理部门在接到申请之日起30日内作出审批决定。

(二)申请设立职业学校的,向市教育行政管理部门提出;市教育行政管理部门在接到申请之日起30日内作出审批决定。

（三）申请设立中等专业学校的，向市教育行政管理部门提出；市教育行政管理部门在接到申请之日起 30 日内作出审批决定。

（四）申请设立技工学校的，向市劳动局提出；市劳动局在接到申请之日起 30 日内作出审批决定。

（五）申请设立高等学校的，向市教育行政管理部门提出；市教育行政管理部门接到申请后组织上海市高等学校设置审议委员会进行评审，对通过评审的，由市教育行政管理部门报市人民政府审批；市人民政府对符合条件的批准筹建，对筹建结束需正式建校的，由市人民政府报国务院教育行政管理部门审批。

第十一条　按本办法经教育行政管理部门、市劳动局审核批准后，方可设立民办学校。

第三章　民办学校的管理

第十二条　民办学校可设立董事会。民办学校设立董事会的，董事长为民办学校的法人代表；不设董事会的，校（院）长为民办学校的法人代表。

第十三条　董事会行使下列职权：

（一）选举与罢免董事长；

（二）聘任与解聘校（院）长；

（三）制定学校的发展规划；

（四）决定学校经费的筹集方案，审核学校的预算、决算；

（五）决定学校教职工的编制定额和工资标准；

（六）管理学校的基金与资产；

（七）决定接受捐赠；

（八）修改学校的组织章程。

第十四条　民办学校选聘的董事应当报教育行政管理部门、市劳动局备案。

第十五条　民办学校校（院）长的任职资格，参照国家举办的同级同类学校校（院）长的任职资格执行，但年龄上可适当放宽。

民办普通小学、初级中学、完全中学和高级中学选聘的校长须报区、县教育行政管理部门备案。民办中等专业学校选聘的校长须报市教育行政管理部门备案。民办职业学校选聘的校长须报市教育行政管理部门备案。民办技工学校选聘的校长须报市劳动局备案。民办高等学校选聘的校(院)长须报市教育行政管理部门备案。

第十六条 设立董事会的民办学校的校(院)长行使下列职权:

(一) 贯彻国家的教育方针、政策;

(二) 组织实施学校的发展规划;

(三) 执行董事会的决议;

(四) 管理学校事务,组织实施教育教学活动;

(五) 聘任与解聘教职工;

(六) 董事会授予的其他职权。

第十七条 不设立董事会的民办学校的校(院)长行使下列职权:

(一) 贯彻国家的教育方针、政策;

(二) 制定并组织实施学校的发展规划;

(三) 管理学校事务,组织实施教育教学活动;

(四) 决定学校经费的筹集方案,审核学校的预算、决算;

(五) 聘任与解聘教职工;

(六) 决定学校教职工的编制定额和工资标准;

(七) 管理学校的基金与资产;

(八) 决定接受捐赠;

(九) 修改学校的组织章程;

(十) 其他职权。

第十八条 民办学校专职或者兼职教师的聘任资格和职称评定条件,参照国家举办的同级同类学校的有关规定执行。

民办学校聘任教师,应当与教师签定聘任合同。聘任合同内容应当包括:聘任期限,工作条件和工作纪律,工作报酬和保险、福利待遇,违反聘用合同应当承担的责任,其他事项。

第十九条 民办高等学校的招生,按照市教育行政管理部门制定的招生考试录取办法办理。

民办普通小学、初级中学、完全中学、高级中学和职业学校招生的计划,经区、县教育行政管理部门批准纳入学校所在地的区、县的招生计划;其中,跨区、县的招生计划须经市教育行政管理部门批准。民办中等专业学校的招生计划,须报市教育行政管理部门批准。民办技工学校的招生计划,须报市劳动局批准。

民办学校招收境外学生的,依照国家有关规定办理。

第二十条　民办学校教学计划中设置的主要课程和授课时数,应当参照国家举办的同级同类学校的有关规定执行。必修课应当选用经国家或者本市正式审定的教材。

第二十一条　民办学校学生学习结束后,经考试合格的,由民办学校颁发学历证书;其中,民办技工学校的学生,经市劳动局技术等级考核合格的,由民办技工学校发给技术等级证书。

学历证书由市教育行政管理部门统一印制,技术等级证书由市劳动局统一印制。

第二十二条　民办学校可以举办校办产业,向社会开展有偿服务,在税收政策方面,与国家举办的学校享受同等优惠待遇。

第二十三条　民办学校可以收取学费。学费的标准,由市教育行政管理部门、市劳动局提出,由市物价局核定。

第二十四条　民办学校应当配备财会人员,建立健全财务会计制度。

民办学校的资金、财务管理以及校办产业并向社会开展有偿服务的收益,应当接受财政、审计管理部门的监督与审计。

第二十五条　民办学校应当建立健全学生的学籍档案管理制度。

第二十六条　民办学校学生毕业后,在选择就业和升学方面与国家举办的学校的毕业生享受同等待遇。

第二十七条　民办学校需变更名称、规模、董事长、校长的,申请应当按设立民办学校的程序,报教育行政管理部门、市劳动局审批或者备案。民办学校需停办的,应当提供学校善后处置的方案和学校财产清单,向原受理办学申请的教育行政管理部门、市劳动局提出申请,由原审批机关作出审批决定。

第二十八条　教育行政管理部门、市劳动局接到停办民办学校的申请后,应当组织有关单位对学校资产进行清理。

第四章　奖励与处罚

第二十九条　各级人民政府和教育行政管理部门、市劳动局对办学成绩显著的民办学校的创办人、校长及有关人员,应当予以表彰与奖励。

各级人民政府和教育行政管理部门、市劳动局对国家举办的学校的教师、学生表彰与奖励的规定,同样适用于民办学校。

第三十条 对违反本办法的,视情节轻重,由教育行政管理部门、市劳动局按下列规定给予行政处罚:

(一)擅自设立民办学校的,责令限期改正、停止招生;情节严重的,并处以3万元以下的罚款。

(二)民办学校违反招生规定的,责令限期改正、停止招生。

(三)民办学校管理混乱、教育教学质量低下的,责令限期改正;情节严重的,责令停止招生。

(四)民办学校滥发学历证书或者技术等级证书的,责令限期改正,并处1万元以下的罚款。

(五)侵吞、私分或者以其他非法手段占有民办学校经费和资金的,责令限期改正,并处2万元以下的罚款。构成犯罪的,由司法机关依法追究刑事责任。

第三十一条 教育行政管理部门、市劳动局作出行政处罚,应当出具行政处罚决定书。收缴罚款,应当出具市财政部门统一印制的罚没财物收据。罚没收入按规定上缴国库。

第三十二条 民办学校违反收取学费规定的,由物价部门按有关规定予以处罚。

第三十三条 拒绝、阻碍执行公务的,由公安部门按《中华人民共和国治安管理处罚条例》处罚。构成犯罪的,由司法机关依法追究刑事责任。

第三十四条 当事人对行政管理部门的具体行政行为不服的,可以按照《行政复议条例》和《中华人民共和国行政诉讼法》的规定,申请行政复议或者提起行政诉讼。

当事人在法定期限内不申请复议,不提起诉讼,又不履行具体行政行为的,作出具体行政行为的部门可以依据《中华人民共和国行政诉讼法》的规定,申请人民法院强制执行。

第五章 附则

第三十五条 企事业单位、社会团体和个人需投资设立实施非学历教育的机构的,按《上海市社会力量办学管理办法》的规定办理。

第三十六条 本办法的具体应用问题,由市教育行政管理部门、市劳动局按各自职责负责解释。

第三十七条 本办法自 1994 年 6 月 1 日起施行。

(二) 相关文件目录

1. 上海市促进民办教育发展专项资金管理办法(2006 年)

2. 上海市教育委员会关于推进本市民办学校建立年金制度的通知(2008 年)

3. 上海市教育委员会关于完善本市民办学校年金制度的通知(2015 年)

4. 上海市教育委员会关于 2008 年市政府实事项目完成 60 所农民工子女小学办学设施改造并纳入民办教育管理的实施意见(2008 年)

5. 上海市教育委员会关于加强以招收农民工同住子女为主的民办小学规范管理的若干意见(2008 年)

6. 关于加强扶持民办中小学发展的通知(2010 年)

7. 上海市民办中小学校财务管理办法(2010 年)

8. 上海市民办中小学校会计核算办法(2010 年)

9. 上海市教育委员会关于开展上海市民办中小学特色学校(项目)创建工作的通知(2012 年)

二、上海民办中小学名录(2017 年)

区别	校名	类别	寄宿条件	学校地址	邮编
黄浦	上海市震旦外国语中学	初中	有	鲁班路 369 号	200023
	上海民办永昌学校	九年制	无	绍兴路 5 号甲	200020
	上海市民办明珠中学	初中	无	云南中路 35 号	200001
	上海市民办立达中学	初中	无	厅西路 55 号	200011

（续表）

区别	校名	类别	寄宿条件	学校地址	邮编
徐汇	上海市民办华育中学	初中	有	龙吟路 99 号	200231
	上海市民办西南高级中学	高中	无	番禺路 800 弄 22 号	200030
	上海市西南模范中学	完中	有	百色路汇城一村 67 号	200237
	上海市世界外国语中学	初中	无	虹漕南路 602 号	200233
	上海市西南位育中学	完中	无	宜山路 671 号	200233
	上海市民办盛大花园小学	小学	有	龙华路 2588 号	200232
	上海市民办逸夫小学	小学	有	罗秀路 400 号	200231
	上海市民办爱菊小学	小学	无	安福路 247 号	200031
	上海市世界外国语小学	小学	无	浦北路 380 号（桂林西街 101 弄 56 号）	200233
	上海市民办南模中学	完中	无	天钥桥路 1118 号	200030
	上海民办位育中学	完中	无	临江路 28 号	200232
静安	民办上海上外静安外国语小学	小学	有	北京西路 605 弄 47 号	200041
	民办上海上外静安外国语中学	初中	有	北京西路 653 号	200041
	上海市民办扬波中学	完中	有	大统路 991 号	200070
	上海市民办风范中学	完中	无	共和新路 2800 号	200072
	上海市民办新和中学	完中	有	原平路 128 号	200072
	上海市民办田家炳中学	完中	有	景凤路 185 号	200435
	上海市民办精文中学	完中	无	临汾路 135 弄 56 号甲 68 号楼	200435
	上海市民办青中初级中学	初中	无	中华新路 459 弄 10 号	200070
	上海市民办童园（实验）小学	小学	无	共和新路 1725 弄 35 号	200072
	上海市民办扬波外国语小学	小学	无	延长中路 800 弄 88 号	200072
	上海民办彭浦实验小学	小学	无	共和新路 4555 弄 19 号	200435

（续表）

区别	校名	类别	寄宿条件	学校地址	邮编
长宁	上海市民办新虹桥中学	完中	无	虹桥路 2206 号	200336
	上海市民办东展小学	小学	无	淮阴路 581 号	200336
	上海民办包玉刚实验学校	九年制	有	武定西路 1251 弄 20 号（小学） 三新北路 900 弄 1800 号（初中）	200042 201620
	上海市民办新世纪小学	小学	无	兴国路 374 弄 2 号	200052
	上海市民办新世纪中学	初中	无	中山西路 1245 弄 16 号	200051
普陀	上海市民办新黄浦实验学校	九年制	有	交通西路 95 号	200065
	上海市民办进华中学	完中	有	富平路 657 弄 91 号	200333
	上海兰田中学	初中	无	中山北路 2605 弄 50 号	200063
	上海玉华中学	初中	无	金汤路 269 号	200333
	上海桐柏高级中学	高中	无	真光路 2125 号	200333
	上海培佳双语学校	十二年制	有	宜川路 351 弄 70 号	200065
	上海金洲小学	小学	无	金汤路 55 号	200333
虹口	上海市民办新华初级中学	初中	有	中州路 102 号	200080
	上海市民办新北郊初级中学	初中	有	东体育会路 429 号	200083
	上海市民办新复兴初级中学	初中	无	四川北路 2066 号	200081
	上海市民办迅行中学	完中	无	玉田路 211 号	200092
	上海外国语大学第一实验学校	完中	有	西江湾路 800 号	200083
	上海市民办瑞虹高级中学	高中	无	广灵一路广中四村 4 号甲	200086
	上海市民办丽英小学	小学	有	广灵二路 89 号	200083
	上海市民办宏星小学	小学	无	赤峰路 375 号甲	200083
	上海外国语大学附属民办外国语小学	小学	有	广粤路 590 号	200434
	上海市民办四中心实验小学	小学	无	辉河路 40 弄 40 号	200437

（续表）

区别	校名	类别	寄宿条件	学校地址	邮编
杨浦	上海同济大学实验学校	九年制	有	武东路 295 号	200434
	上海同济大学附属存志学校	初中	无	许昌路 1474 号	200092
	上海市民办杨浦凯慧初级中学	初中	有	大连路 1530 号	200092
	上海外国语大学民办沪东外国语学校	九年制	无	密云路 454 弄 21 号	200092
	上海民办杨浦实验学校	初中	有	开鲁路 40 号	200438
	上海民办兰生复旦中学	初中	有	世界路 8 号	200438
	上海外国语大学附属双语学校	九年制	有	永吉路 351 号	200093
	上海民办打一外国语小学	小学	无	本溪路 150 号	200092
	上海市民办阳浦小学	小学	无	河间路 379 号	200090
	上海控江中学附属民办学校	完中	无	怀德路 1000 号	200082
	＊上海市民办上实剑桥外国语中学	完中	有	延吉东路 99 号	200093
闵行	上海市民办七宝外国语小学	小学	无	新镇路 79 号	201101
	上海市民办上宝中学	完中	有	农谊路 1 号	201101
	上海外国语大学民办闵行外国语初级中学	初中	有	华翔路 3260 号	201106
	上海上师初级中学	初中	有	浦江镇浦佳路 91 号	201112
	上海闵行区民办莘庄初级中学	初中	有	莘中路 35 号	201199
	上海市民办协和双语高级中学	高中	有	红松东路 248 号	201103
	上海七宝德怀特高级中学	高中	有	虹莘路 3233 号	201101
	上海市民办协和双语学校	九年制	有	虹泉路 999 号	201103
	上海市万源城协和双语学校	九年制	有	平吉路 509 号	201102
	上海市民办协和双语尚音学校	九年制	有	龙茗路 185 号	201100
	上海市复旦万科实验学校	九年制	有	星站路 263 号	201101
	上海闵行区万科双语学校	九年制	有	七莘路 3568 号	201101

（续表）

区别	校名	类别	寄宿条件	学校地址	邮编
闵行	上海市燎原实验学校	九年制	有	平阳路 150 号	201102
	＊上海新清华博世凯外国语学校	九年制	有	浦江镇叶家桥路 200 号	201112
	上海闵行区民办美高双语学校	九年制	有	纪友路 688 号	201107
	上海星河湾双语学校	九年制	无	金都路 2588 号	201108
	上海闵行区诺德安达双语学校	十二年制	有	金辉路 1399 号	201107
	上海市教科实验中学	完中	有	万源路 55 号	201102
	上海市民办燎原双语学校	完中	有	平阳路 150 号	201102
	闵行区教育学院附属中学	完中	有	东闸路 189 号	201101
	上海市文来中学	完中	有	农南路 66 号	201101
	上海市民办文绮中学	完中	有	江川东路 980 号	200240
宝山	上海民办和衷中学	初中	无	淞青路 203 号	200940
	上海民办日日学校	九年制	有	通河六村 166 号	200435
	上海民办交华中学	初中	有	大华三路 99 号	200442
	上海民办锦秋学校	九年制	无	锦秋路 999 号	200444
	上海民办行知二中	初中	有	海江一路 16 号	200940
	上海民办行中中学	完中	有	月浦塘南街 52 号	200941
	上海民办建峰职业技术学院附属高级中学	高中	有	漠河路 800 号	201900
	上海市同洲模范学校	十二年制	有	岭南路 1050 弄 1 号	200435
浦东	上海民办光华中学	完中	有	川周公路 2800 号	201319
	上海市民办建平远翔学校	初中	有	五莲路 1020 号	200129
	上海市民办常青中学	完中	无	历城路 10 号	200126
	上海市民办东方阶梯双语学校	九年制	有	耀华路 400 弄 23 号	200125
	上海市民办丰华高级中学	高中	有	凌河路 420 弄 88 号	200129
	上海浦东新区民办更新学校	九年制	无	川周公路 2790 号	201315

（续表）

区别	校名	类别	寄宿条件	学校地址	邮编
浦东	上海浦东新区民办沪港学校	九年制	有	银莲路 2 号	201306
	上海民办华二浦东实验学校	初中	有	云台路 312 号	200126
	上海市民办金苹果学校	十二年制	有	巨峰路 1555 号	201208
	上海市民办进才外国语学校	初中	有	东建路 785 号	201204
	上海市民办平和学校	十二年制	有	黄杨路 261 号	201206
	民办上海工商外国语职业学院附属中学	完中	有	惠南镇观海路 505 号	201399
	民办洋泾外国语学校	初中	有	南泉路 408 号	200122
	上海市民办协和双语学校浦东校区	九年制	有	雪野路 48 号	200126
	上海市前进高级中学	高中	无	金桥路 150 号	200136
	上海外国语大学附属浦东外国语小学	小学	有	博兴路 1185 弄 1 号	200129
	上海市民办新竹园中学	初中	有	潍坊路 357 号	200122
	上海市民办育辛高级中学	高中	无	浦三路 385 号	200125
	上海民办张江集团学校	初中	有	蘅香路 38 号	201203
	上海市民办中芯学校	十二年制	无	青桐路 169 号	201203
	上海市民办弘德学校	十二年制	有	华夏东路 3102 号	201201
	上海民办浦东交中初级中学	初中	有	东方路 420 号	200120
	上海师范大学附属第二外国语学校	十二年制	有	惠南镇拱极路 2151 号	201300
	上海市民办福山正达外国语小学	小学	有	沈家弄路 870 弄 1 号	200135
	上海市民办新金童小学	小学	有	成山路 248 弄 36 号	200126
	上海市民办民远高级中学	高中	无	唐陆路 3928 号	201210
	上海市民办东方世纪学校	十二年制	有	龙东大道 4328 号	201201
	上海市民办尚德实验学校	十二年制	有	康桥镇秀沿路 1688 号	201315

（续表）

区别	校名	类别	寄宿条件	学校地址	邮编
嘉定	上海市民办桃李园实验学校	九年制	有	嘉定镇北大街 271 号	201800
	上海市民办远东学校	十二年制	有	胜竹路 1630 号	201808
	上海市民办嘉一联合中学	初中	有	棋盘路 1580 号	201800
	上海市民办怀少学校	九年制	无	南翔镇古漪园路 718 号	201802
	上海市民办华二初级中学	初中	有	宝塔 1166 号	201821
	上海嘉定民办斌心学校	九年制	有	徐行镇红星村 937 号	201809
	上海华东师范大学附属双语学校	九年制		安驰路 569 号	201805
松江	上海民办包玉刚实验高中	高中	有	三新北路 900 弄 1800 号	201620
	上海赫德双语学校	九年制	无	茸北路 336 号	201613
	松江区九峰实验学校	完中	有	方塔北路 319 号	201600
	松江区民办茸一中学	初中	有	五昆路 268 号	201613
	上海上大附属外国语中学	初中	有	九亭镇涞亭南路 559 号	201615
	上海外国语大学西外外国语学校	十二年制	有	文翔路 1100 号	201620
金山	上海市民办师大实验中学	初中	有	金山石化梅州新村 154 号	200540
	上海市民办金盟学校	九年制	有	金山石化荔浦路 136 号	200540
	上海市枫叶国际学校	高中	有	枫泾国际教育园区	201501
	上海市民办交大南洋中学	完中	有	亭林镇亭枫公路 1915 号	201504
	上海市民办永昌中学	高中	无	山富西路 99 号	201508
青浦	上海宋庆龄学校	九年制	有	赵巷业辉路 2 号	201703
	上海复旦五浦汇实验学校	九年制	有	金泽镇培育路 101 号	201700
	上海青浦区世界外国语学校	九年制	有	徐泾镇京华路 128 号	201702
奉贤	上海帕丁顿双语学校	十二年制	有	奉浦韩村路 733 号	201400
崇明	上海民办民一中学	完中	有	堡镇解放街 236 号	202157
	上海新纪元双语学校	初中	有	陈家镇陈西村 1518 号	202162

（本资料由上海市民办教育协会提供）

后　记

自改革开放以来的二十多年间，上海民办中小学从无到有，从小到大，从弱到强，跌宕起伏，风雨兼程，多姿多彩，不断前行，走过一条以质量求生存，以特色促发展的道路。非常有必要对这一发展历程，做客观描述；对未来发展，做进一步展望。

基于此，2013年秋，由时任上海市教育科学研究院副院长胡卫提议，撰写一本反映上海民办中小学发展二十年历程的书。他亲自领衔成立书稿撰写组，由上海市教科院民办教育研究所副所长唐晓杰、时任上海市民办中小学协会常务副会长王世虎直接领导，民办教育研究所张继玺牵头落实，部分科研人员全程参与。

二十多年的历程，在历史的长河中不足为道，但要做到客观描述和深入分析上海民办中小学二十多年一路走来的历程，并按照胡卫副院长所要求的，"带着感情去写这本书"，谈何容易！一方面，撰写组的科研人员大多未曾经历早年民办中小学发端的那段历史；另一方面，兴衰成败之间，有的学校已经关闭消失，有的学校合并调整，材料难寻或不齐全。

因此，撰写组在查找二十多年来有关政策文本资料的同时，邀请民办中小学举办者、校长召开多次座谈会，了解各校创建历程及苦与乐；对参与当年政策的制定者和亲历者，对一些典型学校的老校长，专程登门拜访，进行深度访谈，获取口述资料。这个过程，前前后后，花了近一年时间。

接下来，撰写书稿。好不容易，初稿成型，但和当初的目标差距很大，又几经调整和修改。由于精力、时间等原因，书稿修改一度停滞。在此，特别感谢上海市教科院民办教育研究所所长董圣足，在经费、管理等方面予以大力帮助和推进;后期,李爱铭参与书稿修订工作。数易其稿,成为目前的样子。

全书各章执笔人如下:引言刘荣飞;第一章张继玺、方建锋;第二章何金辉;第三章谢锡美;第四章李爱铭;第五章刘荣飞、陈素萍;第六章王毅;第七章刘耀明、张璐。

书稿题目、框架和各章标题,以及前期几次统稿和修订,由张继玺负责;后期材料补充和统稿由李爱铭负责。上海市民办教育协会办公室主任金兵为本书的资料搜集提供了大力支持和帮助。胡卫、董圣足承担全书组织、协调等工作。

上海市教委巡视员、上海市教育学会会长尹后庆,《上海教育丛书》执行主编夏秀蓉对本书的立意、框架、思路等给予很多指导;编委宋旭辉、仇言瑾仔细审阅全书,并提出宝贵的修改意见。

本书疏漏和不尽人意之处,在所难免,恳请读者批评指正。

课题组

2017 年 9 月 5 日

上海教育丛书

反映先进教育思想和实践经验　传播教育教学智慧
体现上海教育改革发展的成果　引领教育教学改革

1994 年

上海普通教育史(1949—1989)　　　　　　　　　　17.20 元

　　吕型伟　主编

为了未来——我的教育观　　　　　　　　　　　　17.00 元

　　吕型伟　著

1995 年

耕耘散记　　　　　　　　　　　　　　　　　　　10.00 元

　　方仁工　著

语文教学新探——"双分"教学的理论与实践　　　　9.00 元

　　陆继椿　著

听力残疾儿童的语言教学　　　　　　　　　　　　12.00 元

　　银春铭　编著

班主任日记　　　　　　　　　　　　　　　　　　7.90 元

　　黄静华　著

1996 年

和校长教师谈教学　　　　　　　　　　　　　　　9.00 元

　　陆善涛　著

语文教学与智力发展　　　　　　　　　　　　　　7.50 元

　　周寿仁　著

幼儿心理素质教育　　　　　　　　　　　　　　　9.50 元

　　高志方　著

小学生心理辅导札记　　　　　　　　　　　　　　10.00 元

　　毛蓓蕾　著

1997 年

我和愉快教育　　　　　　　　　　　　　　　　　　　10.00 元

　　倪谷音　著

以物讲理和见物思理——谈谈中学物理的教与学　　　　12.60 元

　　唐一鸣　著

语文教学谈艺录　　　　　　　　　　　　　　　　　　10.80 元

　　于　漪　著

青春期教育的实施　　　　　　　　　　　　　　　　　11.80 元

　　姚佩宽　著

幼教改革新探——"幼儿园综合性主题教育"探微　　　　9.80 元

　　倪冰如　赵　赫　著

学校家长工作　　　　　　　　　　　　　　　　　　　9.30 元

　　高　峰　著

沿着未知的道路漫游——上海的 OM 活动　　　　　　　9.00 元

　　陈伟新　陈玲菊　著

中学化学教与学的优化　　　　　　　　　　　　　　　10.50 元

　　何吉飞　著

少先队的自动化　　　　　　　　　　　　　　　　　　14.70 元

　　段　镇　沈功玲　著

我教化学课　　　　　　　　　　　　　　　　　　　　13.30 元

　　黄有诚　著

1998 年

走进幼儿绘画世界　　　　　　　　　　　　　　　　　9.50 元

　　李慰宜　著

文言文的教与学　　　　　　　　　　　　　　　　　　12.50 元

　　卢　元　著

家庭教育心理　　　　　　　　　　　　　　　　　　　11.00 元

　　吴锦骠　郭德峰　著

开发潜能　发展个性　　　　　　　　　　　　　　　　10.80 元

　　恽昭世　著

注重方法　自我发展——谈谈物理尖子学生的培养　　13.50 元

张大同　曹德群　著

情系操场　　12.70 元

李华丰　著

物理实验创造技法和实验研究　　11.50 元

冯容士　陈燮荣　著

探索中学英语教学成功之路　　8.80 元

陈少敏　著

思想品德课教学原则与方法　　9.30 元

顾志鸣　张振芝　著

培养数学思维能力的探索　　17.90 元

陈振宣　著

爱的奉献——工读耕耘手记　　8.85 元

周长根　著

集体的组织与培养——少先队工作回忆笔记　　9.60 元

刘元璋　著

献给孩子们的歌　　8.00 元

严金萱　著

中学历史课堂教学方法研究　　14.00 元

朱光明　著

1999 年

幼儿园"生存"课程的研究　　12.70 元

姜勇　徐刚　著

育人之路二十载——大同中学教改纪实　　9.30 元

王世虎　陈德生　张浩良　徐志雄　著

心与心的交流——走进小学语文教学的艺术殿堂　　8.50 元

张平南　著

中学数学思想方法的教学　　13.00 元

戴丽萍　著

跳跃的音符——唱游教学　　10.50 元

陈蓓蕾　著

和青年教师谈语文教学　　　　　　　　　　　　　　　　11.00 元

　　钱梦龙　著

让思想政治课充满活力　　　　　　　　　　　　　　　　8.30 元

　　浦以安　著

中、外幼儿教育的比较与实践　　　　　　　　　　　　　10.40 元

　　钱　文　封莉容　主编

数学教师札记　　　　　　　　　　　　　　　　　　　　12.50 元

　　胡松林　著

青浦实验启示录　　　　　　　　　　　　　　　　　　　11.00 元

　　顾泠沅　郑润洲　李秀铃　编

学会参与　走向未来　　　　　　　　　　　　　　　　　14.00 元

　　张雪龙　著

感悟生命——谈中学生物的教与学　　　　　　　　　　　7.10 元

　　王璨玛　著

2000 年

农村教育综合改革与燎原计划　　　　　　　　　　　　　12.70 元

　　俞恭庆　著

小学科技活动课探索　　　　　　　　　　　　　　　　　9.50 元

　　刘炳生　著

面向市场　主动适应——上海市竖河职校办学之路　　　　9.30 元

　　黄应义　著

绿色教育——中学环境教育的实践与认识　　　　　　　　12.40 元

　　周大来　著

2002 年

为了未来——我的教育观(续集)　　　　　　　　　　　　26.00 元

　　吕型伟　著

校舍建设 50 载　　　　　　　　　　　　　　　　　　　25.00 元

　　刘期泽　著

2003 年

小班化教育　　　　　　　　　　　　　　　　　　　　　16.00 元

　　毛　放　著

幼儿园"生存"课程的实践 14.00 元

吴荷芬　主编

岁月如歌——上海世界外国语小学的成长故事 20.00 元

王小平　钱佩红　著

从第二课堂走来——尚文中学教改纪实 13.00 元

毛懿飞　管彦丰　吴端辉　著

2004 年

课堂,走向儿童——上海市实验小学开放教育再探 16.00 元

杨　荣　等著

2005 年

残障儿童心理生理教育干预案例研究 14.00 元

何金娣　贺　莉　编著

继承传统　直面挑战——上海市省吾中学德育工作纪实 15.00 元

陆雪琴　陈佩云　陈炳福　胡侣元　编著

2006 年

理想与现实——我的教育实践 12.00 元

李汉云　著

情理相融创和谐——我当校长 20 年 15.00 元

李首民　著

2007 年

把德育过程还给学生——黄浦区德育工作纪实 16.00 元

曹跟林　李　峻　毛裕介　著

学校课程领导与教师群体发展——上海市长宁区初级职业技术
学校的研究与实践 17.00 元

夏　峰　沈　立　编著

女校·女生 25.00 元

徐永初　主编

探究学习与教师行为改善 29.50 元

吴子健　编著

当好大队辅导员 21.00 元

洪雨露　著

2008 年

有效教研——基础教育教研工作导论　　　　　　　　49.00 元

赵才欣　著

现代学校解读与建构　　　　　　　　　　　　　　42.00 元

赵连根　等著

2009 年

语文名篇诵读　　　　　　　　　　　　　　　　　46.00 元

唐婷婷　著

用现在竞争将来——上海市南湖职业学校围绕市场办学的实践　　40.00 元

张云生　等著

搏动的讲台——我教思想政治课　　　　　　　　　35.00 元

秦璞　著

资优生教育——乐育菁英的追求　　　　　　　　　52.00 元

唐盛昌　著

2010 年

未成年学生不良行为的发现与教育调适　　　　　　30.00 元

杨永明　等著

园长的故事——幼儿园领导与管理案例　　　　　　48.00 元

何幼华　郭宗莉　黄铮　编著

视障教育——上海盲校百年印证　　　　　　　　　57.00 元

徐洪妹　编著

愉快学习　有效课堂——愉快教育学科学习设计的实践　　47.00 元

徐承博　等著

让每个学生在创造实践中成长　　　　　　　　　　44.00 元

芮仁杰　丁姗　著

走进游戏　走近幼儿　　　　　　　　　　　　　　49.00 元

徐则民　洪晓琴　编著

我的语文修炼　　　　　　　　　　　　　　　　　35.00 元

王雅琴　著

2011 年

有效教学——金山区课堂教学实践写实　　38.00 元
　　徐　虹　等著

教学生活得像个"人"——我的大语文教学　　52.00 元
　　黄玉峰　著

寻找适合每个学生发展的教育之路——徐汇教育优质均衡发展

改革纪实　　33.00 元
　　王懋功　等著

志高者能远行　　50.00 元
　　鲍贤俊　著

满足儿童需要　成就幸福童年　　35.00 元
　　郭宗莉　著

学校体育之心语　　37.00 元
　　徐阿根　著

2012 年

陈鹤琴与上海教育　　49.00 元
　　上海市陈鹤琴教育思想研究会　著

腾飞于沃土　　39.00 元
　　任淑秋　刘夏亮　朱　瑛　编著

语文教学谈艺录(修订本)　　36.00 元
　　于　漪　著

科技星星在这里闪烁　　36.00 元
　　卢晓明　著

舞蹈追梦　　57.00 元
　　胡蕴琪　著

治一校若烹小鲜　　49.00 元
　　卞松泉　著

后"茶馆式"教学　　43.00 元
　　张人利　著

2013 年

缔造未来 60.00 元

陈白桦 等著

家庭教育精选百例 35.00 元

仲立新 唐洪平 编著

段力佩与育才中学 34.00 元

陈青云 编著

"人之为人"的教育追求——我的育人思想与办学实践 46.00 元

仇忠海 著

赵宪初与南洋模范 37.00 元

高屹 李雄豪 等编著

见证变革——站在上海基础教育转折点上 54.00 元

尹后庆 著

2014 年

重规范 强实践 求创新——上海市全面实施中小幼见习教师
规范化培训纪实 48.00 元

上海市见习教师规范化培训项目组 编著

陶行知与上海教育 52.00 元

屠棠 编著

口述教改——地区实验或研究纪事 38.00 元

顾泠沅 著

走向新优质——"新优质学校推进"项目指导手册 45.00 元

胡兴宏 主编

墙外开花墙内香——委托管理与成功教育 40.00 元

刘京海 著

生态寻梦——崇明县生态教育写真 39.00 元

黄强 主编

2015 年

激发成长自觉——"中和位育"引领的求索之路 48.00 元

张建中 主编

2016 年

师道　匠心——特级教师给学生、家长和教师的 60 堂公开课　　72.00 元
上海市特级教师联谊会　上海教育杂志社　编著

上海课程改革 25 年(1988—2013)　　49.00 元
孙元清　徐淀芳　张福生　赵才欣　著

空间引发的学习变革——上海市市西中学"思维广场"解码　　38.00 元
董君武　方秀红　等著

中学化学教学设计　　54.00 元
叶佩玉　著

2017 年

让孩子表现自己　让教师发现孩子——以幼儿自主学习为
核心的低结构活动探索　　52.00 元
郑惠萍　编著

宝宝心语　　39.80 元
茅红美　主编

让每个学生创意翱翔——头脑奥林匹克活动 30 年　　49.00 元
陈伟新　叶品元　等著

教育剧场——女中的创新课程　　36.00 元
徐永初　主编

上海教研素描——转型中的基础教育教研工作探讨　　34.00 元
陆伯鸿　著

让每一个孩子成为与众不同的自己　　40.00 元
徐红　著

名师之路——上海市"双名工程"的探索与实践　　68.00 元
上海市教师专业发展工程领导小组　著

在玩中与科技结缘——科技幼儿园的办园追求与实践　　45.00 元
高一敏　著

特色之路——上海民办中小学发展历程　　36.00 元
胡卫　主编

图书在版编目(CIP)数据

特色之路: 上海民办中小学发展历程/胡卫主编. – 上海：
上海教育出版社，2017.11
（上海教育丛书）
ISBN 978-7-5444-3147-7

Ⅰ.①特… Ⅱ.①胡… Ⅲ.①民办学校 – 中小学 – 发
展 – 研究 – 中国 Ⅳ.①G639.21

中国版本图书馆CIP数据核字(2017)第280984号

责任编辑　朱宇清
封面设计　陆　弦

（上海教育丛书）
特色之路
——上海民办中小学发展历程
胡卫　主编

出版发行　上海教育出版社有限公司
官　　网　www.seph.com.cn
地　　址　上海永福路123号
邮　　编　200031
印　　刷　昆山市亭林印刷有限责任公司
开　　本　700×1000　1/16　印张 16.5　插页 3
字　　数　251千字
版　　次　2017年11月第1版
印　　次　2017年11月第1次印刷
书　　号　ISBN 978-7-5444-3147-7/G·2409
定　　价　36.00元

（如发现质量问题，读者可向工厂调换）